自 然 文 库
Nature
Series

Gilbert White

A Biography of the Author of
The Natural History of Selborne

吉尔伯特·怀特传

《塞耳彭博物志》背后的故事

〔英〕理查德·梅比 著

余梦婷 译

GILBERT WHITE
By Richard Mabey
Copyright © Richard Mabey 1986, 2006
This edition arranged with Richard Mabey c/o
Sheil Land Associates Literary, Theatre & Film Agents
Through Andrew Nurnberg Associates International Limited
Chinese Simplified Translation Copyright © 2021
By The Commercial Press, Ltd.
All Rights Reserved

怀特家南部有一东西向的山岭，《塞耳彭博物志》称其为"垂林"（Hanger）。此图为从垂林向北、向下看塞耳彭村。图片中右下橙色的房屋即怀特家"威克斯"。2010年1月31日摄。

从南侧看怀特家"威克斯"。现在这里是一座博物馆，名为Gilbert White's House and Oates Museum，即怀特家及奥茨博物馆。其中Oates指Captain Lawrence Oates（1880—1912），他参加了1911—1912年斯科特（Captain Robert Scott）团队的南极探险，并献出了自己的生命。

从东侧，即从塞耳彭村主街（high street）看临街的怀特家"威克斯"。博物馆的入口也在此，即怀特家的房后。

塞耳彭村的教堂，位于怀特家的东北方向。怀特的墓在教堂东北角一个很不明显的地方。怀特出生在旁边的牧师宅中。怀特生活的"威克斯"、出生地牧师宅和安眠地教堂一角，三者连成一线，相距不过百米。

怀特墓。怀特是塞耳彭有史以来最著名的人物，教堂周围有数百座坟墓，但怀特墓差不多是其中最简朴的，不仔细寻找的话很难发现。

怀特家及奥茨博物馆中的怀特蜡像。

塞耳彭村的邮局。

塞耳彭村中心的"耍闹场"(The Plestor),位于教堂与怀特家之间,《塞耳彭博物志》中有专门描述。

塞耳彭村著名的皇后客栈,与怀特家隔着主街,就在斜对面。从东南朝西北方向拍摄。

怀特花园中的檀香科白果槲寄生。此种寄生植物在英国很常见。

怀特家前方（南侧）"垂林"中的壳斗科欧洲山毛榉，英文名为 European Beech，它是塞耳彭最常见的一种乔木。林中带绿叶的植物是冬青科构骨叶冬青，英文名为 Holly。

1月底2月初怀特家花园中盛开的石蒜科雪滴花，其英文名为 Snowdrops。（注意，不能与菊科的雪莲花或雪绒花混淆。）

①

②

③

④

① "垂林"和怀特兄弟1753年开辟的"之"字形上山小道。

② 沿怀特兄弟开辟的"之"字形小道爬上"垂林"时,路边可以看到铁角蕨科对开蕨。塞耳彭村至少生长着5种蕨类植物。

③ 壳斗科欧洲山毛榉的果实。

④ 塞耳彭村东侧蜜巷(Honey Lane)一带典型的乡村道路,深深地嵌在大地上。

清晨塞耳彭村桦木科欧榛的叶，表面结了一层霜。欧榛的英文名为 Hazel。

孩子们在塞耳彭村教堂东侧的低谷地带参加户外活动。

（以上图片均为刘华杰拍摄）

中译本序：缓慢体会怀特的价值

吉尔伯特·怀特（Gilbert White）开始为中国人所理解，从周建人（1888—1984）、叶灵凤（1905—1975）时算起，时间也不算短了，却从来没有红火过，因为怀特的所作所为与这段时间内中国社会发展的主流价值观不合拍。不过，近期无疑越来越引起中国学人的注意了。到目前为止其代表作《塞耳彭博物志》（*The History of Selborne*）已经有两个不错的译本，虽然中译名都不是很准确。中国媒体和学术期刊也多次提及怀特。这与当下人们对环境和生态问题的关注、对现代性的反思有直接关系。

1. 博物学也有多种类型

环境史家沃斯特（Donald Worster）在其《自然经济：生态思想史》（*Nature's Economy: A History of Ecological Ideas*，商务印书馆的中译本为《自然的经济体系》）中、电视制片人、作家莫斯（Stephen Moss）在其《丛中鸟：观鸟的社会史》（*A Bird in the Bush: A Social History of Birdwatching*，北京大学出版社有中译本）

中，自然文学研究者程虹在其《宁静无价》中，均将怀特的博物学置于重要地位加以介绍。国内也有博士生以怀特为研究对象撰写学位论文。

怀特的博物学，只是众多博物学中的一类。博物学在中国有复苏迹象，但能够欣赏这类博物学的仍然稀少，人们更关注的是与自然科学比较接近的、与帝国扩张和远方探险相关联的博物学。也许，随着时间的推移，关注的重点会变化。这或许有赖于从"平行论"的视角看待博物与科学的关系。若从"狭隘认识论"视角看，博物学不过是前科学、潜科学、肤浅的科学、不成熟的科学或者科普；博物学再有趣、再好，也只起辅助、帮闲的作用，一切要看博物当中有多少东西能够转化为当下的正规科学。若有博物学家A、B、C三人，其博物工作分别有2%、10%、23%最终能解释为正规科学的内容，那么人们通常认为，三人的成就排序分别是A小于B、B小于C。可是，如果按"平行论"，价值判断就未必如此，甚至可能相反。

怀特式博物与诗人克莱尔（John Clare，1793—1864）的博物相近。农民诗人克莱尔大谈品位，虽然其自然知识不够深刻，却对专业化的植物学不满，瞧不上林奈等人的博物学。其勇气何在？他说"田野即我们的教堂"（the fields was our church），他有非人类中心的思想，既聚焦地方性，也尝试从更大的自然整体来考虑问题，他倡导有品位的博物学（tasteful natural history）。"如同大自然画卷中树叶和花朵之色彩，心灵的品味在整体中分层呈现。但是，不能太在意人之本能情绪的宣告。飞鸟、野花和昆虫也是大自然的继承者。品味是万物喜乐的遗产，每个物种都以一种特别的方式对欢悦做出选择。"*

克莱尔认为学人与乡巴佬有相似之处。乡巴佬对草木视而不见或仅当作无价值的东西，而学人也不过如此，只是把它视为植物的一种特别模式（type）而已。而有品味的诗人，能在不同的环境、历史、文学语境中欣赏植物。因为诗人能够建立广泛的"链接"，在整体文化语境中把握某对象。克莱尔对自然物的把握按现在的科学标准没什么了不起的，却展现了一种特别的关联能力（associative ability）。培养这种能力，需要时间、耐心和智慧。在生活中，一方面要储备大量可供"链接"的素材、场景，另一方面要有想象力，能够瞬间检索到可关联的事物。

所有博物活动，相对而言都显得"肤浅"。不过，正因为如此，它在人类历史上确实古已有之。英文中，博物、博物学家的称谓也比科学、科学家的称谓早得多。对于博物和科学，都能写出不错的历史，均可以适当向前追溯。但平心而论，博物的历史远长于科学的历史。

有复数的多样性的博物，也有复数多样性的科学，单数大写的情形也可以构想。若论起单数抽象的大写博物和单数抽象的大写科学（SCIENCE），它们在演化中无法保证具有不变的本质，后者的历史远比人们想象的短。两者相差多久？恐怕有1000年！不过，从思想史的"血统论"进路，本着"沾边就算"的编史原则，两者都可以放心大胆地向前追溯，那样的话，两者便有了共同的起点。在当今世界，科学"掠夺"历史资源名正言顺，得到了广泛许可，并无明显的

---

* 节译自 John Clare 的诗 'Shadows of Taste'，评论见 Sarah Weiger, 'Shadows of Taste': John Clare's Tasteful Natural History, *John Clare Society Journal*, 2008, 27: 59-71.

反对声音。但是,坦率讲,此种无节制追溯,如若面对可能的批评,谁更应当承担举证责任呢?显然是科学而不是博物。

因为"好的归科学"(田松构造的一个讽刺性短语),百姓了解的科学史,已经大大失真,比如达尔文是什么家?人们会脱口而出:"科学家"。再具体一点,"生物学家";再再具体点,"演化生物学家"。能说出他是"博物学家"的人极少。可是,"博物学家"是当时人们对他的标准称谓,其1859年出版的《物种起源》第1版中,naturalist(博物学家)共出现97次,science(科学)共出现2次,scientist(科学家)一词根本没有出现。开篇中,达尔文便说,作为naturalist(博物学家)自己如何如何登上了"贝格尔"号。公平而论,从现在的眼光看,达尔文既是博物学家也是科学家。那么,A.洪堡、D.梭罗、J.缪尔、R.卡森呢?人们就可能犹豫,对科学家、博物学家的头衔不大敢随便使用。至于吉尔伯特·怀特,恐怕就不会有人按"好的归科学"的思路,称其为科学家了。拿放大镜看,怀特当然也做了许多与现代科学有关的事情,比如对蚯蚓、对鸟、对生态的探究之类,甚至还做过人口调查之类工作,但称他为科学家似乎就过分了,他只能算个作家,充其量是生态学先驱。这回,在科学家和博物学家中,便没有人抢着安放科学家头衔了,怀特踏踏实实是一名博物学家。在认知导向的认定中,科学家是高于博物学家的。但我并不这样认为,就像不会简单地比较巴尔扎克与巴斯德、普希金与门捷列夫、毕加索与庞加莱谁更伟大一样。

2. 梅比这部怀特传的特点

"怀特就是以他生活的村庄为舞台,向世人展现出,通过近距离观察自然世界，不仅能理解自然，更能尊重自然，洞察万物的相关性。怀特留给后世之人的最伟大的遗产，是调和了对自然的科学认知和情感体验，由此产生深远影响，促进了生态学的兴起和发展，并让人们意识到，人类也是大千世界的一部分。《塞耳彭博物志》作为对地方深情描写的先驱，还促使这种写作成为英国主流文学的一部分。"（本书，第5页）这是英国有着历史学背景的作家、博物学家梅比（Richard Mabey）在这本怀特传中对怀特的基本描述。

梅比的作品我接触得不多，仅两部，除了这本传记便是《杂草：四处流浪的植物如何闯入文明并改变我们思考自然的方式》（*Weeds: How Vagabond Plants Gatecrashed Civilisation and Changed the Way We Think about Nature*，译林出版社中译本名为《杂草的故事》）。对于后者，我先写过书评，后又为新版写了中译本序言。2010年1月末2月初我拜访怀特家乡塞耳彭时，身边就带着梅比的这本传记。住在主街边的塞耳彭皇后客栈（The Queens Selborne Inn），晚上还观看了BBC的一张光盘，其中有梅比出场讲述怀特的多个场面。

在我看来，梅比的这本传记有两点特别值得指出，第一是对资料的收集，第二是编史观念。

怀特的名声是一点点变大的，历史上留下的关于怀特的资料非常稀少，这给传记写作带来巨大困难。怀特就出版了一部书《塞耳彭博物志》，刚出版时影响也不大，就这本书的内容来挖掘的话，传记也写不出更多内容，而且可能变了味，成了某种作品解读。梅比下了许多功夫，到各种可能留有蛛丝马迹之处寻找关于怀特的信息，再把它们小心地编织在一起，尽可能向读者展示怀特的生活细节。书很薄，下的功夫非常大。从中也能看出，英国各种机构对史料保存非常重视，对外服务也很好。国内就有许多不同，一是学者愿不愿意花力气追索，二是相关机构是否愿意"伺候"。

作品好坏也与编史观念有关，涉及所做历史是否足够专业的问题。梅比不是标准的学院历史学家，却有着良好的史学训练。面对今日声名鹊起的怀特，此传记并没有接着"造神"。怀特的人生，有些特点，但仍然普通、可理解。他与其他人一样喝咖啡、喝红酒、收租金、旅行、谈女朋友，对金钱也并没有表现出厌恶。在梅比笔下，没有迹象表明，怀特的道德素养与他们相比有何特别之处。对于做什么事情能够令事业成功，怀特与普通年轻人差不多，起初也是迷惘，慢慢才摸索出适合自己的方向。

那么，梅比这种写作会不会削弱怀特的完美形象？对于肤浅的读者，确实存在这种可能性。但是，好书是写给好读者的，不必为此而担心。怀特对乡村的细致描述有着永恒的魅力，对当下中国人重新思考人与自然的关系、处理好自己的生态环境问题有着显然的启示。怀特式生存，对于个体选择适合自己的生活方式，也有参考意义。长远看，伟大思想和模范行动无须借助"神话"来延续。

3. 有机会要到塞耳彭亲自看一看

欲了解怀特，读其名著《塞耳彭博物志》，包括艾伦（Charles Grant Blairfindie Allen，1848—1899）为其中一个版本撰写的导言，是十分必要的，却不充分。梅比很坦率，他说《塞耳彭博物志》并不好读，它不是今日大家喜闻乐见的优美散文。读了也未必有感觉。类似地，梭罗的《瓦尔登湖》也一样。看这些书，读者需要有好心情，缓慢阅读。我甚至猜测，世上可能有100万人听说过怀特，这其中十分之一亲自翻看过《塞耳彭博物志》，这部分中又有十分之一耐心读完全书，读完者中又有二十分之一读出了感觉，深入理解了怀特。

许多人，包括艾伦、梅比和我，都强烈建议亲自去一趟英格兰汉普郡的塞耳彭。想一想达尔文、洛威尔（James Russell Lowell）曾亲自前往塞耳彭"朝圣"，你凑个热闹既不过分也不冤枉。

从伦敦到塞耳彭很方便。从伦敦的滑铁卢（Waterloo）站上地铁（火车），向西南方向行进，大约70分钟后在奥尔顿（Alton）下车，乘38路公共汽车或打车向南再走4英里左右就到了。2011年我从牛津转了两趟火车才来到奥尔顿。记得乘火车时还经过怀特上大学前读书的地方贝辛斯托克（Basingstoke），车厢喇叭报站时把第一个音节读得很夸张，又重又长；返回时则由奥尔顿到滑铁卢。

"到了塞耳彭，虽有着急切的渴望，我仍然克制自己，'没敢'贸然直接访问怀特的宅子威克斯，而是在附近住下，然后到附近野地里观察、散步。第二天，洗漱完毕，正了正衣襟，我才到离住处不到150米远的怀特家（威克斯），由东向西穿过宅子，进入怀特的大花园。眼前是大草地，远处横着'垂林'，园内怀特描述过的橡树还健在。苹果树、梨树上挂满了'鸟窝'，近距离瞧，才确认那只是与鸟有关的寄生植物：白果槲寄生。怀特书中描写最多的就是鸟，怀特家乡到处都是鸟，而槲寄生的繁殖离不开鸟的帮助。"[*]

---

[*] 刘华杰，博物学漫步：寻访怀特故乡塞耳彭，《明日风尚》，2011，（04）：154-156。

为何怀特写出了名著,成为生态思想史上的重要人物?历史研究无法给出充要的刻画,其他研究也如此。回答这类问题很难,充分条件或必要条件谁都不容易给出,我常讲的"双非原则"依然适用。读梅比的这部传记,大约可以猜到有几点可能是关键:一是衣食无忧,二是接受了良好的教育,三是有一个不错的朋友圈。但它们是充分的吗?不是。是必要的吗?也未必。因此只能说"或许很重要"。至于哪些显得重要,读者可以自己判断。

　　时代无法重演,人生不能复制。重要的是通过阅读得到某种启发,开动自己的脑筋,书写我们自己有意义的人生。

　　最后,也感谢余梦婷翻译了这部书。梦婷曾是我名下的硕士生,她能做这样的辛苦工作,很不容易。

刘华杰

北京大学哲学系教授,博物学文化倡导者

2020 年 7 月 12 日于北京肖家河

献给罗纳德·布莱思和查尔斯·克拉克

致谢

感谢下列机构和朋友在检索、查阅和阐释原始资料上给予我的帮助：牛津大学图书馆、塞耳彭的吉尔伯特·怀特博物馆、琼·查特菲尔德、汉普郡档案局、赫德福德郡图书馆服务部、哈佛大学的威德纳图书馆和霍顿图书馆、牛津大学奥里尔学院图书馆、牛津大学莫德林学院档案馆、帕里-琼斯，以及英国皇家外科学院的图书管理员伊恩·莱尔，他妥善存放着《塞耳彭博物志》残余的工作手稿。

我还要感谢在我准备写作本书时替我出谋划策、提供信息和指导的朋友：大卫·埃利斯顿·艾伦、塔拉·海涅曼、英国鸟类学信托基金会的克里斯·米德、理查德·诺斯、马克斯·尼克尔森、菲利普·奥斯瓦德、大卫·斯坦丁、"威克斯"的管理者，以及戴维德·史蒂芬斯。特别感谢塞耳彭书店的安妮·马林森，我们一直保持着联系，她始终支持我，为我提供当地信息。

我很感激利弗休姆信托基金的研究奖，这为我在牛津和塞耳彭的研究提供了极大帮助。我还要感谢牛津大学圣凯瑟琳学院的威尔弗里德·科纳普和各位研究员，感谢他们的热情接待。汉普郡的维基和伊恩·汤姆森同样慷慨热情。

桑德拉·拉斐尔、弗兰切斯卡·格林诺克、理查德·西蒙和伊莎贝拉·福布斯对我的各种草稿做出了非常有价值的评论。我的助手罗宾·麦金托什一如既往不知疲倦地工作，尤其是在成书的最后阶段。

最后，我必须向查尔斯·克拉克表达我最热烈的感激之情，是他最早提议我写作这本传记，并且在旷日持久的写作过程中，一直给予我支持和信任；还有罗纳德·布莱思，他是我的榜样，他的建议和鼓励不断鼓舞着我。

目录

前言　遗产与传说	1
第一章　"回响之地"	14
第二章　拓展视野	33
第三章　故土	52
第四章　退隐田园	80
第五章　写信人	110
第六章　仔细观察	145
第七章　教区记录	177
尾声	231
注释与参考文献	233
译名对照表	247

前言　遗产与传说

长久以来，英国人都将自己与乡村的关系看作自身独特文化身份的象征。尽管拥有大量城市人口，我们仍然将村庄奉为理想的社区形式，热爱工业化世界所缺失的自然事物。这份热爱有时会变得多愁善感，其历史渊源也不甚清晰，却在我们今天的生活方式中留下了难以磨灭的印记。《塞耳彭博物志》是第一本将自然世界与村庄联系起来的著作，树立了这类作品的典范。书中描写了18世纪汉普郡一个教区中大自然的变迁，行文貌似简单、平常，却被看作英语文学中对大自然最完美的颂扬。美国作家詹姆斯·拉塞尔·洛威尔（J. R. Lowell）曾形容此书为"亚当在天堂的日志"[1]。即使以最宽松的标准来看，这样的说法也未免过于夸张，但洛威尔的确把握住了吉尔伯特·怀特及其作品的本质。书中描写的一切发生在塞耳彭，这是一个真实存在的英国村庄，它或许够不上成为天堂的模型，但在塞耳彭的森林中、田野里，上演着求偶、生育、生存和迁徙的大戏，正如怀特所说，这颇有些神圣的意味。在那个年代，理性原则、人类至上几乎是牢不可破的信条，但是，怀特努力记录微小生命的琐碎日常，这是他的兴趣所在，是他快乐和灵感的源泉。从这个方面来说，这本书的确是对神圣之地的惊鸿一瞥。

《塞耳彭博物志》如此具有独创性，如此重要，我们对作者吉尔伯特·怀特的了解却少得出奇。怀特的生活状态和性格特征一再被理想化，洛威尔把他比作亚当就是一个例子。好像了解太多会有损他的魅力似的。对于民族英雄，我们常用这一招。因此，我有十足的理由为怀特立传。但我还想表明另一个促使我展开这项研究的动机。在注意到怀特之后不久，我就很震惊，他竟是一个如此现代的人，他的许多看法，他遇到的问题，与今天很相似。例如，我们既热爱自然，又想享受精彩刺激的城市生活，二者怎样调和？最令我震撼的是，怀特一直用一种折中的，但最终成功了的方式，穿透感伤主义的迷雾——过去大部分时间里，当我们面对乡村时，都笼罩在这层迷雾中。这是一个鼓舞人心的故事，值得效仿。

但我必须承认，和许多人一样，我并非轻易就走向了《塞耳彭博物志》。多年来，它那副神圣和唬人的样子让我望而却步。它是那种在学校的颁奖日作为奖品的图书，无论怎么看，都是一部老派的作品。就算我渐渐读过之后，我的看法也没有发生太大变化。一开始，它的漫无边际、杂乱无章，以及突然出现的大量拉丁文分类学术语，都让我难以应付。有那么一阵，它那冷静、克制的散文风格，让我忽略了文字背后的感情。书中偶尔也会冒出很形象的画面——夜晚，当"夜鹰在暮色中掠过树梢"，你可以看到"秃鼻乌鸦的一番行动和伎俩"——但这些有趣的片段不足以消除《塞耳彭博物志》显而易见的冷淡。

直到亲眼见到给予怀特无限灵感的塞耳彭，我的观点才发生根本性转变，并且真正读懂《塞耳彭博物志》。我猜我迟早会有所领悟，不过这个村庄的确是一剂强劲的催化剂。塞耳彭并没有大肆宣扬怀特与村庄的联系。那里没有精美的纪念碑，没有以怀特名字命名的街道。甚至他的墓地都颇不容易找到，就在两块饱经风吹雨打的石头之间，像穷困潦倒的小农的歇息处，而不是一位举世闻名的作家的长眠地。

幸好，自18世纪以来，这个教区的景致就没有什么变化。所以你大可不必带着缅怀过去的心情参观，你可以真切地触碰怀特笔下的一切。虽然我们很难再像1778年秋天的一个清晨那样，看到40只渡鸦在垂林（Hanger）上空嬉戏，但村庄后的陡峭山坡上仍覆盖着一大片山毛榉树林，一如往昔。还有一棵树龄长达1000年的巨大紫杉树，现在，树下有一座坟墓，墓主人在怀特离世35年后参加了反抗"什一税"的起义。凹陷的乡间小路形成错综复杂的路网，让人至今还能强烈感受到村庄的封闭和隐秘，怀特就在这里生活、在这里不朽。充满生机的风景让塞耳彭免于成为惹人伤感的博物馆藏品；我以为，正是塞耳彭古老外表下的活力与变化，消解了怀特的神秘与距离感，让我们看到一个在真实的村庄里生活的真实的人。

透过塞耳彭，我们还能看出，怀特饱满的创造力不限于写了一本重要的书，还体现在其他许多方面。他协助开凿了一条通向垂林的路，那里至今仍是朝圣者*首先要去的地方。他是个充满激情的进步园丁，不仅种植传统的花卉、蔬菜，还拥有大大的瓜床、自建的装饰性建筑和一块块野花地。这些事他都记在了日志中，到他中年时，这些日志

---

* 此处指追随、崇拜怀特，来塞耳彭"朝圣"的人。

逐渐发展为每年对塞耳彭自然景观的连续记录，其即时性和持续性在18世纪是绝无仅有的。他在两百年前的6月4日写道：

> 早上出现了多轮光晕和幻日。小麦看起来黑压压的，状态很糟。晚上，蟋蟀在灶台上唱个不停：它们感到空气潮湿，用歌声欢迎雨水。今年，因为那棵巨大的坚果树没有长叶，我们便将带网的食品橱*挂在了怀特小姐当作坚果树种植的梧桐树上。[2]

日志不免将我们带回《塞耳彭博物志》，因为这本书，吉尔伯特·怀特得以被后人铭记。仅仅靠一本书就在文学史上占据一席之地，这没什么不寻常的，约翰·班扬（John Bunyan）和艾萨克·沃顿（Izaak Walton）也是如此，怀特和他们常常被归在一起。但怀特的非凡之处在于，他能将平平无奇的材料组织起来，创作出新颖又有趣的内容。以怀特的资历，任谁也不会料到他作为一个作家能写出什么：他是一名乡村助理牧师，从没做过教区牧师，一生中的大部分时间都在他出生的那所房子中度过。乍看起来，《塞耳彭博物志》没什么了不起，只不过随意集结了一些书信。写作风格是对话式的，并不算引人入胜。以那个时代稍显自满的智力标准来看，这本书在微不足道的主题上着墨过多，比如，蟋蟀的歌唱、回声的微妙，以及在炎热的夏季，一对翔食雀在鸟巢上方扇动翅膀，让它们的孩子保持凉爽。

然而，这些不太正统的关注点，正是这本书最根本的独创之处。

---

* 在不列颠地区，用于储存肉类的容器或橱柜，带有防虫的金属丝或网。

吉尔伯特·怀特传

《塞耳彭博物志》致敬了生命的细节与变化，颂扬了大自然"微小的细节"，带来了独特的新鲜气息。因为一个世纪以来，关于理性力量的理想观念仍占据主流，没人意识到，整个世纪的高谈阔论和宏大理论都建立在这个世界的细小真相的基础上，在内赫布里底群岛（Inner Hebridges），塞缪尔·约翰逊（Samuel Johnson）沉浸在凯尔特的美景中，陷入沉思，一语中地指出了启蒙时代的两难境地：

> 要从所有乡土情结（local emotion）中抽象出思想是不可能的，即便可能，这样的努力也是愚蠢的。那些让我们挣脱感觉（senses）的力量，那些让过去、远方或者未来超越当下的因素，促使我们成为思考的存在物（thinking being）。[3]

与主流思潮相反，怀特坚持认为，感觉非但不会压制乡土情结，反倒是最能唤起乡土情结的因素。村庄是人类社会生活中最小和最亲密的单元，怀特就是以他生活的村庄为舞台，向世人展现出，通过近距离观察自然世界，不仅能理解自然，更能尊重自然，洞察万物的相关性。怀特留给后世之人的最伟大的遗产，是调和了对自然的科学认知和情感体验，由此产生深远影响，促进了生态学的兴起和发展，并让人们意识到，人类也是大千世界的一部分。《塞耳彭博物志》作为深情描写某处地方的先驱，还促使这种写作成为英国主流文学的一部分。

《塞耳彭博物志》不仅是我们自然观发展过程中的经典文本，而且无论好坏，有一点已经成为共识，也是任何传记作者都会着重考虑的，那就是《塞耳彭博物志》和各种观念、手工制品奇特地混合在一起，已经成为定义"英式生活方式"的一部分。传闻在英语世界出版频率最高的书籍中，《塞耳彭博物志》排第四位。19世纪，当英国人移居各个殖民地时，都会带上《塞耳彭博物志》，与《圣经》、欧石楠枝放在一起。恐怕再没有第二本书能够像这样，赢得如此多不同之人的尊重了。柯勒律治（Coleridge）在他的书页边做了一些旁批，认为"这是一本令人愉快的书"。达尔文（Darwin）则称赞这本书是让他对生物学产生兴趣的主要原因之一。奥登（W. H. Auden）曾深情地写过《致逝去的吉尔伯特·怀特》（*Posthumous Letter to Gilbert White*）。弗吉尼亚·伍尔芙（Virginia Woolf）描述《塞耳彭博物志》是"一本含混不清的书，似乎讲述了一个稀松平常的故事……但是，作者明显无意识的设计为我们留了一扇门，让我们可以听到远方的声音"[4]。

这些深情的赞美既激发我们更深入地了解吉尔伯特·怀特，同时也成为实现这一目标的障碍。因为这些赞美生成了另一个令人敬畏的人生故事："牧师怀特"的神话。故事的人物形象由来已久，是一个强壮坚定、忠厚老实、全凭直觉和完全虚构的乡民，这是对过往乡村的拟人化表述，他的功能是守护塞耳彭的传说。尽管这个形象伪装成许多面貌出现，但都基于同一个假设，即怀特本人是田园诗般的人物，他安静地沉思，简单纯粹、道德良好、超凡脱俗。他用心写作——出于天性——而不是用头脑写作。只有具备上述特质的怀特才能写出《塞耳彭博物志》。

多年来，怀特神话被不断推高。洛威尔称之为"在天堂的亚当"，伍尔芙说是"无意识的设计"，当代编辑更直白："怀特在自己的世界里自得其乐，就像西班牙猎犬在矮树篱中嗅到了新奇的气味。"[5]

在被怀特吸引的人中，没人像爱德华·托马斯（Edward Thomas）那样坦陈自己的动机："至少在目前，在1915年，我们很难在他引领的生活中发现缺点，因此，我们有理由深情地回顾，就像在回顾某种我们难以获得的宁静生活。"[6]

最初版本的怀特神话出现在19世纪20年代和30年代，当时英国农村正处于动荡不安的时期，所以带有明显的政治底色。我最早能追溯到约翰·康斯特布尔（John Constable），他热爱萨福克的景色，却反感住在那儿的劳动者的固执与粗鄙，他为此感到烦恼，并试图调和这种矛盾。1821年，在写给副主教约翰·费希尔（John Fisher）的一封信中，他称赞《塞耳彭博物志》的示范作用："它只是显示出对自然真挚的爱会带来什么——无疑就是怀特先生宁静和无可指摘的生活，这种生活与俗世的愚蠢、庸常大不相同，必定能让他将自然看得更清楚、更详尽。"[7]但塞耳彭神话正式发端，以及《塞耳彭博物志》和塞耳彭被神圣化为田园诗的要素，通常要归功于《新月刊》（New Monthly Magazine）的一名记者。1830年，英格兰南部的农村地区，包括塞耳彭在内，发生了名为"舰长之舞"（Captain Swing）的起义。几年后，这位记者到访塞耳彭，写下了他眼中的乡村景象：

> 炊烟袅袅，说明人们在干净的灶台边忙活，葡萄藤和攀缘植物开满了花，整齐地爬满墙面，修剪过的小花园装点着鲜花，似乎只让人想到愉快的劳作、不错的能力，没有人会异想天开地询问这样一个安全的地方是否会发生犯罪和不幸。这里的风景超乎期待，简直美得不真实。[8]

前言 遗产与传说

战争期间，《塞耳彭博物志》经常被看作对现实战争的逃避（正如上文托马斯所说），也是人们奋力争取的某些东西。1941年闪电战最激烈的时候，詹姆斯·费希尔（James Fisher）为怀特的魅力找到了一种解释，即"不在于他说了什么，而在于他说的方式。他的世界圆融、简单、完整；不列颠的乡村；完美的避难所。这里与世隔绝，无关政治，毫无野心，无须担心，没有代价"[9]。

但是，从维多利亚时期晚期开始，怀特常常被塑造成一个"原始人"，他的作品与其说是智慧和辛劳的产物，毋宁说是仰赖天赋，就像鸟儿会唱歌。洛威尔把怀特看作本土作家，把他和艾萨克·沃顿联系起来。"自然赋予他们用简陋原料创造幸福的简单技巧，这些原料，哪怕最贫穷的人也有能力获取。善良的精灵让他们用稻草织出了金织物。"[10]

不久之后，另一位美国散文家约翰·巴勒斯（John Burroughs）更深入到了生物隐喻：

> 作者的隐秘和专注，就像鸟儿建造巢穴、蜜蜂采蜜……太多博学之见都沉入波浪底下，这本书则像海扇一样，安稳地漂浮在波涛之上。它的生命如此长久的秘密是什么？如果不去追根溯源，就只能说说书的特质。它就像面包、肉或牛奶一样，简单而有益健康。[11]

这种简化处理延伸到了怀特的私人生活。他被描述成隐士、苦行者，甚至是乡村神秘主义者。他的亲戚兼传记作者拉什利·霍尔特－怀特（Rashleigh Holt-White）甚至断言："怀特有且只有一个情人：塞耳彭。"但最不可思议的要数书志学家爱德华·马丁（Edward Martin）的大胆编造。他把对乡村的两种刻板印象结合在一起，成功地将牧师怀特变为绅士吉姆：

> 真正的男子气概，在怀特的时代与今天一样受重视，我们或许能断定，如果他不是真正的英国绅士，不具有男子气概，也并非强壮有力，他不会如此受牛津大学生们的热烈欢迎。[12]

因此，怀特最终被赞颂者奉为圣人，成为"圣"怀特，也就不奇怪了。[13]

* * *

我们固执地想要将乡村及与之相关的一切视为对平静和朴素的守护，但公允地说，对吉尔伯特·怀特的种种夸张描述不能仅归咎于此。对于怀特究竟是什么样的人，我们的确缺少直接证据。我们不了解他父母的情况，不了解他们如何养育吉尔伯特。他与家人、朋友的通信（大多数收录于霍尔特－怀特1901年出版的《生活与通信》）中，有很多关于他的家庭生活和博物学活动的记载，但对情感生活寡言而慎重。大英图书馆至今保存着他的日志手稿，40年中，他几乎每天都记录，从不间断，但没有一篇直接提及他的个人感受。对此，我们不得不从他的好友约翰·马尔索（John Mulso）写给他的一系列信件着手。马尔索亲切、唠叨地记录了他与怀特多年的友谊，是关于怀特私人生活最好的证据。某种程度上，我所写的这本传记也是在讲述怀特的生活，但与 18 世纪的故事有所不同——完全是互补的。

关于怀特生活的间接证据则多得多，尤其是他在塞耳彭的情况，以及他去到的更大的学术圈和文学圈。在此，我必须感谢那些穿透怀特神话学的作者，他们不仅阐释了怀特的著作及其重要性，还为发掘教区和吉尔伯特朋友圈的新信息做出了贡献；尤其是埃德蒙·布伦登（Edmund Blunden）、塞西尔·埃姆登（Cecil Emden）、H. J. 马辛厄姆（H. J. Massingham）、马克斯·尼科尔森（Max Nicholson）、安东尼·赖伊（Anthony Rye）。[14] 教区资料的其他宝贵来源是汉普郡档案局和牛津大学莫德林学院档案馆，在 18 世纪，莫德林学院是塞耳彭的领主。

本传记旨在探究怀特与 18 世纪塞耳彭内外世界的关联，并且力图避免像以往那样假定怀特的才能不受外部影响。比如，书中会谈到，他与弗利特街（Fleet Street）文学圈的频繁来往对他决定写书起到什么作用？他的博物学究竟是一种创新，还是已经发展起来的博物学潮流的延伸或综合？

18 世纪的博物学研究正在与中世纪思维下封闭的迷信世界分离。人们开始检视那些迷信观念，询问一些有时似乎显得大逆不道的问题，检验自己的想法。然而，一些古老的神话仍异常稳固，比如自然界应该符合各种各样的道德秩序。吉尔伯特·怀特主要的鸟类参考书是威洛比（Willughby）的《鸟类学》（*Ornithology*，1678 年初版发行），但这本书关于蒸馏燕子来获取治癫痫的药水的描述，比对鸟类筑巢习性的讨论还多，书中甚至用了好几页详细记述一群夜莺讨论欧洲战争。

罗伯特·普洛特（Robert Plot）等作家开始发表郡县研究，但这些研究在品位和判断上有严重问题，混淆了事实和寓言。在怀特之前，如果只研究某一个教区的博物学，会被认为有失偏颇，预先假定了太多地方特性。

18世纪的博物学主流缺少亲近、惊奇、尊敬的感觉——简而言之，缺少人对自然的参与。在某种意义上，因为崇尚理性的力量是获取知识的手段，所以极大地妨碍了理解。理性至上让人类过于相信自己比自然优越，致使观察到的事实和事实背后丰富的象征性、关联性脱节。

对怀特对待自然的态度产生影响的思想派别则不同。"自然神学"已经由约翰·雷（John Ray）在《神的智慧》（*The Wisdom of God*，1691）中率先探索，随后是威廉·德勒姆（William Derham）。用德勒姆的话来说，"神的造物证明了他的存在和属性"[15]。自然神学是探索自然中的设计，是对世界组合在一起并有效运转的神奇方式的赞颂。现代持怀疑态度的人认为，自然神学不过是老生常谈：生物没有为适应其生活方式恰当"设计"，就会停止存在。与根深蒂固的人类中心论相结合，自然神学抛出了一些因果颠倒的荒唐论点，比如约翰·雷声称，地壳中金银的正确数量是恰好能够调节人类贸易的数量；德勒姆认为，人类的身高是为了适应骑马。但是，我们不能简单地取笑自然神学。自然神学的戒律意味着一种对真正的造物主观察的全新信念和承诺，这让之前用象征意义和图案来占卜变得像在亵渎神明了。生物与其生活的环境之间明显有联系，在弄清楚这种联系的过程中，雷和德勒姆也在开拓生态学研究。

* * *

怀特的思想和工作必须放在上述知识背景下来考量。不过,有一点很重要,即相比怀特看待世界及他在其中的位置的方式,他的科学发现(常常被夸大)就没那么重要了。终其一生,怀特都不理会艺术和科学、事实和感觉之间传统的分界线。在隐士屋(Hermitage)野餐时,他发现了夜莺如何歌唱。在离垂林的野生树林不远处,他竖起一座非比寻常的假木雕。他能准确描述天气,有时候听起来就像一个中世纪预言家在下判断。他越显示出对自然界的感官享受,越对自然界万物的悲欢苦乐感同身受,就越开始既像19世纪早期的浪漫主义者,又像18世纪的理性主义者。

怀特的动机和目的则是中心问题。他打算对世界作一番原创性的解释吗?他固守在塞耳彭是仔细计划过的吗,部分原因是他有意识地要贡献毕生精力来写一本书吗?怀特神话常常用"土地—命运"(earth-destiny)来解释怀特写作《塞耳彭博物志》的构想:"塞耳彭生养他,吸引他,留下他。一切最终都表明,怀特应该定居在塞耳彭,完成只有在这里才能实现的完美工作。"[16]但随着证据一点点显现,我们会发现,怀特的写作更是偶然、时机、自然禀性、本能依恋等许多人为因素综合的结果。

怀特表面上秩序井然的生活中,真实地混入了本能和感情,这才让他与自己钟爱和研究的种种造物产生了最紧密的联系。怀特深深地为本能着迷,尤其对小鸟可以依靠本能跨越全球、长途飞行感兴趣。

18世纪时,迁徙是最令人困惑的科学和哲学问题之一。仅仅出于本能，就能完成迁徙这一壮举，许多思想家认为这难以置信，或者太令人蒙羞，毕竟智力更优越的人类才刚刚掌握航海术。[17]所以不难理解，为什么许多关于燕子在池塘、洞穴冬眠的古老迷信会复苏，成为18世纪的"现代神话"：解释成深度睡眠比天赋本能更让人安心。

吉尔伯特一次次回到迁徙问题，很明显，对他来说，这不只是个科学问题。燕子、雨燕和圣马丁鸟*是教区中他最喜欢的鸟儿，它们每年都回来（或苏醒），这让他既好奇又高兴；渐渐地，鸟儿对村庄的忠诚，似乎是在回应怀特自己对塞耳彭不完全理性的依恋。最重要的是，怀特的书是在探索人类与其他造物之间的联系，是在赞美整个社区的生活。也许，吉尔伯特·怀特生活在别的村庄也能写出《博物志》，但那也必定是他特有的博物志。

---

* House-martin，英文原书分别用到了 martin 和 house-martin。圣马丁鸟，即白腹毛脚燕。

第一章　"回响之地"

生命的最后60年，吉尔伯特·怀特一直生活在塞耳彭。并且他在离出生地100码*的屋子里离世，这真是奇妙的运气。不晚于16世纪初，塞耳彭的怀特家族就开始在这一地区生活。不同时期，家族各支分别定居在法纳姆［Farnham，萨里（Surrey）的一个镇］、贝辛斯托克（Basingstoke，位于汉普郡）和南温布尔（也在汉普郡，离塞耳彭仅10英里**］。吉尔伯特·怀特的曾祖父萨姆森·怀特爵士（Sir Samson White）出生在牛津郡威特尼（Witney）附近的科格斯（Cogges）***，后成为牛津市长。所以，1681年，当萨姆森·怀特的儿子，老吉尔伯特接受塞耳彭的牧师职位时，并非冒险进入一个全然陌生的地方。时年31岁的老吉尔伯特是牛津大学莫德林学院（塞耳彭的领主和圣玛丽教堂教会生活的赞助者）的初级研究员。当小吉尔伯特回想起，祖父如此年轻，级别又低，却被任命为全职牧师时，他

---

*　1码约为0.9144米。
**　1英里约等于1609米。
***　温德拉什河畔的一个独立村庄。

推断，这是因为莫德林对塞耳彭教区的预期很低。老吉尔伯特发现，这里的教会生活已经荒废很久了。50年前，在共和国时期，这里的牧师失去了收入，"被遣退到距教堂150码之外的一所小公寓，靠出卖体力劳动获得微薄收入"。1660年，牧师恢复身份，但实在太穷，"教区牧师住宅很破，房屋摇摇欲坠"。继任者本打算重建住处，但不幸去世，重建计划搁浅。

老吉尔伯特需要将住处打理得更宜居：

> 他一来就给圣坛装了天花板，给会客厅和门厅铺了地板、护壁板，在那之前，地面铺的是石头，墙面也裸露在外；他扩建了厨房和酿酒间，挖了一间地下室和一口井，他还在地势较低的院子里新建了一个大大的谷仓，将前院的小茅舍拆掉，建了步道和围栏；并且计划好建后花园，就建在中央有石坑的一块荒地前。[1]

他这么做看起来就像决定扎根在这个村庄了，果然，几年之后，他就与当地的一位农家女结了婚。丽贝卡·勒金（Rebekah Luckin）比老吉尔伯特小14岁，家里世代都在诺尔山（Noar Hill）附近的小村庄务农。"勒金树篱"是塞耳彭教区边界上的传统地标。

事实证明，丽贝卡是位坚强、可靠的伴侣，很可能是受她影响，怀特家族才会留在塞耳彭，尽管这个村庄比较远离乡村社会主流。在18世纪，塞耳彭是个自给自足的偏远社区，这里没有占支配地位的土地所有者，与外界交流不多。最近的城市温切斯特虽然就在西边15英里处，但自从罗马人修通了从温切斯特到法纳姆的道路，绕过了塞耳彭，这里就与世隔绝了，人们去哪儿都不用经过这个村子。14岁之前，威廉·科贝特（William Cobbett）一直生活在法纳姆，就在塞耳彭以北10英里处。但当他于1822年途经塞耳彭时，却感到很陌生：

> 我忘了说，从霍克利（Hawkley）去格雷特姆（Greatham）的路上，给我指路的人在一处岔路口告诉我："那条路通往塞耳彭。"这让我想起别人给我推荐的一本书，但我从没看过，我想是一个叫怀特的牧师写的，书名似乎是《塞耳彭的博物志和古文物》（诸如此类）。[2]

塞耳彭不起眼，很大原因是当地的地理环境。它坐落在汉普郡原野的西部边缘，那是一大片白垩质小山，地势陡峭，地形复杂，像今天一样覆盖着森林。当地的道路大多在低地处，许多路段在柔软的白垩质土和砂岩中向下陷得很深。到了冬天，这些凹陷的小路会积满泥、水，有时候还有雪，让马车无法通行。北边那条从奥尔顿（Alton）通向村庄的主路也不过是一条布满车辙的凹陷小路，有的地方下陷18英尺[*]，宽8英尺多。直到1847年，一条路面平整的道路才从奥尔顿铺到这里。而早在12年前的1835年，作家詹姆斯·米迪［James Mudie，当时正在为爱德华·布莱斯（Edward Blyth）的《博物志》作地质学方面的注释］就发现，要通过这些凹陷的小路，困难重重：

---

[*] 1英尺约为0.3048米。

从哈特利（Harteley）前往塞耳彭，至少有两英里的路段人迹罕至。头上的天空只剩下窄窄的一条，两侧的路堤离得很近，几乎是垂直的，四轮马车必须在特定地方错车。一路上树根裸露盘曲，穿插于岩石间。[3]

米迪还开始意识到，这种封闭的、被遮蔽的感觉，正是当地风景的基本特点。尽管他觉得塞耳彭是个美丽的地方，但他认为"想要坐享豪华的四轮马车，同时对它有过得去的第一印象或总体认识，那是不可能的"。

* * *

老吉尔伯特和丽贝卡定居塞耳彭，生养了6个孩子。1688年，长子约翰出生，他就是塞耳彭那位博物学家的父亲。约翰获得了律师资格，终于成为一名治安法官，但他似乎从没实际从事过相关工作，他后来承认自己很不信任整个法律界。约翰在31岁时娶了安妮·霍尔特（Anne Holt），回归乡村，妻子来自斯特里特姆（Streatham），是一位教区长*的女儿，以及一小笔财产的继承人。关于约翰的信息不多。他从不工作，在家时，除了演奏大键琴，在花园里悠闲地做些琐事，他什么也不做。家人们通信时几乎不谈论他，只是出于尊敬和礼节提及他；以不在场的方式，约翰的形象浮现出来：没什么能力，性格孤僻。从不那么确凿的证据来看，他疑病妄想，难以应付自己的

---

* 18世纪，英国国教会在全英格兰约有10,000个教区。

第一章 "回响之地"

事务，很可能患有抑郁症。

1719年，约翰和安妮婚后的第一年，他们很可能住在塞耳彭，与约翰父母生活在一起。十个月后，1720年7月18日，小吉尔伯特在那里出生。同年晚些时候，约翰和安妮搬到吉尔福德*附近的一个村庄——坎普顿（Compton），住进了属于自己的房子。随后的7年时间，安妮有规律地在每年9月或10月生产。有三个孩子死在了襁褓中。第二个活下来的孩子是托马斯（生于1724年10月），他长大后在伦敦是个成功的商人和业余学者。本杰明（生于1725年9月）注定会成为一位出色的书商，正是他出版了小吉尔伯特的《塞耳彭博物志》。丽贝卡（生于1726年10月）嫁给了亨利·伍兹先生（Mr. Henry Woods），定居在萨塞克斯的奇尔格洛维（Chilgrove）。约翰（生于1727年9月）在小吉尔伯特之后去了牛津，并且加入教会，但他陷入了一些麻烦，这影响了他的一生。约翰和安妮还有个儿子弗朗西斯，出生于1728年或1729年（具体年份没有记录）的3月，当时他们暂居在萨塞克斯的东哈丁（East Harting）。弗朗西斯21岁就死了。

1728年或1729年的2月13日，老吉尔伯特·怀特牧师去世。他的遗孀与两个尚未出嫁的女儿从教区牧师住宅搬到了街对面被称为"威克斯"**的房子里，老吉尔伯特在生前置办这处产业，就是为了她们能在他死后搬进去。房子很小，不像现在扩展后的空间那么大。1729年或1730年的1月，两个女儿在同一天结婚，多罗西

---

* Guildford，属于萨里郡。

** 这所房子更应该被称作"威克斯家"（Wakes'），曾经属于威克斯家族。但是现在"威克斯"（The Wakes）已经是一个通用形式。

娅（Dorothea）嫁给了父亲的继任者巴兹尔·凯恩（Basil Cane）牧师，伊丽莎白（Elizabeth）嫁给了堂兄弟查尔斯·怀特（Charles White），在这之后，对丽贝卡来说，那个小屋成了一个孤寂的、空空荡荡的壳。她已经 66 岁了，早已习惯有家人围绕在身边。

另一边，约翰的小家庭日渐扩大，还没有扎根下来。显然，最佳解决方案是他们回塞耳彭，和丽贝卡一起住在"威克斯"。他们确实搬了回来，于是，小吉尔伯特（以下统称怀特）在 9 岁时回到了他出生的地方。3 年之内，他多了一个弟弟和一个妹妹。安妮（生于 1731 年 4 月）嫁给了拉特兰郡林顿霍尔（Lyndon Hall in Rutland）的托马斯·巴克（Thomas Barker），40 多年后，他成为怀特最喜欢的通信人之一。亨利（生于 1733 年 6 月）后来也去了牛津，并且成为法依菲尔德（Fyfield）的教区长，那个教区在塞耳彭西北方向 25 英里处。

到 1733 年，丽贝卡那所不超过 5 个卧室的小房子里塞下了 11 个人，其中两个卧室还是在阁楼上。6 个年龄不到 8 岁的孩子或许喜欢这种居住氛围，但吉尔伯特比最大的弟弟托马斯还大 5 岁，他肯定在 10 岁以后就习惯了独处。父亲不工作，偶尔充当他的家庭教师，但因为他容易抑郁，回避人群，并不能经常陪伴儿子。

在这段孤独的童年时光，怀特一定花了很多时间探索塞耳彭周围的乡野，如果他不像大多数同龄的农村男孩那样对博物充满好奇，那才奇怪。但这还不是一种正儿八经的兴趣爱好，他还不至于为此记笔记或日志。相比之下，他未来的妹夫，比他小两岁的托马斯·巴克从 10 岁就开始写自然日记。1736 年春天，日记中一些简短的笔记是仅存的关于怀特早年博物学兴趣的记录。开篇写道"一群鹅飞成了字母

N"，附注——为了标记观察者——首字母缩写 G.W.。那时怀特 15 岁，很可能去了几英里外的惠特韦尔（Whitwell）教区，在姨母玛丽·艾萨克（Mary Isaac）家过复活节。怀特在塞耳彭乡野中的童年经历，似乎说不上是什么清楚的回忆，他在著作中没有明确提到过早年的经历和趣闻，这有些不寻常。但塞耳彭的风景无疑给他留下了难以磨灭的印象，尽管可能是无意间留下的。我们将看到，在这个教区一片小小的范围内，景观也极其多样，只要走上五分钟，就可以从浸水草地*到岩石小路，再到树木繁盛的小山顶，这可能就是怀特接受的自然教育。在他客观地认识到自己生活在一个地理环境独特的教区，或者有意识地注视"眼前的风光"之前，当地风景的基本特点就印入了他的脑海。

什么特点？仅此一项，我们可以从现代证据寻找答案，因为乡村周围的景色没怎么变，仍然是英格兰南部多山区域常见的浓荫密布、树木繁茂、杂乱无章。而塞耳彭体现得更为突出，因为当地的地理环境还和社会历史结合了起来；不仅特点鲜明，两者之间的关系也很独特。1983 年 11 月，我记下了一些笔记，试图捕捉从教堂到莱斯（Lythes）之间的道路两边密林和灌木丛生的情景。怀特最喜欢这条路：

> 没有真正的视野或者风景——除了偶尔能透过树林看出去，看到峡谷尽头的缺口框出的景致。你能看到的更多是用特写镜头呈现出的细节和神韵：被树根缠绕的层状毛石；将死的树上长着

---

* 受人工灌溉影响的草地。

真菌，倒卧的树干缝隙中长出幼苗，韵味十足——弯曲，恣意生长，小枝繁茂，被啃食，啪一声断裂，抽出嫩枝。除了这些倒下的树，斑驳破碎的草皮被更多树木环绕；地面凹陷；生长在地势更低处的小灌木，冬天时只有顶端的末梢露了出来；车辙处、池塘里、蜿蜒曲折的排水沟中的水被树木和草丛遮挡，除非走近了看，否则根本看不见；水面被分隔开来——小河中有碎石、河湾、泥坑、环状小水塘和小岛，倒下的树木在水中搭起天然的桥，与树篱缠绕在一起。

往上至公地，往下到穿过教区的那些深陷的小路，尽管没那么多水，同样的景象也是一再出现。这些景致怪异、出人意料、紧密结合，充满活力、相互依存，将你拽入细节，而不只是看到概貌。任何生性敏感的年轻人，如果花费大把时间沉浸在这样的风景中，他看待世界的眼光很难不受影响。这不仅反映在怀特著作的内容上，也体现在他写作的韵律和结构上。我确信，怀特是有意为之的。他写给托马斯·彭南特（Thomas Pennant）的第二封信（《塞耳彭博物志》中的第十封信）就是典型的漫谈风格。他热情地谈论幼年猫头鹰的进食习惯，鸭子造访森林里的池塘，以及初冬时节在牛津瞥见圣马丁鸟。然后，他几乎是带着歉意地停下来，试着为这一连串散漫离题的鸟类学内容做解释。"我生活的教区，"他写道，"是崎岖不平的乡村，这里满是小山和树林，所以鸟类繁多。"[4]不难想象，当他走在威克斯的草地上，或者走在纵横交错的道路上，走在垂林脚下的之字形道路、十字交叉路口时，这样的想法突然出现在他脑海中。

整个教区的景色都是这样，变化莫测、杂乱无章，不管是森林深处，还是沃尔默皇家猎场（Woolmer Forest）的开阔荒野。只有教区的西北部，地势平坦、盛产啤酒花的"香槟"村，以及适于耕种的土地才明显更有序。

当然，这里的危险在于，用现有知识后验地解释当时的情形，将现代的感受投射到18世纪的人身上。但实用性很强的《边界目录》是对当地风景最早的描述，正如怀特所描述的那样"崎岖不平"。整个17、18世纪，塞耳彭一直在断断续续地进行边界勘查，尤其是土地的所有权不明晰或者有争议时，边界勘查更频繁。传统上，这项工作是为了检查界标是否还在，同时让村里每一代的孩子都了解教区之间古老的分界线。勘查线路是固定的，通常依靠集体记忆代代传递，但在1703年勘查之后（怀特的祖父也参与了），具体的线路被载入教区记事簿（Parish Register）——"自古以来一直延续的最古老记录"。以下节选了第一天下午的路线：

> 从这里向下，往右手边的公园池塘（Park Pond）走，分界线从池塘中穿过，直直地穿过公园，上到小山，池塘稍微偏向界线的左边，越过下一个小山后，分界线伸向山脚，始终靠近格里格绿地（Grigg's Green）的边缘，再穿过横亘在左手边韦弗丘陵（Weaver's down）下的沼泽，从这里开始，沿犁底板一样的坡面上山，朝山的东侧走，然后稍微绕山顶的左侧切过去，继续沿小山的这一侧下到一条林荫小道，（你会看到左边是弗利池塘，）一直沿那条路走在艾恩古坟（Iron Barrow）或者说艾恩山（Iron

Hill）的东边，下到埋葬逝者的荆棘丛，靠近路旁有一块大石头，上面有一条福音、一首圣歌和一个十字架。[5]

勘查工作持续整整3天，行走近18英里（如果将"所有折线"计算在内，接近30英里）。18世纪时，塞耳彭算是相当大的教区了，土壤、植被和农业形式多样。这种多样性是这一地区无所不在的崎岖感和亲切感的源头之一。实际上，一切的背后有两个根本因素：地质和社会历史。

关于当地的地质和地理，没有比怀特在《塞耳彭博物志》开篇描述得更好的了。以村里的街道为界，塞耳彭基本上可以划分为两个广阔的区域。西南侧是一片陡峭的白垩质山地，顶点是一片生长在斜坡上的树林，即塞耳彭垂林，常简称垂林。东北侧是相对平坦的砂岩区域，土壤的酸性渐渐变强，直到与萨里郡的荒野接壤。在两块岩石碰撞处，有水渗出，从白垩质土中流下，汇入一串小溪。水源附近土地富饶、土壤肥沃，滋养了塞耳彭。

垂林是村庄的一大特色，其地势急剧抬升，高出村里的街道300英尺，是让人无法忽视的庞然大物。在怀特的时代，垂林的树木更少。但即便没有树，那些生活在垂林阴影范围内的生物，白天得到的光照也会减少多达3小时。18世纪时，垂林的东南端是矮灌丛生的开阔山坡，主要用于牧羊。垂林顶上是塞耳彭的公地，有一大片粗糙的牧草，很宽阔，足以让村里在这里举办板球比赛，但散布着截去树梢的橡树、山毛榉，所以也被称作高林（High Wood）。更挺拔、更年轻的山毛榉生长在斜坡上。这是怀特最喜欢的树。18世纪中期，当莫德林学院砍倒大量山毛榉时，他非常难过。

在溪流的另一边，湿草甸，牧场，白蜡树、榛树和枫树构成的杂树林，形成了一条狭长地带，以及另一处森林公地，叫作多顿（Dorton）。教区的最东边，沃尔默皇家猎场延伸开去。沃尔默并非长满树木的森林*，而是受森林法保护的"法定森林"，土地面积很大，将近9000英亩**，专供英国皇室打猎娱乐。实际包含的林地本来就少，现在大多也衰退了，失去了再生能力。（怀特夸张地写道"整个猎场中没有一棵树挺立着"，不过，也许是他对"挺立"的标准过于严苛了。[6]）沃尔默大部分区域是起伏和缓的沙石荒地，帚石楠、欧洲蕨丛生，沼泽、泥炭散布于地势低洼处。欧夜鹰和沙锥鸟栖息于此，直到18世纪早期，仍有赤鹿和黑琴鸡出没，这可把当地盗猎者高兴坏了，它们常常惨遭猎杀。猎场最西边有三个大湖，橡林湖（Oakhanger）、宾湖（Bin's）和沃尔默湖，在怀特时代，沃尔默湖的周长有近1.5英里，大群野鸭会来这里越冬。

还有其他形形色色的事物遍布整个教区：村子北边的僻静处，一条小河被堵塞后形成了许多池塘，怀特在那里观察过燕子喂食雏鸟；距离村里街道不过几百码的地方，有一条富有浪漫气息的隐秘溪谷，覆盖着苔藓和蕨类植物，一泓溪水潺潺流过；与溪流垂直的方向，许多干谷（dry valley）伸展开，干谷两侧是一个个迷你垂林；丘陵地的顶上露出白垩质土层；诺尔山上点缀着古老的采石场矿。凹陷的小路连接并穿过这些地方，绕着村子，有的则像隧道一样，通向外面的

---

* 原文 Woolmer Forest，直译就是沃尔默森林。

** 1英亩约为4047平方米。

世界。18世纪的塞耳彭，所有道路或多或少都有些下陷。几百年的雨雪侵蚀，让这些道路深深陷入柔软的砂岩和白垩岩中。它们早已不只是交通系统，也成了地标，记录着教区过往的历史和每天的经历。每一场极端天气——大风、降雪、滂沱大雨表面的影响很快消失不见，但总会留下一些痕迹，久久不散。道路就像气候化石，反映着出现过的积雪、滑坡。马儿每一次踏过，马车每一次碾过，都让小路陷得更深。

悖谬的是，这些小路原本完全是人工产物，却渐渐成为最富于野性、最能反映教区各种自然特征的事物，怀特深深地为它们着迷：

> 许多路段比地面低了16或18英尺；洪水过后，霜冻之时，道路看起来奇异诡谲，岩层中的树根扭曲缠绕，洪水从破碎的道路两侧倾泻而下；当流水凝结成悬挂的冰柱、形成古怪的霜花时，尤其诡异。女士们走在地面上，探头往下看，往往会被眼前粗犷、阴郁的景象吓到。胆小的人骑马经过时，也会吓得浑身发抖；但这里丰富多样的植物却会让博物学家感到高兴。[7]

不消说，要通过这些小路可不太容易。凹陷的道路维持着微妙的平衡：一方面通向外界，另一方面让村子与外界隔离。这对怀特来说很重要，其重要性不亚于这些小路上的野花或奇怪的"蕨类"。

* * *

怀特在为写作《古文物》（*Antiquities*）做调查时得出的结论是，这些凹陷的小路至少可以追溯到撒克逊时期。塞耳彭的大多数

第一章 "回响之地"

地名就是那时候根据景观特点取的。比如，hanger（垂林）来自古英语 *hangra*，意为陡峭的斜坡，后来意为树木繁茂的斜坡。Lythe（莱斯）来自古英语 *hlithe*，指陡峭的牧场；Plestor（耍闹场）是教堂附近的一块空地，这个名字来自古英语 *Plegstow*，就是指娱乐的地方。Selborne（塞耳彭）也是由古英语 *sealh* 或 *sele* 与 *burne* 结合而成，前者指黄华柳（Sallow），后者指小溪。[8]

与奇特的自然环境相对应，塞耳彭在中世纪晚期开始形成独立的小社会。这种独立以最为迂回曲折的方式实现，是当地教会腐化堕落的结果。塞耳彭曾经有个奥古斯丁修道院（Augustinian Priory），就在多顿的另一边，1233 年由温切斯特主教修建。建成之后的一两百年间，这个修道院都默默无闻，却在 1484 年因为丑闻毁于一旦——该修道院的修道士简直百无禁忌。怀特在《古文物》中详述了修道院的故事，他以极其反对的态度说修道士们"耽于声色……普遍失职"[9]。他还在书中引用了《农夫皮尔斯》（*The Vison of Piers Plowman*），这首猛烈批判教会腐化堕落的诗在当时流传甚广：

> 但是在今天，修会就像是一个骑手、一个街头流浪汉；
> 一个结算日的仲裁员、一个土地买家；
> 他就像一个骑马逐个巡视领地的领主，身后跟着他的猎犬。[*]

怀特认为，这首诗"是对修道士的傲慢与铺张的惊人描述；是古

---

[*] 由中世纪的威廉·朗格兰所写，这四句出自长诗的第 10 节，中文译文引自张晗译《农夫皮尔斯》，浙江大学出版社，2016 年版。

往今来各种语言中，最犀利的讽刺文章之一"；这让我们从反面窥见，对于神职人员应该扮演的角色、应有的行为举止，怀特持什么态度。不过，他也从教会的堕落中看到了有趣的一面。威克姆的威廉*曾派调查团前去调查教会的腐败，并写成拉丁文卷宗，怀特梳理完之后，立刻给外甥山姆·巴克（Sam Barker）写信描述了一个喧闹的场面：

> 他们成了很棒的猎人，经常参加郊游活动和宴会，他们改变了装束，在天黑以后让可疑之人进入修道院；毁坏修道院的建筑物；用手抓餐盘里的食物，用肮脏的酒杯、发霉发酸的葡萄酒举行圣餐礼，人们因此痛恨圣餐（那幅场景真是恐怖）……他们不穿马裤，赤身裸体地躺在床上，因此备受谴责。[10]

我们不清楚教会为什么堕落，但不禁会想，部分原因或许是塞耳彭任性不羁的地方风气。修道院就坐落在沃尔默皇家猎场界内，周围弥漫着追求感官刺激的氛围。国王爱德华一世打猎时，经常在修道院歇脚，他希望大量随行人员能在这里吃好玩好。这耗尽了修道院的经费不说，贵族们玩乐的场面，以及塞耳彭森林中其他皇家猎物的持续诱惑，更是对修道士的考验。修道士们时常因为盗猎被拖至巡回法官跟前。有一次，为了不让自己的狗被剁掉四肢（皇家猎场常采用这一措施来遏制非法盗猎），修道院院长付了四英镑，这在当时是很大一笔钱。[11]

---

* William of Wykenham，温切斯特主教，生于1320年或1324年，死于1404年9月。

在威克姆的威廉于1373年调查之后，各种各样改革这个小修道院的尝试都没有成功。1484年，该修道院被正式取缔。当时的温切斯特主教是威廉·韦恩弗利特（William Waynflete），他决定把这座修道院连同它在塞耳彭的所有土地一起，拨给他于1459年创办的牛津大学莫德林学院，以增补后者的收入。莫德林学院实际上就成了塞耳彭的领主，以及当地圣玛丽教堂的赞助者。

但学院的主要兴趣只在于塞耳彭的土地带来的经济收入，到16世纪中期，学院在塞耳彭教区唯一的直接代表，是一位住在已经倾颓的修道院旁的牧师（樵夫兼农场管家）。他很快就去世了。一直到18世纪，莫德林学院对塞耳彭的影响，不过就是指派教区牧师，并派人代表学院院长和财务主管，出席设在什一税谷仓里的庄园法庭（manorial court），除非遇到特殊情况，通常半年一次；不用更频繁地造访这个交通不便、自命不凡的社区，学院代表们一定松了口气。没有亲自到访时，代表们要仰赖教区牧师和当地可靠的朋友帮忙，通过他们与村庄保持联系。我们偶尔可以从一些迹象看出，莫德林学院和塞耳彭之间的关系疏远而松散。比如，在1719年时，怀特的祖父仍然是塞耳彭的教区牧师，他年富力强，管理塞耳彭的小树林已经30年了。莫德林学院却写信给东沃尔德姆（East Worldham，塞耳彭以北3英里的地方）的教区牧师，委托他全权管理和砍伐塞耳彭的小树林，[12] 这一做法表面上让人难以理解，但事实是，那一年，怀特的祖父和莫德林学院闹翻了，因为他在公共权利的冲突中站到了村民那边。莫德林学院要设法取得当地森林和公共土地的所有权，但塞耳彭的享有土地者（copyholder）也坚持捍卫自己的权利，事情最后闹到法庭上，莫德林学院败诉，法院颁布法令确认了村民的公共权利。[13]

几年之后，莫德林的代理人和收租人是上了年纪的杰思罗·朗沃思（Jethro Longworth）。1730年（怀特10岁，正在村里的小路和森林中四处晃荡），朗沃思颤抖着写信给莫德林学院的财务主管，问"是否可以在郡里换钱，因为路上常发生抢劫"。第二年的一封信中，他抖得更厉害了，附言"请原谅我潦草的字迹，因为我几乎看不清我写了什么"[14]。

外居地主制（Absentee landlordism）*导致了18世纪许多乡村社区的衰落。但在塞耳彭，没有了乡绅的束缚，村庄反倒发展了起来。单个土地所有者不能决定当地的农业模式，也不能改变大范围的风景。大量业主居住者（owner-occupier）、享有土地者和长期承租人都拥有10到20英亩土地，最多的有75英亩。怀特去世之前拥有40英亩土地，分散在教区各处，呈块状或条状，嵌在公共土地中。[15]结果就是，塞耳彭即便不算繁华，也是个很独立的社区，人们可以搬到任何他们想搬去的地方，对广阔的公共土地享有权利，这对怀特日后开展博物学研究至关重要。公共权利很难精准界定，但至少1719年颁布的大法官法令为当地一些传统习俗提供了充分的法律依据。村里古老的房屋（1793年登记了47栋）[16]有3项附属的基本权利：屋主可以在垂林、高林和多顿放牧各种牲畜；可以免费砍伐和收集下层林木（underwood），用于维修他们的土地和公共土地之间的围栏；公共土地上遍布山毛榉，只需付很少的钱（18世纪的大部分时间里是1

---

* 外居地主制是一种经济体系，指土地的拥有者不住在土地上，而住城里，将土地租赁给他人。

第一章　"回响之地"

先令4便士）[17]就可以购买砍下的山毛榉树梢做柴火。除了这3项基本权利，其他都依据习俗和传统。莫德林学院保留了砍伐大树做木材的权利，但有协议规定，他们应该确保垂林拥有一定量的山毛榉，使林中有足够的山毛榉果实供动物食用。"不知道从何时起"，无论是不是享有土地者，塞耳彭的大多数居民都会从沃尔默皇家猎场挖泥煤做燃料，并且"在合适的季节"收集枯枝败叶做柴火。[18]

村民们行使并尽力守卫自己的权利，保护公共土地不被"开垦"为农田，促成了当地土地利用模式的多样化。但不是所有人都赞成农民阶级享有这样的自由，尤其是18世纪末的土地测量员，他们一个郡接着一个郡地评估国家的农业状况。农业委员会（The Board of Agriculture）的代表名声很差，因为他们对待农村居民的标准很苛刻，而且对东汉普郡有负面言论。他们认为工人拿的报酬过高、缺乏训练。他们为糟糕的路况感到震惊。许多人完全找不到塞耳彭。亚瑟·扬（Arthur Young，1768年）最远只到达塞耳彭以北4英里的奥尔顿，他发现那里的绝大多数农田面积都不超过100英亩。[19]亚伯拉罕和威廉·德赖弗（Abraham and William Driver，1794年）提到这一地区啤酒花种植的增长，但认为大多数地方比丛林好不到哪儿去：

> 我们遗憾地看到大片的开阔荒地和未经耕作的土地，看得出当地人用了一些办法，或者有意愿改善土地，但努力的结果是，眼前的景象常常让旅行者想到那些还未开化的国家，在那些地方，没有人类技术的帮助，自然自行发展。[20]

查理斯·温哥华（Charles Vancouver）认为，荒地多，加上林地过多（他估计林地占到该地区总面积的15%），导致了当地农业的贫乏。当地人把大把时间花在了砍树、挖泥煤上，而不是种地。他震惊地抱怨道，当地人虚度了太多时光，在夏季，他们常常下午4点就回家，而"恰当的"收工时间是下午6点。[21]

怀特做的人口调查是当时塞耳彭做过的唯一一项调查，其结果于1788年以官方形式反馈给了温切斯特主教。[22] 怀特发现，村里长长的街道上、数条分支小路旁，加上一些散落在远处的农场，共居住了136户人家，676口人。18世纪20年代，平均每年有13个婴儿受洗，到18世纪70年代，增长到每年超过20场洗礼。死亡人数稳定在每年10个左右。男性和女性的寿命相当，"当地居民普遍健康、长寿，教区里孩童成群"。怀特还记载该教区有"许多"穷人，不过根据他的描述，他们的生活水准高于18世纪常见的农村穷人。许多人"认真而勤劳，舒舒服服地住在还不错的石造或砖砌小屋中，墙面光滑，楼上也有房间。村里没有土坯房"[23]。塞耳彭还不够繁荣，所以请不起男教师，孩子们的教育全仰赖"两三个年长的妇人"。村里每年为穷人家的孩子提供总数为10英镑的慈善捐款。1719年的捐款来自怀特的祖父。他有一块位于霍克利的土地，每年的收入一般有3英镑。他希望将捐助的这笔钱用于"教导塞耳彭穷人家的孩子阅读、写作、缝补和编织、做祷告和教理问答"。根据教区委员会的账目，很少人接受过教区救济。例如，1789年，20位村民平均每月得到6先令。1791年，接受救济的村民增至25人，但只有大约6人定期被救济。[24]

第一章 "回响之地"

总体来说，多种多样的劳动形式——采摘啤酒花、剥树皮、传统农事——和少量公共的收入，让塞耳彭的大多数人生活在贫困线以上，也让社区保持着自给自足的进取精神。

最后，关于当地风景的特点及其影响，必须提到见证者科贝特（Cobbett），你永远不会指责他美化了当地风景。第一次看到通往塞耳彭的道路的那一天，他正在考察教区东南方向的一个村庄。当地人担忧地警告他，千万别冒险进入塞耳彭，因为那一带很危险，他会发现自己不是奋力地在滑溜的白垩质斜坡上往下走，就是蹚过两英寸*深的烂泥。科贝特踏上了旅程，他是位经验丰富的旅行家，但在接下来的几个小时，眼前激动人心的景象却是他前所未见的。霍克利垂林突然出现的悬崖，林木繁茂的陡坡上的风景，都令他感到惊讶。"就像在城堡的最高处望向大海"，看着船只驶入"码头"。科贝特抓着林下灌丛，从泥泞的垂林一侧（"就像灰色的肥皂"）滑下去，到达下陷得最深的一条小路。马匹被路两边高耸的砂岩墙吓到，奔入了泥泞中。"说到展览，说真的！取这条路的一小段，就那么横穿过去，一根杆子那样长，拿到伦敦去，就是一场展览！"在一个愚笨的当地向导的陪同下，科贝特在塞耳彭度过了一天，暮色中，他无望地迷失在沃尔默猎场中。他想："这是迄今为止我经历过的最精彩的一天。"[25]

---

* 1英寸约为2.54厘米。

第二章 拓展视野

十三四岁时,怀特去贝辛斯托克上学,跟着托马斯·沃顿(Thomas Warton)牧师学习。这基本上就是私人教师,而不是通常人们认为的那种地方学校教育。沃顿博士是贝辛斯托克的教区牧师,似乎与贝辛斯托克文法学校没什么关系。他特立独行,以前是牛津大学的诗歌教授,曾因发表煽动性言论被告发到副校长处。沃顿博士有两个儿子,约瑟夫比怀特小两岁,生于1728年的托马斯则十分早慧,10岁就翻译了马提亚尔*的《隽语》(*Epigrams*),后来不仅成为像父亲一样的诗歌教授,还成了桂冠诗人(Poet Laureate)**。约瑟夫的传记作者称,他"在父亲的眼皮底下接受教育"。在沃顿博士的指导下,托马斯、约瑟夫和怀特结成了一个亲密、早熟的学习小组。吉尔伯特在一个袖珍的小本儿中列了一份书单——"带去贝辛斯托克的书,1738/9年1月7日",主要是一些经典文本,但也包括威尔金斯(Wilkins)的《自然宗教》(*Natural Religion*)、詹姆斯·汤姆森(James Thomson)

---

* Marcus Valerius Martialis,罗马诗人,约公元40—103/104年。
** 英国皇室的一个职位,托马斯·沃顿的任职时间是1785—1790年。

史诗般的风景诗《四季》（*The Season*）。[1]

塞耳彭离贝辛斯托克 15 英里远，怀特很可能至少周中时寄宿在沃顿家。除此之外，我们对怀特的学习生涯一无所知。怀特的家境算不上优渥，但他到底来自中产阶级家庭，又年轻聪慧，前途一片光明，他会去上大学，毕业后很可能担任圣职。怀特选择了牛津大学，他没有去祖父做过研究员的莫德林学院，而是在 1739 年 12 月 7 日自费去了奥里尔学院。这很显然是受查尔斯叔叔的影响，后者在 1710 年到 1714 年间就读于奥里尔学院，一直对怀特的教育很上心。但在当时，做这个选择并没有被当成重要的事，19 岁的怀特才不关心要去哪个学院。他也没表现出特别依恋塞耳彭——以他在奥里尔学院的排名，永远也不可能成为塞耳彭的教区牧师。怀特没有按时入学，很不幸，母亲安妮恰巧在他被学校正式录取那天（12 月 3 日）去世了，他不得不推迟到 1740 年 4 月才去学校报到。

在塑造怀特的思想和兴趣上，牛津大学起到了什么作用？从狭义的学术上看，作用不大。18 世纪中期，牛津大学因为懒散、堕落、腐化而臭名昭著，学术水平衰退到最糟糕的状况。怀特受到的启蒙，或许更多来自正规的学校教育之外（就像一代又一代的学生那样），比如自己的阅读、新的朋友圈。牛津大学出现问题，有其历史原因。在詹姆斯党人（Jacobites）和后来的汉诺威王朝（Hanoverians）的长期斗争中，牛津大学支持的詹姆斯党人失败了，它因此失去了自身的影响力、盟友和金钱。有意愿或有财力来上学的学生急剧减少。怀特读大学期间，平均每年入学的新生人数不到两百人。[2]

但你也可以将牛津大学的缓慢发展视为一种缓冲，是从狭隘的绅士俱乐部一般的学院过渡到萌芽阶段、尚不成熟的大学学制。那时，文化争论和科学争论没有停止，只不过减弱了。有的学院在授予荣誉、表达支持时，弄得就像共济会*。课程少之又少。牛津大学的伯德雷恩图书馆（the Bodleian）每天只开放 6 个小时，有的书甚至用链条锁在书架上。教学甚至考试常常不过是将常备的问题和答案互换一下，或者讨论一些非常基础的语法或逻辑问题。有时候，如果导师缺席，讨论根本进行不下去。

从怀特的校友汤姆·沃顿（Tom Warton）在《指南手册，手册指南》（下称《手册》）中的热烈嘲讽，可以看出学生们对校风的反应——以及外界对这种风气伪善的批评之声。汤姆·沃顿擢升为牛津大学诗歌教授之后，这篇文章得以发表。以下内容摘自他下流、不正经、另类的教学大纲：

> 在泰晤士河上游的伊西斯学习航行术，在附近的小山上学习射击术……大多数夜晚，在自己的宿舍里，通过实践理解了螺旋桨的原理和流体运动……通过九柱球戏学习几何学知识，尤其是证明向心力原理。[3]

爱德华·吉本（Edward Gibbon）回顾 40 年前的情形时说，"许多年里，大部分教授连做做样子教课都懒得装"，但实际上，情况既不像沃顿讽刺文中写的那样腐化堕落，也不像爱德华这番著名的控诉

---

* 并非宗教，而是带有宗教色彩的兄弟会，初期属于一种秘密结社。

那样糟糕。从古典文学、逻辑学，到植物学、盎格鲁－撒克逊历史、现代语言、数学，甚至天文学，都还是有课程和小班教学的。虽然这些课程并不都富有启发性，但至少学生们都能自由去听课。只要学生们想学，是可以学到许多东西的，勤奋刻苦的学生也有拓展知识结构的自由。怀特很幸运，他在奥里尔学院的导师是爱德华·边沁。边沁30岁出头就成为神学家，他每周讲授3次课，不收取课时费。（1745年，爱德华·边沁根据部分讲课内容，发表了关于道德哲学的温和而进步的讨论。）怀特很可能可以和边沁讨论"自然宗教"和自然神学，也能够和奥里尔的同学讨论自然神学对艺术、文学中兴起的自然主义潮流的影响。怀特的同学很聪明，许多人都对诗歌很感兴趣，包括约翰·斯克罗普（John Scrope）、鲍勃·卡特（Bob Carter）、夏尔丹·马斯格雷夫（Chardin Musgrave）、内森·韦尔斯（Nathan Wells）、汤姆·曼德（Tom Mander），还有来自伦敦的约翰·马尔索（John Mulso），他是一位富裕、风趣的矮胖主教[*]的侄子，后来成了怀特最亲密的朋友。[4]

怀特认识马尔索是通过另一位校友乔·沃顿（Jo Warton）的介绍。乔·沃顿是汤姆·沃顿的哥哥。1749年，马尔索、沃顿和诗人威廉·柯林斯（William Collins）来到牛津大学王后学院，他们是当年温切斯特公学排名前三的学生。在来牛津之前，柯林斯和乔·沃顿就开始模仿汤姆森的写作风格，在《绅士杂志》（*Gentleman's Magazine*）上发表博物学主题的诗歌。怀特后来经常涉足诗歌，由此判断，他很可

---

[*] 18世纪的英国，主教处于教会的顶层，共有26位，主教们收入颇丰。

能在这时就开始沉浸在诗篇中。马尔索对诗歌也有很敏锐的批评意识，虽然不是正式的诗歌批评。4个人成了至交，在对风景和自然的态度上日益意气相投。10年后，乔·沃顿翻译了维吉尔（Virgil）的作品，在献词中，他用极尽浪漫的措辞赞美了维吉尔对自然的喜爱。他感谢维吉尔给予"植物、树木、地球以生命和感觉、爱恋和憎恶、希望和恐惧、惊奇和志向，通过赋予他最喜爱的昆虫以理性、激情、艺术和文明，表达对它们的赞美"[5]。

怀特不是一个特别富裕的学生，但从他的记账本来看，他显然生活得很充实，一点都不古板。他会去河上泛舟，参加音乐俱乐部。他有一杆枪，马尔索后来指出，为了保持手感，以便在冬天狩猎，怀特曾在夏季射杀小鸟（对此怀特很尴尬）。只要有机会，他就尽情品尝异域美食。至于喝酒，怀特喜欢波特酒、红酒和苹果酒，但从不像柯林斯和沃顿兄弟那样过量饮酒。他频繁地去咖啡馆，把那里当成非正式的图书馆和工作室，不过从未变成彻头彻尾的"懒人"（lownger）。但是，把怀特看成节制的典范，会让他的形象变得消极被动。他最主要的性格特点，是能够对表面上很不搭调的想法、爱好，投入同样的热情。坐在新学院巷（New College Lane）的咖啡馆中，一边喝苹果酒，一边和柯林斯认真讨论德勒姆的《自然神学》（Physico-theology），这太符合怀特的个性了。汤姆·沃顿在《手册》（Companion）中写到讨论的气氛：

不同的读物适合搭配不同的食物，也有对应的饮品。读爱情故事就应该喝宾治酒、吃果冻；无趣的颂歌和杏仁糖浆、橙花糖浆最配；读政治学著作要就着咖啡；神学作品则用波特酒……总之，在这样的图书馆中，寓教于乐，学习确实不再枯燥无味[*]。[6]

在我们心中，怀特的形象定格为一个用功的中年人，这是因为两百年历史构成的强大外壳，怀特神职人员身份的遮蔽，以及他晚年的辛苦写书，限制了我们的想象力，想不到怀特竟是一个情绪高昂的年轻人。1743年6月17日，他22岁，参加了文科学士学位的考试，考完后便在城里通宵庆祝。他在6月28日记的账是8先令，用于"马匹租赁、晚餐"和红酒。两天以后的学位授予仪式上，诗人亚历山大·蒲柏亲自给他颁发了自己翻译的六卷本《伊利亚特》。怀特为何获此殊荣，没人清楚，或许是他应得的奖励，或许是他家人安排的惊喜。怀特家和蒲柏有一些共同的朋友，尤其是史蒂芬·黑尔斯（Steven Hales），他是塞耳彭附近法灵顿的非常驻教区牧师，也是蒲柏在特丁顿（Teddington）的邻居，很可能是他们策划了毕业典礼的最后环节，由怀特最喜欢的作者之一压轴出场。

23岁生日之前，怀特回塞耳彭度过了一个夏天，没什么特别的计划或任务。接着又是米迦勒节[**]，他回牛津参加了"布拉德利博士的数学基础课"（Dr Bradley's first course of Mathematical Lectures）。1744年3月30日，他接受了一个简短的测试，向副校长办公室交纳了必要的费用，在位于高街（High）的圣玛丽教堂[***]举

---

[*] 原文是说从字面意思来说，学习不再是"dry pursuit"，因为有喝的东西。
[**] 纪念天使长米迦勒的节日，西方教会定在9月29日。
[***] 牛津大学的公共教堂。

行仪式后，成了奥里尔学院的研究员。

要成为研究员就是这么简单。但不像今天，那时候的研究员除非才华横溢，大多是短期临时雇用，这主要是为了帮助毕业生（尤其是神职人员）渡过难关，直到他们获得牧师职位或者继承遗产。所以这一阶段的研究员工作对怀特的生活没有实质性的影响。他继续放假待在塞尔彭，学期中待在牛津，承担一些要求不高的学术任务和学习。可以看出，他这时的社交不像大学时那样多了。虽然汤姆·曼德、约翰·斯克罗普等朋友还在学校，但有人做了导师，有人获得了圣职，小团体渐渐开始疏远。乔·沃顿回到贝辛斯托克，做了父亲的临时助理牧师。威廉·柯林斯直接去了伦敦，为成为作家和城里人而努力。约翰·马尔索比怀特晚一年毕业，他家境殷实，很长时间都和家人在外走访参观。1744年，从牛津毕业后的第一个暑假，马尔索待在梅德斯通（Maidstone）附近的利兹庄园（Leeds Abbey）。他当时在给怀特写信描述那个地方时，就已经清楚怀特的兴趣正朝博物学这个方向转移。庄园宽敞而舒适：

> 花园很大，园内果实累累，点缀着喷泉、小瀑布和水渠，还有一片极浪漫的小树林，林后有一个大大的鱼塘。

但是藏书室的书都卖掉了：

> 除了架子，什么都不剩。我想我的头脑会像那些古老的墙壁一样长满苔藓，因为这里没有同伴，极少数来这儿的人都很正经、

刻板……我渴望听到你和那个可怜的学院的消息，接下来的许多个月，我恐怕都见不到你们了……乔·沃顿和汤姆现在在哪儿？你和托德·卡特（Toad Carter）相处还愉快吗？告诉大家我爱他们，千万别忘了新学院亲爱的汤姆金斯（Tomkyns），还有杰克·拉奇（Jack Rudge）。[7]

从1744年7月18日开始，怀特和马尔索保持长期通信。虽然只有马尔索写的信保留了下来，但也能让人全面、直观地了解他们交流的内容，有的信读起来让人感觉就像是特地在为后人记录怀特的思想财富。而从另一些信件则可以看出，怀特和马尔索没什么共同点，这真让人难以置信，不过这倒也说明，怀特思想开放、交友广泛。马尔索比怀特小一岁多，是温切斯特主教的侄子，生在特权阶级，自然生活得很舒坦。他天性懒散、过度忧郁，对"自然知识"仅有的一点兴趣很大程度上是受朋友影响，是为了回应和迎合朋友的热情。

马尔索很有自知之明，总是自嘲短处和弱点。他机智幽默，善用千变万化的双关语、复杂婉转的文学典故，讽刺起来热烈又犀利，这是他的信最精彩的地方。他写的散文则十分冗长，颇有些复古的意味。在写作上，他比怀特更聪明；他是光芒四射的专栏作家，而不是深沉的散文家。他只是没太多要说的。

从一开始，马尔索就坚信，怀特的构想很新颖、很重要，这种信心对他们友谊的延续很关键。他会批评怀特的写作风格，责备怀特拖延，是因为他相信自己的朋友将对世界有所贡献。他会在怀特发现自己选择的道路过于孤独、执着时，源源不断地提供支持、信心和明智的建议。有时，当马尔索自己的情绪低落时，欣赏会降格为奉承，即便这样，他也绝没有什么不好的意思。最糟糕的——这算不上批评——不过是他嫉妒怀特的精力和才智，嫉妒之心偶尔会让他只想着自己，这一点他也爽快承认。离开牛津后不久，马尔索订婚了，这段新的关系给他带来了安全感。他写信给怀特："珍妮想在教区牧师住宅之外单独建一个房间，就叫'怀特屋'；因为担心与朋友疏远，我几乎就要说服她少生一两个孩子了。"马尔索想得这么周到，怀特应该会心存感激，但马尔索有没有意识到，说这些会让单身的怀特感到痛苦？

* * *

大学时代的友谊消退后，刚开始的几个月，女人占据了怀特的大部分心思。他迷恋珍妮·克罗克（Jenny Croke），甚至向朋友提起过她。珍妮的母亲——牛津的克罗克夫人与怀特家是世交，经营着一家高级杂货店，还会帮怀特的祖母在城里收租。怀特坠入情网，朋友们对此纷纷表示惊愕。汤姆·曼德说怀特正走在"通往枯燥、悲哀的婚姻生活的大道"，这促使马尔索发出了响亮的警告："你真的觉得单身生活很沉重吗？……要我说，你不该如此沉溺于'涅埃拉的发卷'*：那些发丝织成的网，会牢牢束缚人心，让人不得自由。"[8]（虽然马尔索自己为"那些迷人之事"激动不已，在肯特看到坎特伯雷的女人时惊叹道："我从没在一个地方见过这么多美人。这份美丽的慌乱让我的心活了过来。"）

---

* "The tangles of Neaera's hair"是约翰·弥尔顿的诗《利西达斯》中的一句，马尔索这里引用来指吉尔伯特沉溺于对珍妮·克罗克的感情。

1745年初，怀特见到了马尔索的妹妹，18岁的赫斯特（Hester），昵称赫奇（Hecky）。她聪明、自信、年轻，但显然不美。范妮·伯尼（Fanny Burney）的姊妹多年以后见到赫斯特，说她看起来"并不比普通人更令人望而生畏，但真的很丑；她长着非洲人的鼻子和嘴唇，就像黏土人偶"。怀特和赫奇从一开始就很合拍，他们无疑都从彼此身上看到了相似的独立精神。怀特敬佩她的才智（其实他对许多女性朋友、亲属也这样），给她寄去自己早期的一些诗作，征求她的意见。赫奇往往语气轻快，评价犀利：

你对塞耳彭的描述，没有给"赫奇小姐热切的想象力"留下任何空间，你很贴心地寄给了我一幅生动形象的画卷，我怕是不会去看画中原型了……我希望你父亲没有看过你对我不仅是诗意的赞美，如果他看过了，就一定不会见我，除非他喜欢诗歌，知道诗人必须在诗句中写出他根本没见过的完美事物。[9]

接下来的几年里，这些委婉的调情奉承和情书频繁地在两人之间传递。怀特给了她"非常巧妙的恭维"，她承认喜欢他的头发。她为他写布道文，提到他时用Whitibus（怀特之吻）和Busser-White（亲吻者怀特），这是怀特在牛津念书时的昵称，当时流行的英语单词buss，意思是亲吻。* 赫奇认为怀特是聚会上的重要人物。一次去牛津探亲时，赫奇假意悲伤，因为她的"吉尔"不在那儿。马尔索提到，

---

* 是一个非常复杂的双关语，现在人已经很难理解。——原注

没有亲吻者（Busser），她担心自己欠缺礼貌……害怕不能获得学位（Degree），因为没有她最喜欢的"符合条件的单身汉"*。[10] 马尔索偶尔会假装不懂怀特和妹妹之间的玩笑。"她喜欢给你的名字加限定语，是不是表明你们的关系有了进一步的发展？"马尔索写道，"你心里最清楚，我从来没遇到过这样的事，而如果有人这么对我，我会知道的。"[11] 但是马尔索比谁都明白，怀特和赫斯特之间没有暗藏情愫，也没有后世作者们想象的浪漫关系。很明显，那只是一个年轻男子和他最好朋友的妹妹相互打趣，仅此而已。

赫奇的才华锋芒毕露，很快就进入更核心的知识圈。23 岁时，围绕亲权问题（parental authority），她与小说家塞缪尔·理查森（Samuel Richardson）进行了长篇累牍的争论，因此获得一些名气。争论由塞缪尔·理查森的《克拉丽莎》(*Clarissa*) 一书引发（塞缪尔·理查森称赫奇为"小喷火器"**）。马尔索形容二者的交手就像网球比赛："第一封信很长，理查森先生的回答有整整 13 页，赫奇的回信则有 17 页；之后，理查森先生又回复了 39 页。"赫斯特后来成了著名女学者沙蓬夫人，她的著作和通信在她死后出版，其中丝毫没有提到"亲吻者怀特"。[12]

* * *

怀特不是禁欲者，尽管知道自己手头有限，他也不会省去任何世

---

* 这里是个双关语。原文是 Batchelour to answer under，这里的 Batchelour 应该等同于 Bachelor，而 bachelor 既有学位的意思，又有单身汉的意思。

** 指脾气火爆的人，尤其是烈性子女人。

第二章 拓展视野

俗的娱乐活动。他详细记录了所有花费，细到最小额的赌资和一盘小萝卜的价格。他会下棋，去赛马会，继续享受在咖啡馆闲聊的时光。甚至在1747年秋出天花时，他仍设法维持舒适生活的表象。病来如山倒，他需要两个医生来照顾，花费多达31英镑。[13]家人的关心最周到，还特地从汉普郡派来女佣古迪·马歇尔（作为酬谢，她得到一双鞋）。乐于享受生活的怀特仍然要求饮食搭配丰盛——他才不会因为疾病而放弃早已习惯的生活方式。账本中有一个题目为"天花开支，10月16日"的特殊列表，购买清单包括三瓶白葡萄酒、半磅*科林斯葡萄干（很可能是黑茶藨子干）、一盎司**绿茶、一品脱***葡萄酒、一磅灯芯草蜡烛和一碟牛肚。[14]治疗加饮食的方法奏效了，12月底，他充分恢复了，还花钱买了一双新的滑冰鞋。

一直到1748年夏天，怀特都有自己的教职员工住所，但到了假期，他几乎过着一种流浪生活，这在18世纪的年轻人中是很常见的经历。乡村也不闭塞，无论贵族还是底层劳动者，在一个地方安顿下来之前，他们都会花一段时间频繁旅行，寻找工作机会、财富，或者仅仅是拓宽视野。1745年到1750年间，怀特漫游了英格兰低地****的许多地方，从东安格利亚的沼泽地区，到德文郡树木茂密的峡谷。怀特没有留下关于这段时间的文字记载，但这段经历对他以后的人生产生了决定性的影响。这让他了解到了各种各样的自然风景，

---

* 1磅约为0.453千克。
** 1盎司约为28.35克。
*** 在英国，1品脱约等于0.568升。
**** 英格兰的东部和南部地区。

以及栖息其间的野生物种，也让他反过来更敏锐地觉察到塞尔彭的风景和生灵。

他的许多旅行都是去拜访亲戚和世交好友。他会定期去看望姑母丽贝卡·斯努克，她家在南唐斯丘陵*的灵默**，他也常去托马斯和本杰明家，两个弟弟都定居在了伦敦。拉特兰郡的林顿去得少一些，他未来的妹夫托马斯·巴克就住在那儿，有一次，他绕远穿过了什鲁斯伯里（Shrewsbury）。他曾长途跋涉去拜访在牛津读书时的老朋友。1746年和1747年的夏天，他都和汤姆·曼德一起待在位于科茨沃尔德***边缘的托登汉姆（Todenham）。汤姆当时是初露头角的物理学家，仍像在牛津时一样充满斗志。"如果他的仪器设备没有禁止你靠近他的话，请代我向他问好，"马尔索写道，"我猜你们会突然出现，这样农民就不会从他的地里走出来阻拦你们了。汤姆走得最远，但你的枪法最准；我自信了解你们，我还要说，汤姆喝苹果酒的时间最长，但一开始，你喝得更多。"[15] 德文郡离塞耳彭有150英里，18世纪50年代，为了去那里看望内森·韦尔斯，怀特在路上花了两三天时间。

他离家最久的一次，是去东安格利亚的伊利岛，处理外祖父同父异母兄弟的后事。虽然是远房亲戚，但他的遗嘱对怀特有深远意义。怀特家唯一真正的财产来自他母亲一方，即外祖母海德小姐（Miss

---

* 南唐斯是一片白垩土山丘，在英格兰东南海岸绵延670平方公里。

** Ringmer，东萨塞克斯的一个村庄和教区。

*** Cotswolds，英格兰中央南部的一片波状起伏的丘陵，从泰晤士河上游的草场到塞文河谷、伊夫舍姆谷之上的悬崖，即 Cotswolds Edge。

Hyde）、后来的霍尔特夫人（Mrs. Holt）的遗产。她去世后，由怀特的外祖父托马斯·霍尔特（Thomas Holt）牧师继承遗产，托马斯·霍尔特也去世后，遗产归他同父异母的兄弟，也叫托马斯·霍尔特。这位托马斯没有直接继承人，他在1746年去世时没有将财产留给安妮的大儿子怀特，而是给了她的二儿子托马斯。但这笔遗产需要缴纳大额年金，接下来的30年，托马斯可得的收益并不多。这份财产继承（安东尼·赖伊嘲讽是沿着托马斯一脉）之所以如此复杂，是因为英国18世纪晦涩难懂的婚姻财产契约。以上继承顺序产生的最大影响是怀特错失了财务独立的机会，尽管无论是他还是其他家庭成员似乎都没有想到，弟弟会优先成为继承人。

怀特被指定为遗嘱执行人之一，1745年1月底，他东行至伊利岛，开始为霍尔特的遗产编目，处理承租人的相关事宜，这是一项复杂的任务。起初，怀特很勤奋、很有热情，会"立刻在小本子"中简略记下自己的观察，定期向父亲汇报。但即便对于训练有素的房产检视员而言，这也是一项繁重的工作。首先，这些房产分布在剑桥郡伊利镇（Ely）附近沼泽地区的舍尼（Thorney）和艾塞克斯的罗奇福德（Rochford），接下来的6个多月里，怀特疲惫地奔波在这两个地方和伦敦、塞耳彭、牛津之间。其中，罗奇福德的房产大部分位于罗奇河（River Roach）附近的低洼沼泽地，分别租给了40位承租人，打理起来最困难。这里有危险的溪流、湿淋淋的牧场和无垠的天空，有着和塞耳彭树木繁茂的山岗最不一样的风景。牡蛎算是农产品之一，那里的居民直到现在还自认为既像渔民，也像内陆的农民。东安格利亚人出了名地不信任陌生人，对怀特自然也不例外。怀特一度忧心忡忡地写信给父亲，想知道一个 26 岁的收租人怎么才能让租客相信他有收租的权力。[16]

很难说怀特的工作做得好不好，但他的确与家庭律师布彻先生（Mr. Butcher）"不对付"。布彻先生之前似乎一直扮演房产经纪人的角色。多年以后，怀特把布彻先生描述成一个"非常特别的人……他让我想起马尔伯勒公爵夫人莎拉——蒲柏先生说，她的怨恨是世界上最可怕的事物——除了她的偏爱"[17]。1746 年，布彻先生先是直接向怀特表达不满，认为他是天真的、爱管闲事的外人，做了原本属于他的工作。他抱怨怀特错卖家畜，给劳工的报酬太高，缺乏经验，不称职。[18] 怀特满怀歉意地用最客气的语气回了信，但在一次去舍尼的路上，他默默地在小本儿上写了一篇备忘录：

> 尽快卖掉绵羊。尽量多卖些牛。盘子就不在舍尼拍卖了，到伦敦按重量处理掉。遗嘱执行完毕之后再解雇 4 个男仆，因为他们是见证人。挑个最好的房间，妥善保存纸质物品，尤其是债券、账簿等。钱的事要严格保密。[19]

布彻最终直接给怀特的父亲写了信，抱怨怀特在舍尼廉价卖掉一些葡萄酒，还带走了钥匙。约翰·怀特草拟的回复是他唯一留存的信件，这是一封小心翼翼、修改很多的道歉信。他明显和儿子一样想尽快处理完这摊事，尤其是摆脱布彻的干涉。约翰·怀特在信的结尾建议律师收下舍尼剩下的葡萄酒，以补偿给他造成的麻烦。[20]

做遗嘱执行人让怀特感到精疲力竭，也让他更了解当地村庄和当

第二章　拓展视野

地人的处事方式。他从此对律师这个职业有了根深蒂固的怀疑，他坐马车晕车的毛病也暴露出来，并伴随了他一生。8月，怀特写信给马尔索，讲到他在路上认真地和一位女性朋友进行神学讨论时，备受晕车折磨。他似乎晕得很厉害，但一点儿也没有得到马尔索的同情：

> 看到你晕车我哈哈大笑，但并不是像卢克莱修诗里说的*那样，既然你此刻没晕车了，就请原谅我吧。我一心只注意到你晕车时的讨论，没有在意晕车本身：关于原罪的问题，我想最好的回答是一声叹息；或者针对女性参与争论原罪问题，没有比你说的那一长串更妙的讽刺了。[21]

马尔索很喜欢听怀特讲路上的事，尤其是那些他因为懒散而不能亲自体验的旅程。消息通常以"非常准确、非常有趣"的书信形式送达，怀特家和马尔索家都热切等待信送达的那一刻。有时候，信件会在一家人吃完晚餐后被大声朗读。1750年8月，怀特去内森·韦尔斯那儿待了很长时间，他的一番详述尤其令人印象深刻。韦尔斯住在德文郡南哈姆斯区的东阿灵顿，那里是地形破碎、崎岖不平的乡村，就像怀特后来爱上的塞耳彭的地貌。（"我还从没见过这样不平整的地方，但想到你，"马尔索写道，"我感叹：'啊，

---

* Suave mari magno & c., 卢克莱修这句诗完整的是"当狂风在大海里卷起波浪的时候，自己却从陆地上看别人在远处挣扎，这该是如何一件乐事；并非因为我们乐于看见别人遭受苦难，引以为幸的是因为我们看见我们自己免于受到如何的伤害"，中文引自《物性论》，方书春译，商务印书馆，2011年版，第二卷序诗1—6行。

这会让怀特高兴的。'")那里同样有陡峭的树林、下陷的小路，但也有很多引人入胜的新景象：西北方向是阴沉的、若隐若现的达特姆尔高原（Dartmoor），德文郡的悬崖峭壁，还有从大西洋吹来的温暖的东南风。怀特对异乡的描述总会让马尔索为自己无聊、缺乏冒险精神的日常生活叹息不已：

> 你过着逍遥自在的生活，有丰富多彩的事物可以画到纸上（我想你特别擅长的是风景画），然后寄给你定居不动的朋友们；我们收到你的作品，有那么一瞬间，仿佛在跟你一起旅行，抬眼一看，却发现自己仍身处同一个沉闷乏味的场景，我们情愿行动起来，而不是一天天消磨时光。[22]

读怀特的信是马尔索最接近异乡风景的时刻了（"我最近认为，从汉普顿到森伯里的上坡路绝不是这个国家最崎岖不平的区域"），他催促怀特继续"旅行"，并记录旅途见闻，它们可以形成一本"令人愉快的袖珍书"，甚至成为一首史诗的素材。它应该叫作"《前行》（*ye progress*）……这将会是一篇杰作，或许能促使英国的绅士们在跨出国门之前，在回国后对英格兰流露出矫情的嫌恶之前，先仔细调查自己的国家"[23]。

其实，怀特当时已经开始尝试写作关于田园生活的诗歌了，但主题不是他的旅行，而是他暂时离开的那个地方的魅力。1745年，怀特在沼泽地（Ferns）安顿下来时，写了《塞耳彭的邀约》（*The Invitation to Selborne*），他将最初的版本寄给马尔索，请他提意见，

第二章　拓展视野

希望得到认可。从此，这成为怀特的保留节目，任何时候需要写贺卡，都能用上，这首诗后来被称为"退隐田园"。在一些特殊时刻，怀特会拿出来修改、增补，与时俱进，然后将最新版本寄给一众亲友。现存最早的版本（显然已经不是最初的版本）可以追溯到18世纪50年代初。

  在后来的生活中，怀特一直有意识地通过写诗磨炼写作技巧，抒发自己强烈的情感，他觉得用其他方式无力表达这些情感。这首早期的习作表明，在一些或绚丽或平凡的诗句中，埋藏着怀特对"故乡"强烈的、并且几乎是伤感的思念。这首诗的主体部分不过是玩笑似的描写田园景色，塞耳彭转变为半古典、半哥特式的"阿卡狄亚"*，垂林成了"悬吊的森林"和"山地"。戴兜帽的僧侣和十字军战士的幽影飘浮在当地的废墟之上。但在后面更宁静、更真切的诗句中，塞耳彭成为一处真实的、亲身体验到的风景：

> 虽不是牧师住所，被缪斯遗忘；
> 那吟游诗人也要赞美他生长的地方；
> 为它的美丽震撼，爱着它，像个孩子一样，
> 不知为何，它的风景怪诞、蛮荒：
> 一座座宏伟花园矗立高山之上；
> 一道道深邃峡谷被自然之手舀于下方！

---

* 阿卡狄亚（Arcadia）是古希腊伯罗奔尼撒半岛中部的高原地区，居民主要从事游猎和畜牧。西方某些文艺作品中，常以"阿卡狄亚"一词形容田园牧歌式的生活。

现在，攀爬峭壁，现在，向下俯瞰；
村庄生机勃勃，果园四周回环；
在那里，如画一般，坐落着我
田园诗般，被遮蔽的、看不见的隐居之所。[24]

二十八九岁时，怀特大多数时候不在塞耳彭。1745年旅居东安格利亚是他一生中离开塞耳彭最长的一段时间。在剑桥郡广阔而寂寥的平原游荡，他自然会生出阵阵乡愁，怀念汉普郡的一道道峡谷。

第三章 故土

　　尽管怀特一直漫游四方，开学后则待在牛津，但这时他已经得到第一个圣职。1746 年 4 月，他被按立为执事，并且很快就成为斯瓦雷顿（Swarraton）的助理牧师，协助叔叔查尔斯。怀特一年的津贴只有 20 英镑，据此推测，他可能只需要周日去工作，其余时间仍在牛津和塞耳彭，两地距 50 英里。他在牛津的马厩中养了一匹马，一开始，每周骑一次马似乎不成问题。但他去牛津渐渐去得少了，1748 年年底之前，他不再保留牛津的住所。1749 年 3 月，他接受了完全的神职授任。几周之后，他结束了在牛津的临时职务，在快 30 岁时，突然赋闲在家。

　　无所事事绝不会让怀特感到舒坦，正是在这段空闲时间，他开始对园艺产生极大热情，这种热情一直持续到他生命的最后时刻。父亲约翰仍然不能担负起对威克斯的责任，怀特成了实际上的一家之主。1749 年末，他开始认真打理花园。

　　威克斯的附属土地很适合开发成园艺实验室兼游乐场地。怀特的父亲为改善这块土地做过一些工作，但它仍然很简陋，白垩土黏性太强，特别难耕种。这片土地的优势在于面积大，并且由极为不同的三部分构成。[1]

紧邻房屋的是一个小小的装饰性花园，园中有一片草坪，周围鲜花环绕。靠墙长着更宽的一溜鳞茎植物。花园和垂林之间是"公园"，这片几英亩的草地和牧场被高高的树篱分隔成窄窄的地块。"贝克丘"在装饰性花园北边，微微延伸到外围土地，这是一个奇特的小土堆，很可能是冰川遗迹。相比于周围的黏土，贝克丘的土壤更轻、更温暖，适合种植果树和绝大部分蔬菜瓜果。站在威克斯，以垂林为背景，可以将整片土地尽收眼中。

1750年4月11日，马尔索从森伯里来信写道："我猜你现在正像塞勒斯（Cyrus）那样，扶植你的树，照料你的植物。"从马尔索的祝福语可以看出，怀特当时已经表现出特别偏爱来教区度过夏天的鸟类："愿你享受燕子、雨燕、夜莺到访的乐趣，夜莺陪伴我们有一周或10天左右了……我向你报告了这么重要的消息，希望作为回报，你能告诉我你照料花园的进展，以及垂林的真实情况。"[2]

作为博学多识的神职人员，怀特对风景也很有品位，有时却简直像个普通农民。他痴迷于明显很乏味的植树育苗，并不单纯是因为乐见事物生长——尽管有这个因素，也是因为他对植物有着强烈的好奇心。花园实际上成了一个竞技场，在其中，自然和人类之间关系的剧烈变化得以生动展现。一方面是人类支配自然的理念，即将自然放在它应有的位置，具体到花园里，就是安置好各种自然物；另一方面是赞美和颂扬自然的新观念，将自然看作一种积极的力量，或者有益的帮手。

18 世纪初，花园已经开始朝不那么正式的风格发展，人们对花园中种植的植物也更有兴趣了。与托马斯·艾迪生和怀特相熟的蒲柏对日渐衰落的老式花园的品评与鞭挞起到了很重要的作用。蒲柏的《守卫者》里有一段精妙绝伦地取笑了几何形状的苗圃、被修剪过头的树木。他的随笔《绿植目录》就像是绿雕造型生产地的销售目录：

修剪成亚当和夏娃模样的紫杉；大暴雨打落了知识树的叶子，亚当有点破碎。

用黄杨木修剪成的圣乔治；他的手臂还不够长，但是在下一个 4 月到来之前，就能碰到那条龙了。[3]

自然本身开始被看作是有趣的，并且比之前的人们想象中更温和，在这种氛围下，人工物让位于更精巧的"自然"规制。花园——至少是有钱人家的花园——展示了整个社会的审美风尚。自然风景被精确地构造，犹如一幅幅画，从屋中望去，必须呈现出最佳景观，自然的野性变戏法般消失其中；或者，更平庸一些，花园中点缀着一丛丛异域植物和"奇怪的"树。牛在阿卡狄亚式的小树林里吃草，这幅新古典式场景被哥特式的景象——简陋小屋和忧伤的废墟——所挑战。（在有的地方，这种腐朽的装饰主题走向了异乎寻常的极端。威克斯豪尔花园*有一个死亡阴影峡谷，堪称 20 世纪主题公园的先驱，在那里，棺材代替破碎的圆柱，头骨散落在卵石之间。）

---

* Vauxhall Gardens，位于泰晤士河南岸，在 17 世纪中期到 19 世纪中期，是伦敦的一处公共娱乐场所。

这种过度发展没别的原因，本质上就是富人们在装腔作势。然而，在一切玩乐之中，如果有人关心看待自然、书写自然，甚或重塑自然的方式，就会面临一个很大的问题。不是放弃控制自然、任由花园野化的问题，而是人类如何看待自然，以及在这样的自然观下，人类如何参与到自然之中的问题。大地是一张画布吗？植物、岩石甚至动物可以被人安排在画布上，就像是一幅幅画？还是说，自然自有打算，应该得到尊重？

蒲柏本人憎恶庭院设计者的过度自负。他声称相信自然和人类之间存在理想的和谐状态，但是如果据此认为蒲柏是一个无私的理想主义者，或者早期的生态学家，就太天真了。他不加批判地认定，只要是理性和审美带来的进步，就是道德的善（good），这种态度反过来必定成为衡量自然的尺度。重塑自然是人类的自然倾向（"存在即合理"），是否可取只在于其规模和意图。实际上，蒲柏在非常简洁的讽刺短诗中表达出的观点太笼统，太含混不清，可以用来支持任何立场。《致柏林顿的书信》（Epistle to Burlington，1731）中的著名诗句太模棱两可了，既可以解读成道德指示，也可以解读成无罪赦免：

　　总之，请决计不要遗忘自然……
　　要全面思考场地的天赋
　　它决定了河流起伏*

---

* 后面遗漏了部分诗句，即"它决定了山川绵延／它在溪谷挖出弧梯剧场／它在乡间歌唱并开启林间空地／它汇入令人愉悦的森林／树木变化不同深浅的树荫／时而中断，时而引导着线条"。

> 它在你种植时绘画，它在你工作时设计

怀特非常敬重蒲柏，但他从来不会逃避自然或笼统看待自然，而是一向关注自然界的个体。然而，他很难不受蒲柏的影响，尤其是蒲柏的智慧，以及蒲柏拒绝严格区分人工作品和自然作品的态度。具体到园艺工作中，怀特发现，一边建造风景如画的藤架，一边细致观察种子的萌芽，二者没什么不谐调的。

1751 年，怀特开始记录自己园艺活动的成果，这就是他的《花园日历》（The Garden Kalendar）[4]。在这之前，市面上已经有类似书名的书出版了，尤其是菲利普·米勒（Philip Miller）的《园艺家日历》（The Gardener's Kalendar，1732），理查德·布拉德利（Richard Bradley）的《绅士和园艺家日历》（The Gentleman and Gardener' Kalendar，1731），但这些书更像是园艺指南，告诉读者在一年中的某一天应该栽种什么、修剪什么或采摘什么。怀特的这本书不一样，他只是在描述自己做了什么——播种和开花，结实和歉收，以及最重要的，天气的影响。1 月 7 日，在四开大小的散页纸上，他用简单、易懂又明确的语言，记下自己播种了"两排早期的西班牙长扁豆"，开启了最早的园艺记录。

第一年的工作量特别大。在那个他记忆中雨水最多的春天，他在贝克丘培植了花径和苗圃。他最开始热衷于蔬菜，种了 40 多种，包括洋蓟、菊苣、芥菜和水芹、白花椰菜、泽芹和鸦葱、豌豆、"超级长的韭葱"、南瓜、黄瓜、各种各样的生菜，"在凯尔西（Kelsey）的树篱下种了一点儿用于腌制的洋葱"。还有一些更具试验性质的蔬菜，比如玉米、菰米和土豆。1751年4月，怀特在一大块苗圃中播种了海甘蓝，种子是他拜访内森·韦尔斯时，在德文郡海滩收集到的。到40年后，怀特的近邻——奥尔顿的威廉·柯蒂斯（William Curtis）才让海甘蓝种植变得普遍。

怀特也不是只种蔬菜。在靠近房屋的边界处，他种了花贝母、番红花和石竹花。葡萄和玫瑰爬满整个墙壁，通向果园和蔬菜苗圃的绿道旁种了郁金香、桂竹香和耧斗菜。更多的花被集中移植到"公园"的一块土地上，他把那里的花床称作"花盆"。一些大圆坑是怀特专门在黏土地上挖出来的，坑里填满肥料和从多顿附近的树林与湿草地运来的肥沃壤土。一些"花盆"用于种一年生开花植物，如黑种草、万寿菊和紫茉莉，但是大多数"花盆"种上了一丛丛更壮观的多年生开花植物，如蜀葵、欧洲百合，还有本地的野花，比如从垂林移植过来的毛地黄和贯叶金丝桃。

花园中的活儿，究竟有多少是怀特自己挥舞着铲子完成的？显然不全是他做的。《花园日历》（包括后来的日志）中详细记录了以各种方式为他提供帮助的村民。有些人的特殊技艺对他来说很有用。约翰·布雷克赫斯特（John Breckhurst）能植树。鞋匠的儿子威尔·坦纳（Will Tanner）是个神枪手，由他来对付可能毁坏水果的鸟儿。到了夏天，古迪·汉普顿（Goody Hampton）被雇为"除草妇"。她似乎很剽悍，"说真的，要不是她穿着衬裙，或者偶尔带个孩子，你会以为她是个男人"。约翰·卡彭特（John Carpenter）的妻子偶尔也会帮忙除草。需要完成许多挖掘或修剪树篱的工作时，怀特就会按天雇用拉比（Larby）、托马斯·贝纳姆（Thomas Benham）和约翰·卡

第三章　故土

彭特等其他村民，还会让他们帮忙搬运大量用于温床的肥料。忠诚的家仆托马斯·霍尔（Thomas Hoar）则负责主持一切，40年的时间里，他扮演着男仆、园丁、科学助手和勤杂工的角色。托马斯·霍尔单身，住在威克斯，怀特不在塞耳彭时，他就负责写日志，并写信将村庄里发生的事告诉怀特。托马斯照料花园和园中动植物时表现出的敏锐和专注，并不仅是反映出主人自己的敏感。怀特常常满怀敬意地提到托马斯温柔细心地为树木和灌丛除雪，亲手为果树挑出虫子，以及他对乌龟蒂莫西（Timothy）的喜爱和关心。但是，从怀特各种具体的描述、亲切熟悉的口吻，我们可以确定，他应该积极参与了花园中的大部分事务——尤其是有关瓜类的工作，18世纪50年代，这是怀特最关注的植物。

18世纪的大部分园艺家似乎都对瓜类植物着迷。菲利普·米勒的《园艺家词典》（Gardener's Dictionary）十分翔实、影响深远，是怀特主要的参考书（1747年和1753年的版本他都买过）。书中用了4页的篇幅来介绍瓜类植物，并且评论道："家庭菜园中栽培的植物里，要数瓜类最能激发伦敦附近园艺家们的雄心，让他们想要培育更早熟和多产的品种。"[5] 由此可以看出种瓜在当时非常流行，也体现了18世纪人们的热情。那些瓜充满异域风情，疙疙瘩瘩，有时候有种怪异的时尚感，它们还用高产来回报园艺家的辛勤工作和技术创新。

怀特迷恋瓜类植物已经有些年头了。1748年得天花之后，他在奥里尔学院的朋友约翰·斯克罗普写了一首颇具讽刺意味的诗，题目是《变形》（'Metamorphosis'），诗中想象怀特因发烧肿胀得就像他着迷的那种东西：

对波摩娜*的富饶和美丽

科里库斯（一个好奇心重的乡村青年！）钦慕已久；

植物的世界占据了他的心，

他的花园崇尚自然，辅以技艺；

多年来，园中冒着烟的苗圃里

用来做沙拉的蔬菜和蘑菇高高堆积。

但在各类从种子或根茎生长出的植物里，

鼓鼓囊囊的瓜类是他的最爱；

其余作物虽能令他欣喜

但唯有瓜类使他沉迷。

当其他人明智地退避，

面对高温，寻找合适的荫蔽，

他却焦急地弯腰查看他的珍宝，

身子俯低

相信自己看到了瓜的生长。

一天，太阳神福玻斯（Phoebus）炙烤着干裂的大地，

他努力升高却最终徒劳无功，

只是固定在一处，改变形狀和姓名，

一只瓜出现了，这就是他所看到的。

那凹凸不平的面庞**，奥维德将告诉你

保持着怎样的网络和带格纹的优美；

---

* 罗马果树女神。
** 斯克罗普注：是"由于出天花"。——原注

> 他的皮肤和骨骼构成了粗糙的外皮；
>
> 他的肉被压缩，保留；
>
> 血管收缩，血液流尽，
>
> 在中心，充足的血流成形。[6]

18 世纪 50 年代中期，种瓜成了威克斯花园中的主要工作。温床（常常特指"瓜田"，在当时英国的花园中温床尚属新事物）的长边达 45 英尺，每年会加入 30 车粪做肥料。每一年，当怀特开启漫长的温床准备工作，照料这些变化无常的瓜果，直至其成熟，他就陷入了与 18 世纪变幻莫测的严酷气候的个人斗争。发霉或霜冻，日晒或洪涝，他的瓜处在危险的平衡之中。瓜类越受霜冻和雨水威胁，怀特就越会用精心调配的肥料，鞣制橡树皮，深松土，以及科学创造来回应。

《花园日历》详尽地记录了种种细节。你会感觉到在 18 世纪 50 年代的某些时候（在他的一生中，这种时候越来越多），怀特的日记不光记录了日常生活，而且在一定程度上推动了他的生活，他之所以会完成某些工作——还完成得很熟练——是因为这样可以讲述一个好故事。追问怀特当初为何开始记这类日记，得不到什么答案。他生性爱追根究底，对时间、地点的影响又十分敏感。目前而言，知道他的写作风格越来越反映他日常生活的节奏就足够了。

这一点可以从他 1758 年记载的一些瓜类故事看出。这一年的日记中，有 60 多处提到了瓜类及其温床，想必这可以算作他种瓜热情的巅峰。同年，他的账本中记载，雇人帮忙加深温床，一天就花费了 13 先令 8 便士。他还在那年为瓜类植物铺设了了不起的管道通风系统。[7]

1月17日：在瓜田里建起一个小屋。先用枝条围出圆形屋身，屋顶也用枝条搭建，再铺好茅草：直径9英尺，高8英尺，有空间容纳大量腐殖土，不会给劳作的人带来任何不便。

3月4日—6日：围出10个冷床（frame），其中9个各有一个瓜盆，另一个有3个。给瓜盆设计了一些木制盆底，这样一来，要倒出土就容易多了。在12个加热好的盆里各播下一粒种子，这是1756年从韦弗利（Waverley）带来的那个奇特的瓜（一个哈密瓜）留下的。

3月18日：每个盆中都有瓜苗萌出；它们看起来很健康，长得很快。

3月21日：大雪下了一整天，又持续了大半夜；次日，变成了糟糕透顶的潮湿雾天。这种天气对温床简直是考验。

4月1日：过去的一个星期，阳光充足，天气炎热，很不寻常。尽管一直为黄瓜遮阴，高温还是晒蔫了先长出来的那些；要不是把瓜盆拿到高处，哈密瓜也会被晒坏……

4月13日：用掉18车用二轮马车拖的新鲜、温热的动物粪便，80蒲式耳*新鲜的鞣制橡树皮，逐渐建起一个有9个窗户的瓜床。一周之前，仅在得到材料的两天后，我就弄好了苗床；但我发现增温太猛，于是我要求将填料弄碎，重新填入，这样或许可以散掉一些热量。

4月16日：剧烈霜冻，加上刮南风，使得瓜类冷床间蒸发

---

* 1蒲式耳约为36升。

出的水汽，在天窗边缘凝结成了长长的冰柱。

4月21日：瓜床的温度还是太高，我不太敢把瓜苗从瓜盆中移植出来。我在瓜床中铺了一层1英寸厚的土，以减少水汽蒸发，前一晚就有3棵植株被冻坏。在瓜床后侧凿出一些深孔，以利于散热。

6月6日：第一次种下那些小瓜苗……植株很强壮，长高了不少；但是由于日晒夜露，它们的第二片叶子上起了奇怪的气泡。

7月15日：从迪恩回来后，我发现长出了13株哈密瓜；有的很茁壮。植株都生机勃勃，叶片直径差不多有1英尺。

8月22日：摘下第一个哈密瓜，最大的那个重达3磅5盎司半。尽管生长过程中天气一直不好，哈密瓜仍然非常美味，水分少，很结实。

9月7日：吃了一个很可口的哈密瓜，它贴着茎干生长，瓜蒂是瓶状的。留了它的种子。

9月12日：在隐士屋办了一个哈密瓜宴，14人参加，摘下了一株半的哈密瓜。进入9月后，天气一直很好。

* * *

这场哈密瓜宴表明，园艺并不是怀特孤独的学术追求，而是他赞美乡土的主要方式，也是一种特殊的社交活动。他种的许多植物都是朋友和邻居送给他的，例如约翰·贝里曼（John Berriman）送的欧洲荚蒾，教区牧师送的洋蓟和贯叶金丝桃。怀特在《花园日历》开篇的12个条目中记载了获得植物和种子的5种途径。怀特同广大专业园艺家和商人也保持着联系。1756年，他从肯辛顿的威廉森公司（Williamson & co.）购得一批针叶树，该公司在当年发行了第一本商品目录，后来更成为邱园的供应商。[8]怀特也从当时最好的园艺家菲利普·米勒那里获取植物。菲利普·米勒是英国皇家学会的会员，《园艺家词典》的作者，18世纪时，担任切尔西药用植物园（Chelsea Physic Garden）的园长长达半个世纪。怀特去牛津时，常常顺便从植物园捎回一些标本或种子。

自从1748年搬离牛津的住处之后，除了在园艺方面，他的生活圈子稍稍变窄了。4年里，他只担任过两次临时的助理牧师：在斯瓦雷顿的工作结束于1748年；在布里斯托博士（Dr Bristow）生病期间，他曾短暂代行助理牧师之责，管理塞耳彭。第二次任职是在1751年10月，为此他搬到了街对面100码之外的教区牧师住宅。马尔索不久前才得到一个在森伯里的牧师职位，还和珍妮·扬小姐订婚了。他写信祝贺怀特获得委任，并以布道词的形式鼓励他（现在写布道词成了马尔索的职责之一）：

> 听说你住到了教区牧师住宅；可以想见你将在那里为这个世界做点事情。你将要宣讲圣道，斥责罪恶：后者是神对世人的轻蔑，前者（更好的部分）是他对世人的仁慈和怜悯。所以我希望你是受雇做后一件事。[9]（他的意思是仁慈和怜悯。）

鉴于人们常常假定，怀特为自己没有做过塞耳彭的教区牧师深感遗憾，在此值得一提的是，恰恰是当他作为塞耳彭的助理牧师（尽管是临时的）并在自己出生的那所大房子里过冬时，他却再次受到牛津大学吸引。当时轮到奥里尔学院来推举出任学校初级学监的人选，他被告知可以担任这一职位。向非常住者提供这样的机会，这很不寻常，怀特毫不犹豫地接受了。他辞去塞耳彭的助理牧师一职，于1752年4月8日出任牛津大学的学监。

学监的工作要求并不高，也不太吸引人。他们需要维持学校师生的纪律，在某些正式场合主持仪式。有一些关于怀特辛勤地做校园警察的逸闻，其中一则讲他严惩穿奇装异服的爱德华·吉本（当时是莫德林学院的学生）。但这项工作真正吸引他的仅仅是他又有理由住在牛津了，再者，还有报酬可拿。马尔索不确定，怀特接受这一"光荣任务"的束缚是否正确，但是，他一如既往地给予支持，在这支持背后，有他的另一番想象：

> 我想，你接受这个职位，是对牛津最大的致意；以你的天分，你更像阿提库斯*，而不是西塞罗**……与其说剧院里热烈的掌声满足你的抱负，毋宁说塞耳彭的绿色隐居之所（现在真的可以成为隐居之地了）更能带给你沉思的乐趣。我非常想看到你出任新职位，但我希望你两边都能兼顾……如果他们能调整学监的职责，让学校氛围更轻松，而不是要符合学院形式，如果能让他们欣赏头上的发饰、喜爱帽边的垂饰，那该多好！[10]

---

* T. P. Atticus，古罗马人，著名学者和大藏书家。
** 全名 Marcus Tullius Cicero，古罗马著名政治家、演说家、雄辩家、法学家和哲学家。

实际上，怀特并不总像马尔索想象的那样一心爱好沉思；穿着学者的华服大出风头，这种无聊的事，怀特也是很享受的。这是他性格的一部分。18世纪50年代早期，他在吃穿、娱乐上的开支表明，为了采取适合当时所处环境的生活方式，他置办了很好的装备。[11] 在塞耳彭时，怀特生活简朴，除了小马驹"老鼠"（Mouse）的粮草，以及雇人帮忙打理花园，几乎没有不必要的花费。而在牛津，他完全就是一副城里人做派，购买"顶上有羽毛的灰色假发"和"挪威制造的手套"。他有一套"闪闪发亮的大茶匙"，上面雕刻着他的徽章，他还用一大盒饼干招待奥里尔的文学硕士们。他会去听音乐会，玩牌经常输，下国际象棋则常能赢。他对于食物很有鉴赏力——至少是吃昂贵的食物时，口味相当跟得上潮流。他酷爱吃龙虾、牡蛎和螃蟹，也非常喜欢橄榄、扁桃仁、酸橙、一篮篮的草莓，他还从植物园购得大量蔬菜做沙拉。（1752年8月16日，他"从园艺家梅森那里订购了菠菜籽、大蒜、半加仑豆子"，又花了1先令多买了两个熟透的瓜，既可以吃瓜，还可以把瓜籽留着种。）

怀特的饮食看起来很健康，但这完全无法弥补户外生活的匮乏，他不能像在塞耳彭那样，几乎每天都去散步或在花园中劳作。1752年秋天，他在他的"健身室"里安装了一个哑铃。这虽然和现代健身房中的杠铃不是同一种物品，但功能相同。顾名思义，哑铃是一种不发声的钟状物——经由一个飞轮，用绳子系住一个重物，使用者一次次拉动绳子，将重物提升到空中。

怀特担任学监这一年，亲戚朋友们频频来访，他很喜欢带他们四处参观。妹妹贝姬*在去拉特兰郡的途中顺道拜访，马上被带去看

---

* 丽贝卡的昵称。

第三章　故土

了牛津大学的拉德克里夫图书馆（Radcliffe Camera）和大汤姆钟（基督教教堂著名的钟），晚上又聆听了一场合唱音乐会。本杰明（当时27岁）带着未来的妻子安妮·约尔登过来。安妮是纽顿瓦朗斯[*]教区牧师的女儿，此时由兄长威尔陪护。[**]（本从伦敦带来6瓶橄榄，怀特付给他15先令，这是笔不小的开支。）一行人在此逗留了整整一个星期，参观了牛津大学博物馆、莫德林学院，还远足到布伦海姆（Blenheim）和斯陀园（Stowe），欣赏了自然风景园。8月，马尔索一家来度假，正在休暑假的怀特从塞耳彭赶回来尽地主之谊。"我们一致认为，学监大人知道如何将每件事照顾周到，"几天后，马尔索满怀感激地写道，"改善每项任务安排。"托马斯·怀特偶尔也会来，年轻的亨利·怀特自从1749年秋天住到奥里尔学院后，也成了常客。

兄弟之中，只有约翰没来过。约翰继怀特之后，于1746年来到牛津大学，进入基督圣体学院，但后来因为一些违纪行为被开除，细节不详。约翰曾有机会接受圣职，但此时他专注于（或者是他的家人这样以为）挖掘通往垂林的新"之"字小路。在黏腻又危险的陡坡上劳作，当时看起来肯定是他对在牛津言行失检的适当补偿方式。但是事后来看，他从怀特和其他家人那里筹集的资金，似乎有可能花到了别的地方。

---

[*] Newton Valence，东汉普郡的一个村庄和地方行政区。

[**] 怀特家和约尔登家是典型的由家庭和朋友构成的亲密社交圈。本杰明于1753年迎娶安妮。安妮去世后，本杰明在61岁时再婚，娶了安妮父亲的遗孀玛丽。托马斯·怀特则于1758年迎娶威廉·约尔登（安妮的兄长）的遗孀。——原注

* * *

从账本中寻找证据，拼凑出一个人的生活，这就像在做考古发掘，让人深深地陷入无望的猜测之中，总是存在极少的"确定性"，极多的"可能性"。"买东西损失"了 1 先令，"补罩袍"花了 6 便士。线索成谜。怀特时常会付给"克罗克夫人的仆人"小额零钱——克罗克夫人的女儿珍妮突然间又出现了，她是吉尔伯特 10 年前喜欢的女孩。实际上马尔索认为他的姐妹们（她们一定是在 8 月的旅行中见到珍妮的）很清楚：

> 你和珍妮之间是认真的……在驿站马车上，你对我太严肃了，我不敢对她们的看法添加任何内容，唯有对这位女士的掌声。无论如何，我敢说，她非常有助于柔化你作为学监严厉的一面，并且能防止你忘记家庭生活。[12]

至于怀特和珍妮究竟是什么关系，仅有一些暗示性的线索。他给克罗克夫人仆人的钱，很可能只是他去克罗克夫人的家里和杂货铺时给仆人的小费，但也有可能是报答其帮忙递消息。1752 年年末，他和克罗克夫人结清了数额庞大的账单，用于购买正式的天鹅绒套袖、丝绸镶边、套装和马甲、做窗帘用的"20 码蓝色格纹亚麻布"，这些花费或许都是必需的，但全都在一家店消费，不禁让人猜想他是不是在讨好珍妮的母亲。怀特在 10 月 25 日和 26 日记录的条目，让人很好奇到底发生了什么。

和珍妮·克罗克从塞耳彭乘驿站马车前往牛津……1英镑3先令11便士

我给了珍妮·克罗克一个圆形的带盖瓷汤碗，因为珍妮没让我付驿站马车的费用……1英镑16先令4便士[13]

珍妮是去塞耳彭和怀特待在一起，还是仅将牛津的租金送来给怀特的祖母？路上发生了什么，让怀特没付车费，而珍妮得到一个汤碗作为回报？在前文我们已经知道怀特坐车会有什么反应，也知道他喜欢黑色幽默，这不禁让人想到，他这是在拿痛苦开玩笑。怀特恶心反胃，头昏眼花，以至于无法付钱给马车夫，所以那个30岁的能干女人照料好了一切。珍妮当然不接受怀特还给她的现金，所以第二天，怀特为她买了这件纪念品，铭记这次旅程和他的窘态……

* * *

1753年5月，怀特结束了为期一年的学监工作后，立刻再次上路，在5月剩下的日子和6月，去了伦敦和森伯里。7月，他得了一场"内热"——或许是患上痛风的先兆，他余生都将饱受痛风困扰——并且动身前往布里斯托的霍特威尔斯（Hot Wells），在那里逗留了7周。不过，他还没有病到不能和马尔索用双关语开玩笑，他把自己的状况和活泼机智的争论对手、老朋友赫奇的名字联系起来。"你的赫奇热*让我叔叔捧腹大笑，"马尔索回复道，"我婶婶说，这样的玩笑，

---

* Hectic Heat，本义为肺热，英文里hectic和怀特的朋友赫奇（Hecky）的名字发音相近，在此译为赫奇热。

一半可能弄假成真。我们一想到你读到这里时，因发现自己卷入了蔑视王权罪*而感到害怕，就又笑了起来。"14

以当时的标准来看，怀特已经算很少生病的了。相比之下，马尔索就没健康过，他才30出头，行动和虚弱的体格却像老迈的病人。他患有偏头痛、痔疮、痛风、关节炎、原因不明的奇怪"痉挛"。在9月凉爽的夜晚散一次步，就能让他卧床一周，脸部浮肿。结婚之后，他发现妻子分娩的痛苦让他无法承受，他"头痛欲裂、歇斯底里"地逃避开了。缬草的药效很强（偶尔还会成瘾），他每天都当成止痛药大量服用，但这对他的健康没什么帮助。"你从健康的高地向下看我，怜悯我……"他写信给吉尔伯特，"我嫉妒你能大胆飞行，像雄鹰一样漫游；但那是你应得的。而我就像一只东躲西藏的可怜鹌鹑，唱出的情歌也哀伤。"15 实际上，怀特一点也不怜悯马尔索。他怀疑马尔索陷入了不动、疑病、不舒服的恶性循环，需要打破。他建议马尔索尝试更有活力的户外生活，最好是骑马。但当马尔索让他弄来一匹合适的马时，他却忍不住取笑马尔索的这笔开销，并送来一匹小马驹（昵称格鲁布），这是匹"十足的劣马……呼哧喘得厉害，新鲜空气带来的那点好处，抵不过心疼它带给我的坏处"。

18世纪50年代中期，马尔索几乎会在每一封信中不厌其烦地讲他或他的家人（他说这是"一群老朽之人"）得的各种小病，有时候，怀特会对他的疑病症失去耐心。他给马尔索写信不那么频繁了，而这又引起了来自森伯里的抱怨。"我猜，你的生活太单调或太丰富多彩了，

---

* The Statute of Praemunire，蔑视王权罪法令，英国14世纪颁布的法令。这里指怀特对疾病的蔑视。

第三章 故土

所以你不怎么写信了？……听你描述自己的生活方式，应该有大把空闲时间啊。"[16] 马尔索的些许不悦——从来不是真正的不满——很可能是不必要的，不过他有时的确病得很严重，但这种时候，怀特的疏忽怠慢，也可能有更复杂的原因。他自己也有压力，他在寻找合适的地方和工作，却不尽如人意。他越来越愿意待在熟悉的地方，这让他有安全感，这也是为什么他不再那么频繁地拜访朋友。实际上，怀特作为塞耳彭的助理牧师，并没有因为做了越来越多的工作，而对那里产生归宿感，但我们也不能过分简单地认为，这就是他迟迟不定居塞耳彭的主要障碍。多年时间里，他获得过3种不同的职位。1753年9月，他在汉普郡毕晓普斯沃尔瑟姆*附近的德利（Durley）做助理牧师，他寄宿在教区牧师住宅，一年付20英镑租金，但因为只在周日工作，他可以经常骑"老鼠"**去20英里外的塞耳彭。一年半以后，1755年5月，他又去了威尔特郡（Wiltshire），在索尔兹伯里（Salisbury）附近的西迪恩（West Dean）做助理牧师。他是通过私人关系获得委任的——纽顿瓦朗斯的教区牧师埃德蒙·约尔也是西迪恩的牧师。那儿离塞耳彭有30多英里远，所以怀特不得不在这个教区消磨一段时间。他断断续续做过一些考察，比如寻找松露，游览巨石阵，他还曾看到寒鸦在巨石的缝隙间筑巢，但他一点也不开心。1751年6月，他曾中断工作，在布里斯托的霍特威尔斯待了7个星期。1755年秋天，他开始同时协助约尔登先生在纽顿瓦朗斯和西迪恩的工作。到了12月，面对日益增加的工作，他不胜其烦，1756年初，他辞去了西

---

* Bishop's Waltham，汉普郡的一个小城镇。
** 前文中提到过的怀特的马。

迪恩的职务。

同年 2 月底，怀特又以全新的活力和热情投入到过去近 10 个月他都没顾得上记录的《花园日历》，几乎每天都记。除了仍然对瓜果蔬菜感兴趣，怀特对花卉和风景的热爱也与日俱增。那年春天，怀特开始在垂林脚下着手建造一系列古怪的建筑和装置，巧妙但不实用。这些想法主要受景观设计先驱威廉·肯特（William Kent）的理论及示例启发，但大多数更像是漫不经心的拙劣模仿。5 月，在"公园"显眼的位置，他将两个巨大的瓶子（原本是油罐）置于 9 英尺高的基座上。他利用外围土地的高大树篱，修剪出一幅狭长的景观：6 道门成一列，画面逐渐变小，看起来就像一个嵌套在另一个中，最后则是一幅画在薄木板上的高 12 英尺的赫拉克勒斯像*。天知道蒲柏会怎么看。马尔索试着在脑海中想象这一场景，终于找到了准确的文字来表达他既困惑又喜悦的心情：

> 你看到我以手扶额，退到指定的位置，我摇摇头，批判地审视它们……
>
> 6 道门，一道接一道，形成符合透视法的远景，我相信这很有新意，并且令人赏心悦目；米西请我告诉你，这种快乐的氛围令她陶醉；乡村里的六栅门（Six-Bar-Gate）是她最喜欢的景致；一次能看到 6 扇，简直是天大的幸福。[17]

---

* 怀特因为负担不起雕塑石像，所以让木匠用木板制作了二维平面塑像。

第三章 故土

到这时，之字小路也已经建成，但它留下了一段酸涩的回忆。修路是约翰·怀特的主意，他从1752年就开始推进这项工程。大部分工作在当年冬天就完成了，又过了一些年，小路已经修得很好，还装饰着方尖形石头——别出心裁的砂岩碎片，用二轮马车从沃尔默森林运来的。当时，垂林南端的林木要少得多，之字小路成了在村庄大部分地方都能看到的地标。

尽管约翰的修路计划很成功，但他的余生都过得混乱又艰难，就像当初在牛津的那段时光。不知怎的——因为赌博，或者单纯是没管好自己的事——他负债累累，处境悲惨。除了在垂林干活得到一些小额报酬，以及每年40英镑的收入（主要是偶尔在巴尼特和伦敦做文书工作获得的），他没什么钱，所以他大肆向朋友和亲戚借钱。他还不了钱的理由也很蹩脚："本来我以为父亲会尽快帮我偿还债务，谁知他亲切地告诉我，他能力有限。"塞耳彭的教区牧师布里斯托博士是约翰的债权人之一，威胁要控告他，为了不丢丑，约翰迅速逃往海外。1756年早些时候，他成为直布罗陀驻军的牧师。他几乎已经被家族放逐了，自从1756年秋天，整整两年时间，他都没有得到家人的消息——直到他在一家咖啡馆里从报纸上读到父亲去世的噩耗，他才在这种不幸的情况下第一次知道家里的事。[18]

直布罗陀似乎让约翰安定了一些。早在离家前不久，他已经和芭芭拉·弗里曼（Barbara Freeman）结了婚，1757年有了一个儿子，杰克。很快，约翰就开始效仿哥哥怀特，开始认真对待直布罗陀的博物学。但他性格中不安稳的一面从未消失。他深深地为自己与家人的关系感到自责与愤怒，这种感受埋藏很深，但在他后来的生命中还会再次燃起。[19]

* * *

1756 年，怀特的圈子又有了一个重大变化。约翰·马尔索在订婚 11 年后，终于娶了珍妮·扬。有时候，这场婚约明显充满压力；结婚的决定很突然，因为发生了一场骇人的意外。珍妮去森伯里见过马尔索后，乘马车赶回伦敦。当时天上下着瓢泼大雨，马车行驶到伦敦城外时，车夫试图避开洪水，却不慎翻入泰晤士河中。珍妮和同伴侥幸逃生，成了落汤鸡，受到轻微惊吓，马尔索却被吓得够呛。珍妮的父亲也吓坏了。珍妮母亲已经去世，因此，珍妮父亲迟迟不让马尔索和珍妮结婚。但是，与其让女儿再次冒险往返于伦敦和森伯里——加上他得知，自己在去世之前都可以和女儿女婿住在一起——他宁可同意女儿和马尔索的婚事。1756 年 5 月 18 日，珍妮出意外之后不到 4 周，马尔索和珍妮结为夫妇。

最好的朋友突然结束单身，这或许更加让怀特意识到，自己的生活是多么没保障和异常。无论如何，在马尔索的婚礼之后，发生了一系列略微超出怀特控制的事，可以算是他一生中遇到的最类似危机的事情了。

18 世纪 50 年代中期，怀特开始急着寻找适合自己的机会。他漫无目的，有时甚至很莽撞。他又在塞耳彭和西迪恩协助做了一段时间的工作，想知道自己到底能否忍受在威尔特郡的生活。他曾和马尔索谈到过怀特岛（Isle of Wight）上的一个职位，马尔索光是想想就觉得晕船。后来，因为奥里尔学院的关系，怀特得到一个工作机会。北

第三章 故土

安普敦郡莫顿平克尼（Moreton Pinkney）教区归奥里尔学院管辖，该教区的终生助理牧师*一职有了空缺，邀请怀特以高级研究员的身份前去履职。他答应去任职，条件是他不用常驻那里，也可以任命代理人。[20]

但是怀特仍然觉得，最理想的情况是在牛津谋得职位。他喜欢牛津这座城市，喜欢这里的学术氛围，以及作为大学教师可以享受的文化生活。相比英格兰中部一座通风良好、独栋的教区长住宅，他想要得到更好的回报。学校长长的假期也意味着他一年中的许多时间都可以待在塞耳彭。所以，当奥里尔学院的院长沃尔特·霍奇斯（Walter Hodges）于1757年1月去世时，怀特决定成为院长候选人，并紧张地盼望，以自己在奥里尔学院的资历，能够顺利当选。但他没能如愿，在1月27日的选举上，夏尔丹·马斯格雷夫（Chardin Musgrave）当选院长。还在念大学时，怀特就认识马斯格雷夫，但从他与马尔索的通信来看，二人几乎没什么交情。马斯格雷夫被任命为院长，怀特很痛苦，并且觉得后者不适合。而在马斯格雷夫看来，怀特既是非常驻研究员（non-resident Fellow），现在似乎还要兼任非常驻助理牧师，这很不道德。所以，1757年10月，在批准怀特到莫顿平克尼任职时，他在备忘录中增加了一条限制条款："11月15日，莫顿平克尼的职位由高级研究员怀特先生担任，尽管他没有为当地提供服务的意愿，但我也不打算免除他的权利……不过我同意，将来，相比那些会用代理人的高级研究员，任何研究员如果能亲自前去工作，都会优先得到

---

* 与传统的教区长和教区牧师不同，终生助理牧师的薪水是现金，没有通过征收什一税获得收入的权利。

任命。"这样的限制很不寻常，以前的晋升也从未有过这样的要求。但这一招非常有效，弄得怀特好像是支持闲职、反对改革的人。

落选院长之后，怀特的健康状况每况愈下，一度轮到马尔索扮演知己和医疗顾问的角色，但马尔索的药方——冷水浴和自律——就像男舍监开出的，还不如怀特自己的万能药骑马管用：

> 我亲爱的朋友，你现在怎么样啦？我们夫妻俩觉得，按照你的叙述，你的情况很难解释：你没有生病，但四肢无力，精神萎靡，还起水泡。你可以用缬草和阿魏试试。如果还有这类症状，请比你可怜的朋友更有勇气，在得到同意后，没入冷水浴盆中，坚持待在里头。[21]

每当怀特不像往常一样自信和有活力时，马尔索都会为他漂泊不定的处境感到担忧。"无论做不做助理牧师，你总会踏上旅途；在我发现你像只肥鹅那样生活之前，你都会是个不安分的家伙。"1757年5月12日，马尔索轻轻摇着头写道。1758年年中，塞耳彭的教区牧师布里斯托博士刚去世，他便以哀婉的口吻提及，怀特和塞耳彭可能会失去恩宠：

> 我恳请你设法获得圣职，让自己能继续在塞耳彭生活，成为穷人的朋友。他们已经失去一位朋友，也许用不了许多年，还会失去另一位（怀特的父亲）。这个可爱的地方已经从大城镇衰退为村庄，别让它继续堕落为悲惨的贫民窟了。塞耳彭肯

定能有最大程度的改观，能成为英格兰最迷人的地方之一。[22]

很不幸，马尔索对怀特父亲的预言很准确，1758年9月29日，老约翰·怀特去世。消息很快传到牛津，在奥里尔学院，组成反怀特小团体的一伙人假定，怀特能得到一笔丰厚的遗产，所以他应该辞去研究员职位。夏尔丹·马斯格雷夫在院长备忘录中写道，自己已经"向怀特先生的朋友暗示，我不清楚怀特的实际处境，但我认为他不能兼有两个身份"。要知道，奥里尔学院的一部分人的确对怀特心存不满，很可能是出于嫉妒。在长达一个多世纪的时间里，奥里尔学院中都流传着怀特自私自利、身兼数职的说法。1891年的一篇评论学院的短文带着满满的恶意，将这一传说讲得很清楚：

> 这一时期奥里尔学院的研究员中，塞耳彭的吉尔伯特·怀特在后世留名最久，然而，他在学院的历史记录却与广为流传的声誉形成了鲜明对比。世人都以为，怀特是扎根教区的模范神职人员，关心他职责所在的教区的一切事务，但从学院的角度来看，他却是个有钱、挂名职务、身兼数职的非常驻人员。1743年到1793年，在怀特做研究员的50年间，他都不常驻，只有1752年和1753年，轮到奥里尔学院的人担任学监，他揽了这个差事。1757年，他照例声称自己有权得到学院在北安普敦郡莫顿平克尼的一个小职位，并且公然表明不会常驻当地。即便在当时，怀特的这个提议也让学院大为震惊，学院最后只是勉强批准了。怀特一直在学院任职，享受学院发的薪水，其间却住在塞耳彭的祖

产中，他的财富是否已经超过了章程规定的上限，十分可疑。他正应了那句格言：一个沉默不语的人，能得到一切。一直到去世前，他都享受学院的研究员职位和牧师职位。[23]

如此尖刻的言辞流传了130多年，并且可以想见，它会在口口相传中被放大。当然，站在学院的立场，防止研究员职位被并不真正需要的人占据也完全合理。但怀特是从非常不同的角度看待他们的反对。他觉得自己受到了迫害，坚持认为学院应该相信他真的没什么钱，并准许他保留研究员职位。

学院反对的声音很大，怀特希望渺茫。甚至马尔索也不理解，怀特为什么不愿公开说明个人经济状况，以支持自己的要求。1758年11月，马尔索写信友好地劝诫怀特，提醒他学院设置研究员职位的初衷，劝他不要做任何可能让同事更加疏远他的事：

> 虽然我和你的弟弟本，还有凯恩先生聊过，但我目前无法判断，你在继承财产后，有什么理由保留职位，所以我无法就你现在的打算提供任何有价值的建议。我只能以我对你的了解得出结论，你一定有很强的理由，你不会冒险为了一己私利，做任何违反学校章程或与你那个小社会对立的事；不仅如此，你也绝不会忘记，学院的研究员职位是临时编制，是提供给有学识又清贫的人，直到他们的成绩或财富足以使他们在世上立足，并将职位让与和他们先前处境相同的人。[24]

当月的某个时间，怀特其实曾私下里向院长详细说明过自己的境况。20世纪初，这封信的草稿重见天日，信中写道：

> 至于父亲去世后留给我的祖产，我很肯定，我每年从中获得的收入，远远达不到上述可兼得的、由访问者决定的总数：66英镑13先令4便士……我也很确定，我所拥有的土地带来的收益，远比不上研究员职位带给我的收入。[25]

院长（但显然不是所有同事）似乎被怀特说动了，认为他确实"有学识又清贫"，所以准予他保留研究员职位。第二年的2月，怀特在圣詹姆斯公园散步时告诉马尔索："院长说，离职还是留任全看我；如果选择留下，没人打算让我走。"

现有证据表明，怀特坚称自己没有因为父亲去世而继承大笔遗产，这事千真万确。正如我们已经看到的，怀特家的遗产继承含混、奇特而复杂，但在20世纪初，拉什利·霍尔特-怀特检查了遗嘱和契约，在《生平与信件》[26]中进行了详述。情况基本如下文所述：

怀特家族的大部分钱都来自吉尔伯特·怀特的母亲一方，怀特家族留下来的一点钱，怀特的父亲约翰完全没有继承到。老吉尔伯特将所有财产，包括威克斯的房产留给了妻子丽贝卡。之后，这笔财产将留给他们的小女儿伊丽莎白，而不是大儿子约翰。但事实上，1730年，伊丽莎白和堂兄弟查尔斯·怀特结婚时，遗产肯定已经属于伊丽莎白了，因为伊丽莎白于1753年去世，比母亲丽贝卡还早两年。但查尔斯（伊丽莎白和查尔斯没有孩子）继承了威克斯的房产，直到他去世。

约翰·怀特仅继承了丽贝卡五分之一的财产，这还是从牛津收的房租中分得的。

所以，不要说留下遗产，约翰甚至不能把家里的房子留给怀特。怀特有资格合法继承的是母亲的财产（理论上，丈夫约翰在世时，这些财产属于他），其中包括南部一些郡的若干小农场，这些农场都受制于各种抵押和收费。大部分继承下来的农场立即就被卖掉了，销售所得要分给弟弟妹妹们。怀特实际拥有的唯一财产是位于哈丁（Harting）的伍德豪斯农场（Woodhouse farm），每年有34英镑的租金收入。而在法灵顿（Farringdon）和莫顿平克尼做助理牧师，每年分别能获得30多英镑。他在塞耳彭的产业，最高年收入（在他去世时）是28英镑。[27] 所以几乎可以肯定，除去研究员职位（平均每年挣得100英镑），怀特每年从其他渠道获得的收入总计不过100英镑多一点儿。

所以，令人不解的是，怀特为何要苦苦隐瞒这些情况，甚至要确保他私下写给院长的文件不归入学院档案？对此，安东尼·赖伊给出了唯一还算可信的解释，他认为怀特此举是为了让父亲免遭公众非议。实际上，约翰·怀特在30多岁时被老吉尔伯特剥夺了财产继承权。这和约翰中年时出现明显的人格问题是否有关系，无论是其原因还是其结果，都只能凭猜测。要是怀特能不那么小心谨慎，稍微透露一点，事情或许能稍微明朗一些。我猜，怀特父亲的事如果张扬出来，或许顶多是学院里一个小小的传闻，但怀特太珍视自己在奥里尔学院的职位了，再小的流言也足以威胁他。

第四章　退隐田园

1758年对怀特来说是很不好的一年。父亲去世，自己又没能如愿回到牛津工作，甚至差点丢掉研究员的职位，还被公开指责。这是他最后一次认真而坚决地尝试离开塞耳彭，去别处谋生。那年秋天，研究员职位争议最严重之时，他往外看向垂林，眼前的景色打动了他，让他第一次写下令他着迷一生的、地域依恋的奥秘：

> 11月2日。见到了不寻常的一幕：一大群白腹毛脚燕在我们的农田与垂林间嬉闹。我以前从未在10月10日之后见到过这种燕子。垂林的树掉光了叶子，让眼前的景象愈显非凡。[1]

从1759年起，花园再次成为他生活的重心。4月13日是第一个真正意义上的春日，怀特活力满满，期待着夏天的到来：

> 用6车新鲜的粪和一车杂草，为最大那个有一个窗户的冷床做了一年用的苗床：在腐殖土上铺了6英寸深的粪和杂草。做好

苗床之后，耙梳平整，撒上厚厚的一层黑麦草和白车轴草，将同样的草也撒在农田和果园的空地上。还插了两排品种很好的重瓣红色桂竹香的嫩枝，是从哈丁的斯科特夫人家（Dame Scot's）得来的。用灰渣土让土地变得非常柔和。撒下一小片蜀葵和韭葱的种子。在新的花园里种了一些毛剪秋罗和耧斗菜。

在下过这么多雨之后，这个完美的夏日让苗床达到了合适的热度。

看到7只燕子在詹姆斯·奈特（James Knight）的屋外嬉闹，这是今年头一遭。[2]

1759年11月中旬，怀特离开了塞耳彭，随后的6个月，是他成年以后消失得最彻底的一段时间。他后来提到，他当时在伦敦，也去了已婚的妹妹安妮在林顿的家，我们可以猜测怀特休了个长假，部分原因是要思考自己的未来。但是，没有可靠的线索能表明，他是如何填充他通常忙碌的每一天的。花园暂时放任不管了，日志也不写了。马尔索刚刚有了第二个孩子，即将移居约克郡的一个新教区，他感到很忧伤，因为不知道怎样才能再次见到这个浪迹天涯的朋友。

1760年5月中旬，怀特回到塞耳彭，发现芦笋正当时令，他不在的日子，黄瓜和哈密瓜也长得不错。日记一定程度上被怀特当成避难所，现在他又可以继续在其中漫谈了。怀特回来后的第二天，即5月18日，日记中记录了"一场剧烈的冰雹，打坏了餐厅尽头的葡萄幼苗"——但是，相比去年大学高级会议室里的乱局，这场冰雹不算什么。

第四章　退隐田园

经过休假，吉尔伯特似乎坚定了留守塞耳彭的决心。但是，对自己的问题，他还没有任何可行的解决办法。他没有工作，看不到任何立刻增加收入的可能。他仍然单身，马尔索绝不会让他忘了这一点。1761年1月，马尔索写信告诉他两个婚讯：哥哥托马斯·马尔索[*]和普雷斯科特小姐结婚了，怀特的旧友赫奇也成了莎蓬夫人。马尔索写道："我知道，你会祝福新人们的，这个幸福的时刻，他们已经等待很久了（不知道我这么说，还是个单身汉的你懂不懂），他们也会长久地幸福下去。"[3]同年晚些时候，怀特的妹妹丽贝卡也订婚了，这意味着他即将独自生活在威克斯。他内心几乎已经肯定，自己不会再认真考虑结婚了。但是，他周围不断有人结婚生子（以及去世：赫奇在婚后10个月就成了寡妇），这总是会突显他的孤独。

不过，他至少可以为花园作长远的安排。他在1761年种了大量果树，并且特意修建了一座树墙。这是那一年花园中出现的第二件规模可观的石制品：

> 1月24日：盼着泥瓦匠砌好新花园中"哈哈"（Haha）的清水墙，清水墙用了蓝色的坚硬岩石，非常厚重，要用的石头数量恐怕是一般这类墙的两倍。几块石头向斜坡上方延伸了20英寸。矮墙计划砌成4.5英尺高，但是工人在倾斜的土地上向下挖出砌矮墙的空间时，没有校准水平线，尤其是转角处，所以为了保持水平，转角处砌出的矮墙有5英尺8英寸高，两端是4英尺

---

[*] 马尔索在家中排行第二，他有一个哥哥托马斯·马尔索，弟弟爱德华（昵称内德），妹妹赫斯特（昵称赫奇）。

6英寸高。现在有了一道很棒的围墙，紧靠草地，牢牢地嵌入黏土斜坡中，看起来就像立在那里很久了一样。[4]

"哈哈"是一种精巧、有效的设施，是在花园与花园外的公园、牧场或农田之间简单设置的矮墙。"哈哈"既可以作为边界，又可以将牛群挡在花坛之外，同时还不会破坏视野。理想情况下，"哈哈"能让花园在视觉上和远处的乡村景色融为一体。

威克斯的"哈哈"是小型私人花园中最早修建的"哈哈"之一。在法国，"哈哈"自17世纪中叶以来就很流行，18世纪20年代则开始成为英国风景的组成部分。1770年，贺拉斯·沃波尔（Horace Walpole）写到，"哈哈"是新园艺的基础和最显著的标志之一：

> 但是，最重要的举措，以及之后一切努力的第一步，是……不用高墙做边界，并发明了矮墙——这一尝试太令人吃惊，所以大家管它们叫"哈！哈！"，用以表达他们在散步途中，突然发现被阻挡去路的惊讶……基于这些原因，我才说矮墙是第一步。这一简单的魔法一旦施展，紧接着就是水平校准、割草、滚草。对于没有矮墙的公园，相邻的土地会与公园中的草坪和谐一致；而花园反过来将摆脱一本正经的规律分布，与外部更有野趣的乡村混杂起来。[5]

怀特倒没有继续如此精心地维护他的矮墙。但是，1761年5月中旬，《花园日历》的一个条目十分引人注意，从中可以看出，他在多大程度上模糊了一般意义上的园艺活动和"外部更有野趣的乡村生活"之间的界线。在例行地记录摘掉葡萄嫩芽、播种西蓝花的简短笔记后，他竟然用一大段文字生动地描述了当地蟋蟀的生活。那天是5月20日，连绵阴雨天里较暖和的一天，怀特和弟弟托马斯走到教堂北边一片名叫短莱斯（Short Lythe）的牧场。那里当时还是一片遍地岩石的陡坡，散布着荆豆，到处开满鲜花，爬满昆虫，二人打算调查"在英格兰南部大部分地区，整个夏天都发出刺耳叫声的这些动物的本性"。他们带了一把铁锹去挖虫子，但是"在破土的时候，很难避免将它们挤死"，需要想出更温和的办法。在随后让人读得入神的描述中，怀特对蟋蟀的喜爱和好奇表露无遗："它们有着长长的腿，最后面还有一对结实的大腿，用于跳跃，就像蚱蜢那样。"雌性蟋蟀"颜色更暗"，有"一根长长的产卵管"……雄性蟋蟀"呈亮黑色，肩部有金色条纹，就像大黄蜂的一样"。怀特觉得自己"为蟋蟀的增加而高兴，因为它们在夏天的鸣唱令人愉悦"。这是一些充满感情、漫无边际的概述，然而透过这些文字，我们可以瞥见，田野调查的经典模式初露端倪：耐心细致的观察，随着疑问越来越多，关注焦点随之改变；然后，因为灵光乍现，或者通过艰苦推论，答案浮现，形成知识框架，并接受更多观察的检验。上述各个环节并非严格按照顺序展开，而是在不断的反馈中一起推进：

很可能只有雄性蟋蟀才发出那种尖锐的声响，而且它们这么做，可能是在繁殖季出于竞争和模仿的需要，就像许多动物一样。蟋蟀是独居昆虫，独自生活在孔洞之中。在把一些蟋蟀放进清水墙的孔洞中后，我发现它们相遇后会斗得很厉害……不过这也可能是它们到了陌生环境表现出的压力反应。第一个占据墙上裂缝的蟋蟀，会用一对大大的锯齿状尖牙咬另一只，迫使后者大声呼叫。有了这些强壮的锯齿状前足（malae，就像龙虾的钳子），它们一定会钻出奇形怪状的洞穴，因为它们不像蝼蛄那样有适合挖掘的腿。我只能猜测，尽管蟋蟀有如此令人生畏的武器装备，但当我们把蟋蟀放在手上时，它们不会咬人。它们特别谨小慎微，绝不会离洞口超过几英寸，以便能快速撤回洞中。当你走到蟋蟀洞口几码范围内时，它们就会突然停止鸣叫：由此我认为，蟋蟀一定是某些动物理想的美味，也许是几种鸟的。[6]

18世纪描绘自然的散文，没有能像这个片段这般鲜活、赏心悦目和观察细致的。我们很难解释，怀特为什么突然在素来行文简洁的《花园日历》中插入这些描述。或许，对于怀特而言，这些文字并不像我们今天看起来这么新奇，这是一种从他早年写给马尔索的旅行书信中发展出的风格——它偶尔会出现在日志中。又或者，这种写法是一种尝试，试着阐述一个还未完全成形的观点。如果是这样，怀特显然没有准备好继续推进（虽然他最后以这些笔记为基础，在《塞耳彭博物志》中用了更长的篇幅描述蟋蟀）[7]。怀特写下这些笔记，没有作进一步的说明，也没有修改过，就像他平常的户外工作记录。当天晚些时候，他回去播种了四季豆。

然而，让怀特的写作显得如此特殊、如此独创的特点，都已经出现在这些文字中了，只待发展完善：抽丝剥茧的彻底性；捕捉隐秘细节的敏锐性；掺杂着对动物的同情心的科学探究；认为动物有独立于人类的"内在"实存。正因为怀特秉持这些态度，他自然会大量混用科学术语和乡村俗语。蟋蟀可能会"钻孔"（terebrate），但是它们也会在"面对陌生环境"时出错；它们既是技术专家，也是土包子。有时候，怀特突然插入方言是在刻意制造喜剧效果。这样似乎也会让蟋蟀更讨人喜欢，让我们在感知它们的痛苦时，不至于陷入多愁善感。

这篇短文最重要的方面在于，怀特将蟋蟀当作朋友来喜爱，同时也当作科学研究的对象，这两种态度密不可分。后来，怀特想出了一个能在不伤害蟋蟀的前提下引它们出洞的办法："用一根弯折的草茎，轻巧地伸入洞穴中，探到弯曲孔洞的底部，迅速将里头的居住者带出来；这样，仁慈的探究者既满足了自己的好奇心，又可以不伤害这些小生命。"[8]

这就是怀特在利用动物做试验上达到的程度。他不赞同纯粹为了获得知识而刻意扰乱动物的生活，况且他也没有那么强烈的科学信念。他将动物看作有感觉和情绪的存在物，是极其错综复杂的生命系统的成员。人们不可能——无论是在哲学意义上还是在物理意义上——在不"伤害研究对象"的基础上逼问出它们的秘密。

但众所周知，怀特年轻时喜欢打猎和射击，并且直到中年后期，为鉴定或解剖各种动物而杀掉它们时，他也没有流露出丝毫悔意。怀特喜爱动物，但没有将它们当成独立存在的个体来尊重。就这一点而言，他和同时代的大多数人没有什么不同，也许，只是从现代的标准来看，怀特的思想观念才显得自相矛盾。然而，如果仅仅将怀特的态度解释为通常的习惯，就太肤浅了，也太冒犯怀特的才智了。18世纪时，在作家、哲学家和神职人员中，对动物权利和动物福利的关心显著增加。怀特和其中一些人有私交，如果他自始至终都选择不服从他们的观点，那他一定是有意为之。尽管他直到生命的最后阶段才直接写到这个问题，但他在这个问题上的观点，将是他看待科学方法、看待人与其他生物之间关系的本质的基础，所以努力理解他的立场很重要。

18世纪的争论中，史蒂文·黑尔斯是一个极端，他是当时著名的生理学家、慈善家，曾是怀特家的邻居，常被认为在一定程度上影响了怀特的科学倾向。[9]

1722年到1741年间，黑尔斯是法灵顿的非常驻牧师，那是塞耳彭西北方向3英里外的一个村子。黑尔斯住在特丁顿，但在任期内的每年夏天，他都会到法灵顿的教区牧师住宅待上几个月，因此和怀特的祖父、父亲都是好朋友。怀特小时候见过他，后来也有联系，或许是在去伦敦南部弟弟们的家里时，因为黑尔斯就住在附近。在怀特观察蟋蟀的次年，他在法灵顿成为黑尔斯继任者的助理牧师。

黑尔斯最为人所知的身份是发明家，数年之后，在怀特给他们共同的朋友罗伯特·马香（Robert Marsham）写的信中，黑尔斯的形象就是一个心灵手巧、稍显古怪、对社会有益之人。[10] 怀特记得，黑尔斯的发明包括保证水井安全、防止馅饼涨皮、向果树注射水银以灭虫、用洋葱汁治疗肾结石的方法，给船的下层甲板通风则是相对正经的发明。黑尔斯一生都在研究液体的循环，尤其是动植物体内的液体循环，他的大多数发明就是在这个过程中诞生的。怀特数次提到黑尔斯的重要著作《植物静力学》(*Vegetable Statics*, 1727)，在为自己的温床设计通风系统时，他还实际应用了黑尔斯的一些发现。"他似乎满脑子都是实验，"怀特回忆道，"这自然让他的谈话很吸引人，通常有些奇怪，但总是有趣的。"黑尔斯在剑桥大学培养了对实验的兴趣，那里爱探究、讲方法的学习氛围仍然显示出牛顿的影响。黑尔斯是个勤勉的研究者，但是以现在的标准来看，他在生物身上做的实验简直可怕。例如，他早期关于血压的大量研究用的活马做实验。他把马平躺着绑在农场大门处（没有麻醉），而后割开一条或多条主动脉，将长长的玻璃管放在伤口上方，测量血能泵多高。这就不难理解，为什么他是最早注意到血压会因焦虑而升高的人之一。

　　黑尔斯一点也不觉得这有违他的基督教信仰。相反，犹太－基督教传统思想笃信人类统治和支配其他物种，有权进行此类探究，这是在为科学做贡献。黑尔斯写道："越是深入探究事物令人惊叹的景象，越看到其中的美与和谐，我们就越坚信神圣设计师的存在、力量和智慧。"但是，黑尔斯在伦敦的邻居兼好友亚历山大·蒲柏对此并不信服，他认为，无论是神学上的启示，还是对人类的好处，任何目的都不能为黑尔斯极端残忍的手段做辩护："黑尔斯是个很好的人，只不过我很遗憾，他的双手沾染太多鲜血……他在做大多数这类残忍的事情时，都想着那对人类有益。但是，我们怎么知道，为了满足好奇心，我们有权杀害并不比我们低级的动物，比如狗？"[11]

　　18世纪时，越来越多人为这样的观点发声。延续菲利普·锡德尼爵士（Sir Philip Sidney）、玛格丽特·卡文迪什（Margarete Cavendish）、托马斯·特赖恩（Thomas Tryon）的传统，威廉·考珀（William Cowper）、克里斯托弗·斯马特（Christopher Smart）、威廉·布莱克（William Blake）、蒲柏、杰里米·边沁（Jeremy Bentham）等诗人和哲学家表明，其他生物自有其存在的价值，而不纯粹是人类的附属物。在某些情况下，这是对基督教关于人管理自然这一观念的彻底扩展，但是渐渐地，它抨击了"管理"这一自以为是的观念。1784年，考珀在《任务》（The Task）中的态度统一了所有零散的反对意见：

> 总之，如果关涉人的便利、健康或者安全，
> 他的权利和要求便至高无上，必须优先于它们。
> 除此以外，它们——即便最卑贱的生物
> 也有活着和享受生命的自由，
> 就像上帝起初有塑造它们的自由。
> 杀害和虐待动物的正当理由里，从来就不包含纯粹地追求知识这一条。

怀特晚年越来越倾向于考珀的立场，但在一生中的大多数时间，他对动物个体的生命持有高度实用的观点。他从不支持残忍的行为，但当他认为有必要杀死动物时，也绝不犹豫。对于什么时候杀害动物是道德的，吉尔伯特自有不成文的规则。比如，任何危害到他的蔬菜和果树的鸟类都必须承担相应的后果。所以，也许一部分无辜的鸟类应该证明自己是无害的。怀特会亲自射杀鸟，而更多的时候，鸟儿是因他而死，因为它们很少见（白腰草鹬、蜂鹰），因为它们的解剖学

结构成谜（布谷鸟），因为它们的叫声很陌生，难以确定其身份（各种各样的鸣禽），还因为它们的身体条件或许能为冬眠这一难题提供线索（白腹毛脚燕）。有时，死后遭解剖的候鸟——如环颈鸻——会成为餐桌上的美味！

不过，中年之后，怀特就停止了打猎。他也多次公开反对人们"肆意残忍地"杀害正在哺育幼雏的鸟类，但他似乎对巢鼠和蝰蛇父母没有这样的同情心。只有极其特殊的情况下，他才会伤害自己正在仔细观察的特定动物家庭或破坏它们占领的栖息地。简而言之，怀特的立场很接近许多现代的生态学家。他关注物种和种群，但不那么关注物种个体。但他知道，物种、种群和更大的自然体系紧密相连，只有带着对它们的独立性的尊重——最终带着对它们生命的尊重——观察它们的活动，才能理解它们的"生活和行为"。尽管怀特很钦佩德勒姆，但他描写蟋蟀的短文与德勒姆在《自然神学》（*Physico-theology*，1711）中竭力主张的风格截然不同：

> 让我们翻遍全球，精准地查看地球的每个部分，发掘所有生物最深处的秘密，用我们所有的测量仪器去检查它们……用我们的显微镜和所有最精密的工具窥探它们，直到在它们身上发现无限的造物主存在的证据。

* * *

1762年全年，怀特继续在法灵顿做助理牧师。这一职位要求不严，他大多数时间都待在塞耳彭，继续打理他的花园。马尔索像往常一样打趣他这种狂热的举动：

> 你跟我提到阶地尽头的凹室。哪里是你的阶地？因为我去塞耳彭时，你没有走到可以叫阶地的地方。是贝克丘的北面吗？或者是靠近另一条木制长椅的地方？那里有开放式的新堡垒，堡垒朝向犬儒学派的木桶（Cynic Tub）。请替我解释清楚一些，因为我已经迷失在你绚丽的描述和各种各样的修缮中了。[12]

1763年3月，怀特的姑父（也是叔叔）、布拉德利的牧师查尔斯·怀特去世。他没有继承人，怀特终于完全拥有了威克斯。自从父亲于1758年去世后，他成了事实上的户主。但是，出于习惯或礼数，伊丽莎白的丈夫查尔斯仍是威克斯名义上的所有者，所以怀特一直付给他房租。

新的情况丝毫没有影响怀特的生活，也没有解决他最紧要的问题，如果在本地区没有合适的职位，他如何负担在塞耳彭的生活？最理想的是在10英里之外的布拉德利谋求一个职位，所以，姑父去世之后，怀特忙不迭地向大法官亨利（Lord Chancellor Henley）申请这个空出来的职位，因为那是大法官亨利私人赞助的。但怀特惨遭拒绝，马尔索（谙熟教会政治）后来发现，这要归因于13年前怀特没有热情地支持德拉姆主教出任牛津大学的名誉校长，而亨利最看好德拉姆主教。

那年春天，天气很不稳定，有"猛烈的雷……和过多的雨水"。

从5月中旬开始持续干旱,直到6月4日,整整3个星期没有一滴雨水。怀特抱怨道:"土地和花园开始遭殃。"而他的快速恢复能力即将接受考验,因为就在那一天,牧师的妻子埃蒂夫人的3个表妹抵达教区牧师住宅,她们是英国皇家医学院院长巴蒂博士的女儿安妮(Anne)、凯瑟琳娜(Catharine)和费拉德尔菲亚(Philadelphia),都在20岁左右,有钱、轻浮又吸引人。在两个月的时间里,她们给村庄带来了活力,显然也让威克斯的新主人不镇定了,逐渐步入中年的怀特还没有达至一生中最平静的时刻。

夏日绵延,结果变成了持续的游玩宴请。有时会有20多人一起骑马,围着大键琴唱歌,或者在塞耳彭公地散步,他们中大多数是年轻人。就像巴蒂三姐妹到牧师家做客一样,威克斯偶尔也会塞满怀特家的亲朋好友。到7月中旬,怀特的房客有:从萨塞克斯来的姑母丽贝卡·斯努克,新婚不久的妹妹丽贝卡·伍兹(Rebecca Woods),侄女珍妮·怀特(Jenny White),外甥女哈丽奥特·巴克(Harriot Barker),托马斯·马尔索夫妇,以及3位年轻的单身牧师,分别是马尔索的弟弟爱德华(昵称内德)、巴兹尔·凯恩(怀特的表亲)和怀特的弟弟哈里[*],哈里快30岁了,刚刚在塞耳彭以西约30英里处的法依菲尔德谋得一份差事。

怀特算得上是张罗活动的好手。到了夏天,威克斯的空地上经常立着一顶大帐篷似的临时建筑物,供客人们任意使用。遗憾的是,他对那年夏天的事情几乎只字未提。不过,三姐妹之一的凯瑟琳娜(通

---

[*] 即亨利·怀特,哈里是亨利的昵称、变体。

常被称为基蒂）在她的假期里记了日记，题目为"记1763年在一个快乐山谷的一些幸福时光"（A Little Journal of some of the Happiest days I have had in the happy Valley in the year 1763）。这是一份不带丝毫喘息的天真记录，完全显示了这些年轻女孩充沛的精力和转瞬即逝的热情，以及她们给一群单身汉带来的影响，所以值得在此引用一段：[13]

> 6月22日下午，怀特先生、哈里·怀特先生、斯努克夫人和伍兹夫人过来喝茶；晚上9点，哈里·怀特先生和南希唱歌和演奏……吃过宵夜之后在12点到凌晨1点之间睡觉。太令人愉快了。第二天是埃蒂夫妇的婚礼，我们让一整天都充满欢声笑语。早上弹了一会儿大键琴，晚上7点半以小步舞开启一场舞会，跳乡村舞蹈跳到快11点，然后去吃夜宵。吃完夜宵围坐在一起唱歌说笑了一阵之后接着又跳舞，到凌晨3点；凌晨4点半舞伴们都离开了，我们跳了30首曲子，我以前从来没有在一天之内跳过这么多舞，相信以后也不会了。*

在这场舞会中，怀特是唯一落单的男性，在这些年轻的狂欢者中间，他总是像一个局外人。活泼的基蒂小姐和哈里结伴，而从日记中哈里的名字出现的次数可以看出，他们对彼此很有好感。第二天，所有人都去爬了之字小路，并在隐士屋喝茶。聚会到一半时，哈里打扮

---

* 原文是没有标点，一口气写下来的，引用时为了方便阅读，加上了标点。

得像一个隐士出现，让基蒂大感惊艳，他们一起在乔木林散步直到黄昏，之后再次回到隐士屋，在那里欣赏灯光下的浪漫景象。"我一定不会忘了今天的幸福，"基蒂感叹道，"我现在比我人生中以往任何时候都要快乐。"6月25日是哈里的30岁生日，那天也是个周六，他要回法依菲尔德为周日早上的仪式做准备。但在这个重要的日子，基蒂和姐妹们另有打算："早饭过后……哈里·怀特进来向我们道别，急匆匆地要离开，但是3位女魔法师……施展魔力让他一直待到了下午4点。""可怜的哈里·火绒盒*，"马尔索写道，"我为他感到遗憾。"他差点没能赶上履行圣职。几周后的周六，他又一次经不住诱惑："周六下午4点……凯恩先生和亨利·怀特先生骑着马到门口来道别，他们决心不进屋，但是很快，亨利·怀特先生就打破了自己的决心，下马进屋唱了3首歌才离开。"

吉尔伯特·怀特在侧厅看到这一切，无奈地露出了慈爱的微笑。他殷勤地（或者说一厢情愿地）和基蒂小姐打赌，认为她不能说服哈里逗留。不消说，怀特输定了，但他要是知道基蒂将他的"协议"，连同"协议"中谨慎的暗示保存在了日记中，大概会很欣慰吧：

> 女士——我会努力尽快偿清我的赌债；但同时，我忍不住要说，赌注不公平。因为很明显，你用一些只有你知道的魔法术，不仅能让应该离开的人留下，还能让那些应该来的人离开。总的来说，我最好做个输家，因为从你手里接受哪怕是一枚大头针，

---

* 火绒盒是旧时取火用的工具，易燃物，这里寓意哈里·怀特容易受到诱惑。

都有危险——我以无数十字架、许多祈祷文和圣母玛利亚立约。[14]

吉尔伯特·怀特

年轻的小伙子们跳舞、唱歌，扮演饱受相思之苦的求爱者，怀特虽然没有这类滑稽举动，但也会用更达观的方式取悦女孩们。大家都表现得很正派，只不过年轻人似乎的确更关注姑娘们的身体特征，比如量她们的影子。7月27日，他们还特别准备了"摩擦起电"，那是一种新近流行的小花招：人站在一张凳子上，凳子腿用橡胶绝缘，摩擦头发直到头发竖起来。

7月19日，星期二，早饭过后，W（吉尔伯特）先生来请我们出去骑马。我们穿戴好后去到他家，但是因为天气变得很差，无法出门。我们在一块儿度过了一个充满欢声笑语的上午。我们都称了体重，看自己值多少钱。我有134磅，哦，真是庞然大物。在所有人都称完体重后，我们回家吃了午餐。下午时分，怀特先生、马尔索先生等过来唱歌、弹琴，我们度过了一个愉快的夜晚。

20日，星期三，马尔索先生给我们讲了讲自然哲学和天文学。我们说服他读了汤姆森《四季》的选段。我们在林中散步，然后回家吃饭。但愿马尔索先生的睿智讲解能启发我。E.M先生[*]和怀特先生在这里喝了茶，之后我们去骑了马。我第一次两人合骑一匹马，我们骑上了塞耳彭公地和纽顿（Newton）的高林，这

---

[*] 即爱德华·马尔索先生。

真是个最令人高兴的夜晚。但愿之后能有好天气。

  21日，星期四。早饭过后，到干草地投掷了一会儿干草，之后去了怀特先生家，坐在凹室愉快地度过了最高兴的一个上午。T.马尔索先生读了汤姆森的诗。下午2点回家吃饭，6点我们又见面了，一起到可爱的隐士屋，在那里坐看种种美妙的风景，之后绕着林子漫步，又回到隐士屋，怀特先生为我们读了一首用南妮（Nanny）的名字写成的藏头诗。巴克小姐和我在塞耳彭公地发现了一块石头，我们将它带到了隐士屋，放在那里，以纪念我们对那地方的喜爱。

  读读汤姆森，投投干草，在隐士屋欣赏风景……真是令人愉快又富有诗意的招待！对于这些时尚的伦敦女孩，塞耳彭这个小插曲让她们有机会过上一阵田园生活，这是一个她们能够体验到的最接近世外桃源的地方了。当假期接近尾声时，对乡村生活的迷恋让他们开始用田园剧中的角色呼唤彼此，偶尔还会装扮成剧中人的样子。基蒂成了达夫妮（Daphne），哈里、内德和巴兹尔分别是斯特雷文*、科里登（Corydon）和科林（Collin）。7月28日，所有人都聚到垂林顶野餐。怀特十分感动，破天荒地将这次野餐记到了《花园日历》中：

  我们20个人在隐士屋喝茶：巴蒂家的姑娘们和马尔索一家

---

* Strephon，16世纪英国大诗人西德尼（Sin Philip Sidney）的田园小说《阿卡狄亚》里的漂亮情人。

唱着歌，打扮成牧羊人和牧羊女的模样，给我们带来了许多欢乐。这是个最优雅的夜晚；参加聚会的所有人都乐在其中。隐士似乎最有收获。[15]

吉尔伯特的日志一向不动感情，这次比平时更避而不谈。他显然精心安排了整场演出，包括那些精美的装束，他还在不久后给基蒂写了一首矛盾的诗，基蒂也仔细收在了自己的日记中：

吉尔伯特，一个好管闲事、运气不佳的乡村青年
必须改变女士的着装
帽子要小巧利落，裙裾要卷起
还有编织着鲜花的发辫。

但是现在，这个粗野的男青年
必定为他的轻率而灰心丧气；
他后悔在表演之前
太早被强烈的感情充斥！[16]

8月3日，巴蒂姐妹启程回伦敦，带着怀特收获的一个最好的哈密瓜，那是送给她们父亲的礼物。"再见了，令人愉快的山谷、迷人的隐士屋、可爱的树桩、美丽的垂林和亲爱的莱斯牧场，"基蒂在最后一篇日记中写道，"演出的最后一幕已经完结，愉快的梦结束了，明天我会醒来，发现自己身在伦敦。"她还带走了一件更私人的礼物，

一首来自哈里的充斥着溢美之词的哀歌（落款是"斯特雷文"），题目是《达夫妮的离去》。诗歌有许多节，其中一节是：

啊！可怜的塞耳彭！
高耸的山丘上，山毛榉波浪起伏，仿若王冠
但要这树荫和山丘又有何用；
它们引以为傲的荣光
现在将永久消退，
山谷将永远被寒冬包围。[17]

姑娘们的离去，也让怀特受到触动，写了哀伤的诗——至少假意哀伤——但他没有直接袒露自己的感受：怀特会小心地躲进诗里，而不是用诗剖白自己。就拿这一次来说，他没有在诗中抒发自己的悲伤，而是写"基蒂向隐士屋下的树桩道别"。哈里则成为塞耳彭那令人悲伤的风景的一部分——尽管更像"陈腐的隐士"，而非"光彩照人的斯特雷文"，基蒂故作痴迷，在"令人愉快的树桩"处流连，于是，怀特将这树桩升华为表达基蒂感情的诗歌核心。

基蒂可能一时间很为哈里着迷，但是即便只有19岁，她也清醒地认识到，这只是假日的浪漫，尤其夏日的田园生活大多数时候都是一个刻意营造的幻象。小伙子们的热情则冷却得慢一些。内德的父亲在10月初时提到，内德觉得"伤透了脑筋"，但这不会造成持久的伤害，"特别是还能在诗中得到排遣：想象的激情没有危险。内德需要这些小挫折；他的一腔热血变得迟缓、黏稠，即便现在有合适的恋情，也不会让他的脉搏加快"。[18] 马尔索凭直觉，或根据怀特的一封信，感到不仅年轻男士受到了影响：

> 这对你来说不太好，除非是出于那个目的；我的朋友，我们已经到了应该更严肃认真的年龄，我们比公开表明的想得更多。我恳求你在这个冬天尽量快乐；在乡村里，如果一整个冬天都沉溺于疯狂着迷的状态，会有损你的健康和精神。[19]

所谓的"目的"，或者"特定计划"——马尔索有许多种说法——是他打算让怀特结婚，他只要稍微找到借口，就会提醒怀特这件事进展缓慢。而这一次，马尔索在提及此事时，似乎更认真了。1763年的秋天很快过去，潮湿的冬天到得早，一切都对怀特很不利。他记录《花园日历》的频率是平常的一半，他给马尔索写的信越发急迫，以至于后者发现，"事情反过来了，似乎你成了那个发牢骚的人，而我被抱怨为差劲的通信者"。托马斯·怀特夫人的死讯，以及越来越发觉怀特情绪忧伤让马尔索夫人伤心落泪。11月，怀特接受朋友的建议，到伦敦度假，住在马尔索家位于拉斯伯恩广场的宅邸。马尔索认为此举很明智："伦敦的些许喧闹、交谈和变化对你来说绝对有必要，如果你打算进一步了解几位巴蒂小姐；应该有好处，而不会造成不好的影响；我认为，打听她们的消息要适度，别吃太饱，也别完全禁食。"[20] 难道怀特去城里，真的是为了找巴蒂姐妹？以吉尔伯特当时的精神状态，这样做并非良方。这些姑娘的年纪是吉尔伯特的一半，她们不知疲倦，显然与怀特不匹配，她们的陪伴只会让怀特更沮丧。

第四章 退隐田园

年底，怀特回到塞耳彭。他没怎么见自己的妹妹，也没有设法改善心情。威克斯异乎寻常地安静，只有新寡的姑母丽贝卡·斯努克陪着他，怀特开始陷入自怜。他向马尔索坦白了很多，并且将自己的处境和马尔索（尽管疾病缠身）一家的人丁兴旺作比较。但马尔索不接受这种有些病态的比较，这一次，他那温和、调侃的玩笑似乎正好是恰当的回应：

> 我不认为你很想任何一位消失在你生命中的特定女性，因为当你说"我还是孑然一身，在生养后代上很无用"时，你没有在"我"之后用那个如影随形的词 Alass——你的整句话有些悲伤的感觉，但没有 Alass 不足以表达一个真正悲伤的人的感受。[21]

马尔索虽然是在取笑怀特，但他估计得很对，怀特之所以沮丧，更可能是因为年纪渐长，以及对最后一次体验到青春飞扬的怀念，而不是因为渴求一段浪漫关系。怀特仍然十分沮丧，当他通过写作来表达时——就像内德那样"在诗中得到排遣"，创作出的诗句最令人印象深刻。《花园日历》中记录狂乱的秋风第一次刮过山毛榉树林后没几天，怀特写了《塞耳彭的垂林，一首冬天的诗。献给巴蒂小姐》，落款时间是 1763 年 11 月 1 日。[22] 这首诗以极痛苦、极夸张的口吻开头，让人想起哈里和托马斯·格雷的哀歌（这些消逝的景象，失落了以往的荣光！/黯然失色的山毛榉，没了春天的绿意），最后一节诗就像在宣告一场化装舞会的结束：

回去吧，愉快的少女，带着你的自由
你天生的幽默感，歌声的魅力；
富于感情的心，不受影响的惬意，
每一分不可名状的优雅，以及每一点令人高兴的能力。

但是，这首诗的核心是有力地再现了被狂风肆虐的垂林：

风吹过树林，发出震耳欲聋的呼吼，
就像海浪拍打着卵石滩头。
当倾盆大雨朝汹涌的急流落入，
能看到撕裂的之字小路从旁侧溢出：
冬天释放它的狂暴；阴沉而缓慢
从东面而来的大雪漫漫；
你能看见积雪压弯大树枝干，
一场洪水，淹没了人类创造的物件。
荒凉、裸露，在这幅野蛮的景象中，
阴冷的隐士屋悬在半空；
它的空间被遗弃，它的宴会被遗忘，
那个散落树叶的小屋，孤独、忧伤！

这首诗强劲、写实，充满天气的变化；无须多言，诗中的孤寂和荒凉既是写风景，也是写作者自己。将人的情感投射到外部自然将成为传统，并且常常被浪漫主义抒情诗滥用。这首诗的不寻常之处，或者在某种程度上的超前之处,在于怀特没有对垂林进行抽象,或者将它变为幻想的阿卡狄亚剧目的舞台。山毛榉小树林,隐士屋,宴会(延伸为居于山林水泽的仙女),都是真实的。它们在冬天时肉眼可见地衰退也是真实的。之字小路被雨水冲毁,整个山丘和峡谷消失在浓雾中,这不仅象征感觉经验转瞬即逝,实际上也在物理上和塞耳彭的夏天游乐场断裂开了。领会到人类和自然界的关联既是事实也是隐喻将成为怀特散文的关键特征之一。

* * *

1763年跨1764年的冬天一直潮湿多风,到了1764年3月中旬,黄瓜长叶了,番红花也长势惊人,怀特的精神状态开始好转一些。在花园里,他很快恢复了充沛的精力,耙出芦笋苗床,种了几行土豆。除此以外,那一周没有多少事情需要做。他还没有找到可以替代在法灵顿做助理牧师的合适职位——有时候,我们很难相信他是真心想找。奥里尔学院在格洛斯特郡的托特沃斯(Tortworth)和威尔特郡的乔尔德顿(Cholderton)都有过职位空缺,怀特都粗略一瞥,便不加考虑了。

老友马尔索从北方寄来一封率真、温暖的信,但仍不能吸引他走出汉普郡的保护。家庭生活的快乐,或许还有不幸,让马尔索变柔和了。1764年,短短一个月时间内,他失去了儿子乔治,又迎来了一个女儿。妻子珍妮几乎一直在生病,两年内3次艰难的分娩让她神经衰弱、疲惫不堪。不过,妻子的陪伴和仍然健在的孩子极大地弥补了马尔索的遗憾。整个1764年到1765年,他一直给吉尔伯特写信描述在桑希尔

（Thornhill）的家庭生活，读来令人动容。他写到格局凌乱的建筑，拉小提琴的古怪男仆，为了致敬怀特而栽种的瓜（"我本希望能见到你，你可以看看它们，捏捏它们，教教我的园丁"），以及他和珍妮困在约克郡的冬天里，勇敢地尝试过好中年生活。两个半斤八两的病弱之人相伴在炉边，"轮流戴上眼镜，为对方读书"。

马尔索一再恳请怀特前去与他们分享家庭的快乐。1764 年春，以及 1765 年、1766 年，他都为怀特的北上旅行拟定了详细计划，讨论住宿安排（"楼下有一间客房，留给真正的朋友"——或者在必要时放着种瓜的冷床），梦想一起去探险。马尔索的慷慨大方和热切期望很有感染力，而一年年过去，怀特都不回应——是没去成，而不是拒绝去——就显得有些小家子气了。甚至是能和已经守寡的赫奇·莎蓬同乘马车北上约克郡也没能打动怀特。怀特的躲闪推诿倒不是什么大问题，似乎也没有太损害两人的友谊（马尔索某一次邀请怀特时在结尾说"我觉得你待我不够好，但是，亲爱的吉尔，我照例是你不变的贴心朋友"，怀特则在一次拖延的回复中，以"亲爱的先生"开头）。

怀特没能拜访他最亲密的老朋友，背后的原因也许可以揭示，他开始如何看待自己的未来。他总会有各种各样的借口不踏上旅程。或许一想到会被当面说"许多物种都为能够成为父母而满足"，他就感到窘迫。怀特也惧怕长途跋涉——路上至少要花 4 天时间——和与之相伴的晕车。但是怀特从来没有把这些当作待在家的理由。相反，他找的借口听起来都很没有说服力：他不能放下日常工作，必须监督一些"音乐上的事"，威克斯有未完成的修建工程。马尔索的信反映出，这时候的怀特出于习惯或选择，开始将自己现有的生活视为安全可靠

第四章　退隐田园

的避风港,牢牢抓住不放。

1765年6月,马尔索已经能够敏锐地察觉怀特用散文透露出的感受,他得出结论:尽管多年来他一直在催促怀特结婚,但怀特结婚的可能性在迅速减小,理由是怀特对发生在塞耳彭的一个悲剧——一个男孩被杀害——的反应:

> 无论如何,这件事似乎终结了你对婚姻的思考,坚定了你保持单身的决心。因为你接下来说的话表明,你搭着梯子观察到,婚姻也有一堆烦心事:就好像你写完了一篇讨论单身好处的论文。[23]

* * *

那一年晚些时候,怀特开始严肃对待植物学。他兴致勃勃地投入到这一新的、有趣的、乐观积极的消遣中,从《花园日历》还可以看出,他越来越对植物如何应对英格兰严酷的天气感兴趣:1765年遇到了各种极端天气条件。2月有严重的霜冻,2月28日,塞耳彭经历了有史以来最大的暴风雪:"风太强,雪太大,一天之中,只有不超过两个小时的时间可以不盖上温床。"之后,天气短暂地有所缓和,《花园日历》又只用了一句简洁明了的话就捕捉到了一整天的感受。"3月4日,一场严霜,一整天光照都很强。蜜蜂围绕着雪堆中的番红花辛勤地劳作。"整个3月的其他时间以及4月都是狂风、洪涝和暴雨。哈密瓜病恹恹的,油桃长得细瘦孱弱。5月和6月是持续不断的干旱。到了7月中旬,已经有整整10周没下过雨了。"野草都死光了"，怀特一边记笔记，一边望向詹姆斯·奈特被烘烤过的耕地，"土地粗糙得就像劲风掠过的海面"。7月6日，吉尔伯特从法依菲尔德的弟弟家回来，骑马穿过安多弗（Andovor）和奥尔斯福德（Alresford）之间的开阔山丘，他惊奇地看到，尽管干旱肆虐，这片丘陵地仍然绿意盎然，这多半得益于一种植物——小地榆。土壤越贫瘠，白垩土含量越多，小地榆越常见；绵羊越是啃食（绵羊很爱吃），小地榆就长得越是浓密。

怀特对这种植物印象很好，它"生命力十分顽强"，在那天的日志中，他用长长的篇幅记录了小地榆，这也是他第一次记录野生植物，说明他的兴趣正在扩展。一个多月后，他将《花园日历》更名为《自1765年8月9日以来的植物及花园日历》（*A Calendar of Flora, & Garden, from August 9th 1765*），到了8月末，花园已经退居次要地位。他会去林地和灌木篱墙中搜索新的植物，顺便看看在夏末的极端天气下丰收的植物，以及一窝窝圣马丁鸟和松鸡。尽管约翰·希尔的《植物志》（*Herbal*）有英文版，怀特1765年买了一本，但他没有任何类似现在的指导手册可用。多数时候，他都要依靠艰涩的拉丁文分类学书籍，比如约翰·雷（John Ray）的《不列颠植物纲要》（*Synopsis Methodica Stirpium Britannicarum*）和威廉·赫德森（William Hudson）的《英格兰植物志》（*Flora Anglica*）[24]，这也是在1765年购入的。他渐渐在赫德森的书中标出了439个物种，都是他在塞耳彭教区发现的。作为一个初学者，还是在植物开花季节的末尾，吉尔伯特第一年秋天的观察发现真的很了不起了。邻近彼得斯菲尔德（Petersfield）的惠塔姆山（Wheatham hill），他在白垩质的

第四章　退隐田园

陡峭斜坡上发现了"硕果累累"的颠茄（deadly nightshade）；在垂林，鹿食草长出了嫩叶；"在沃默尔森林中，宾湖的泥沼中"长着茅膏菜（sundew）。植物不像其他生物会移动，所以可以准确定位。接下来几个月，怀特的《日历》描绘了一幅生动的 18 世纪塞耳彭植物分布图——可以看出，怀特对教区的每个角落、每条缝隙是多么熟悉。10 月 30 日，他"在非常贴近我的莴苣根部的位置"发现了戟叶凯氏草（sharp-leaved fluellen），第二天，"你一走上小路，在你走到九亩巷（nine-acre-lane）之前，右手边，凹陷小路的最阴暗处，岩石之下"生长着一种生菜（wall lettuce），欧洲鳞毛蕨和厚叶铁角蕨（male and hart's-tongue fern）。（今天在同样的地方仍能看到。）

凹陷小路是怀特最喜欢搜寻的区域。这些小路是穿过村子和去往村外的唯一道路，所以他几乎每天都至少要走一条。多年来，他反复提及这些小路，从中你会感觉到一种特殊的魔力。也许是因为它们结合了"奇异、野性的外表"和封闭、亲切的感觉，结合了村庄的隐秘和欢乐。小路和野花共同造就了一种恒久的地理形态，成为这个教区的特征之一。在 11 月中旬猛烈的霜冻中，怀特"在诺顿园（Nortonyard）通向佛伦奇湖（French-meer）的大门外的小路上"发现了水龙骨（polypody）和红籽鸢尾（gladdon，一种味道难闻的花）。他认为红籽鸢尾"多半是从花园里扔出来的，之前在树篱的另一边"。和发现其他更有趣的东西时一样，他将红籽鸢尾的种子带了回去，让它在自己的花园里安全生长。

怀特的植物学研究不限于自己生活的这片熟悉的教区，他去探访亲友居住的地区也总是充满好奇和自信。9 月下旬，在萨塞克斯的灵默，姑母家附近的海边，怀特发现了茴芹叶蔷薇（burnet rose）[*]，并且只通过叶子就认出来了。10月，在去牛津的途中，他从斯特雷特利（Streatley）开始沿泰晤士河步行了5英里，到了沃灵福德（Wallingford），沿途看到了紫草科植物（comfrey）、黄莲花（yellow loosestrife）、千屈菜（purple loosestrife）。

1766年，怀特完全沉浸在植物学研究中，并为此单独记了一本日记。在笔记本的扉页，他写下了题目和内容描述："1766年的塞耳彭植物，以及候鸟的来去、昆虫和爬行动物。"[25] 这本日记中的条目只不过是一些资料和名字，但仅仅12个月记录的量就已经很大了，说明怀特非常勤勉地查阅了参考书。他已经能够熟练地鉴别未开花的植物了，只有偶尔才会弄错，就像他在3月8日写道："我怀疑我发现了还只有基生叶的五福花。"之后他又补充："这是变豆菜（sanicle）。"有一两处记录值得我们注意。4月16日，奥尔顿的石头小路上有开着花的绿苋葵（至今仍是教区仅有的两丛之一）。7月7日，马尔索的哥哥托马斯在之字小路附近发现了珍稀的黄色小鸟的巢穴，很是热闹："有三四个窝筑在一起，所有写作者都会觉得这很不寻常。"但最惹人注意的要数怀特兴致勃勃地用方言记录的本地植物名称，这些能唤起人记忆的名字，现在许多已经被弃用：wild Williams（剪秋罗，ragged robin）、prim（女贞，privet）、dwale（颠茄）、cammock（芒柄花，restharrow）；arsmart（蓼属，persicaria）。7月1日，怀特还见到了鬼笔，他的关注点是该植物的拉丁名，尽管

---

[*] *Rosa pimpinellifolia*。

第四章　退隐田园

记录得有些含糊："莱斯出现了 Stinkhorns，或者 stinking morel，fungus phalloides*，非常难闻。出于某种原因，林奈称之为 *Phallus impudicus***。"

怀特显然已经和马尔索讨论过这种奇怪的植物了，但不是十分严肃的讨论，因为这引得马尔索在 4 月写出了最好的俏皮话之一（很可能是打算写成双关语）：

> 现在草木生长繁茂，我猜你非常专注于你的新研究：若我们强迫你抬头看***，你也许会不愿意看比眼前更差的风景，因为我推测，夏天大多数时候你都将紧盯大地。你会传达给村人，就像一个总在布道的人，只不过你只关心一株野草。感谢你关于溃烂（canker）或恶臭（Stink pot）的学术论文。我知道，通常来说，一切肉体都是草，但我之前不知道草还能是肉体。[26]

1767 年夏天，马尔索获得牛津郡惠特尼的牧师职位，回到了南方。现在，怀特从塞耳彭骑马就可以到马尔索那去了，他 10 月去拜访了马尔索。怀特少有地在日志中提到了约翰·马尔索的名字，也许是因为马尔索住的地方刚巧是中部地区一种最优质植物的栖息地，这种植物即德国水苏（downy woundwort，现在是 *Stachys germanica*）。

---

* 三个都是鬼笔的名字。
** "*Phallus*" 有阴茎的意思，鬼笔外形似阴茎。
*** 原文 "look up" 也有拜访的意思，根据上文推测，他这是再次暗示邀请怀特去他那里。

10月20日：去好友约翰·马尔索先生家拜访，他现在是惠特尼的教区长，我特地骑马出去寻找德国水苏（base horehound），即雷所说的 *Stachys fuchsii*。那位绅士提到，这种植物生长在惠特尼公园附近。我只在墙脚找到一株，不过在更远一点的地方，通往伯福德（Burford）的收税关卡附近，一堵墙西侧墙脚的树篱中*，德国水苏长得非常茂盛……植株仍开着花，还有大量种子，我采集了许多带走，去播种在环绕塞耳彭村庄的干燥河岸。[27]

---

* 这个关卡所在的道路是南北向的，明斯特洛维尔在关卡东侧，按照原书说法，是与明斯特洛维尔相反方向的墙脚，在此直接译作西侧。

第五章　写信人

1767年7月，马尔索写信告诉怀特，格洛斯特郡克罗姆霍尔（Cromhal）的教区长去世，空出来的职位属于奥里尔学院。他真诚地希望怀特能申请。这既可以促使怀特拜访惠特尼（"你去克罗姆霍尔正好会路过我这里"），还很可能是怀特最后的机会了：

> 这恐怕不是奥里尔学院最好的牧师职位，但是从我上一次与你的交谈来看，你倾向于牢牢抓住第一个掉下来的东西，并且总在职位申请失败之前主动放弃。[1]

马尔索对怀特没去成约克郡记忆犹新，因此建议怀特一有机会就任命一个助理牧师。"自己做助理牧师会被绊住手脚"，"对于一个天生爱探究，喜欢经常看不同的风景、到各地搜寻珍宝的人来说，这是很讨厌的"[2]。马尔索非常清楚，怀特被困在塞耳彭并非完全出于他的本意，对他来说也绝不是什么好事，而是个人情感、境遇和习惯等错综复杂的原因交织在一起的结果。"我应该将你从休息状态唤醒，"

他写道，"在那样的状态里，你的感情过多地放在你自身，疏远了朋友们。"³

不出所料，怀特没有真的努力去争取克罗姆霍尔的职位。几年之后，当这一职位再次空缺时，他说那里"环境太差了，我想我最好应该怎么做是显而易见的……没有谷仓；我相信也没有马厩；房屋破败；过去多年，教区所有的事务都掌管在一个律师手中"⁴。但是这一次，发生了一些事，会让怀特未来在塞耳彭的生活不那么孤独和漫无目的。1767年4月18日，怀特启程去伦敦待了很长一段时间，看望弟弟本杰明和托马斯。随后的两个月里，他在某个时间认识了托马斯·彭南特，后者是杰出的旅行家、作者、英国皇家学会会员，将成为《塞耳彭博物志》的通信者之一。

我们不是很清楚这段友谊是如何开始的。我们甚至不确定他们是否见过面，因为怀特后来不止一次地在信中提到，"经过这么多年的大量通信，要是能面对面地聊一聊"，该有多愉快。不过，彭南特对怀特早有耳闻，知道他是一个有本事又可靠的博物学家，还向他提议分享和讨论各自的发现。介绍他们认识的中间人几乎可以肯定是本杰明·怀特。本在弗利特街（Fleet Street）开了一间书店，叫"贺拉斯*的头脑"（at Horace's Head），作家、科学家很喜欢在这里聚，此外，他那时刚刚成为彭南特的出版商。他很可能向彭南特提到了哥哥吉尔伯特·怀特在塞耳彭的研究，就算本没有在书店亲自介绍他们认识，也一定做足了铺垫，让他们能顺利通信。

---

* 昆图斯·贺拉斯·弗拉库斯，罗马帝国奥古斯都统治时期的著名诗人、批评家、翻译家。

能有这样的机会，怀特当然既高兴又兴奋。回到塞耳彭没几个月，他就写了一封漫无边际的长信给彭南特，即后来《塞耳彭博物志》的第 10 封信。在未经修改的原始信件中，有着压抑已久的热情所包含的全部能量。信中谈到了燕子冬眠的可能性，鸣禽的歌声，塞耳彭有多少种水鼠，以及被人发现钉在谷仓一端的隼的品种，怀特立刻将信寄给了彭南特。信件是以几乎带着谄媚语调的感激开始的：

> 阁下——春天，我在城里时，承蒙好意，您竟对我微不足道的自然观察予以关注和帮助，您在之后写给吾弟的信中又多次提到我，使我能鼓起勇气跟您通信：尽管书信的内容空洞，没什么值得您留意的信息，但是能与像您这样在这一研究领域卓尔不凡的绅士交流想法，这不免让我感到心满意足、获益匪浅。[5]

彭南特究竟何许人，能让怀特如此敬畏，还写出一封唠唠叨叨的信（放到现在看，这封信委实散漫）？他当然是个绅士，出生于弗林特郡（Flintshire）唐宁（Downing）一个富裕的地主家庭。尽管现在看来，怀特的恭维似乎有些过头，但彭南特当时的确已经在自然科学领域小有名气。1767 年 2 月，时年 41 岁的彭南特当选英国皇家学会会员，并在前一年完成了《不列颠动物志》（*British Zoology*）的初版，这是一本关于哺乳动物和鸟类的百科全书。初版不是很成功，本杰明提出再版该书，他和怀特这才有了交集。彭南特也是位坚忍不拔、思想开明的旅行者，他那多姿多彩的《旅行》（*Tours*）系列是当时的畅销书。萨缪尔·约翰逊认为彭南特是"自己读到过的最棒的旅行作者"。不过，他在田野工作上没什么天分，也不具备怀特的批判精神。他本质上是个聪明的商人，通过普及和汇编其他人的观察和观点，最终出产了大量可读性很强的指南。"我的出版物之多样，连我自己都感到吃惊。"他在一本简短的自传《托马斯·彭南特的写作生涯》（*The Literary Life of Thomas Pennant*）中感叹道。[6]彭南特爱出风头，言过其实，依赖二手消息，有时近乎剽窃，这败坏了他的声誉。[7]他显然不是最谦逊的人，也高估了自己作为一个博物学家的能力。但在出书上，他倒向来是个创新者，理应受到赞扬。比如（由此可见他的一贯做法），在《苏格兰旅行》（*A Tour of Scotland*）的附录中，他已经在提议写一本类似怀特后来所写的书。这本书采取调查地理、河流、鸟类、家畜、空气、天气、回声等的形式，致

> 大不列颠北部的绅士和神职人员，请尊重各自教区的古文物和博物学……相比一个短暂来访的陌生人，我认为更要激发他们对自己所在的村庄进行更完整、更令人满意的描述，造福于世界……一些教区有望出现天才人物，用人们十分渴求的地方志（local histories）造福公众。[8]

广泛使用大量田野观察者（包括一些名人，比如约瑟夫·班克斯爵士和英国皇家学会的其他同事）的原始报道，与出版物的文摘进行混编，即便罗伯特·普洛特已经小规模地尝试过类似方案，这种做法仍然十分新奇。[9]彭南特处理起参考资料和致谢部分十分谨慎，放到现在，他将材料组织成书的方式也完全恰当。虽然这些书缺乏怀特文

字中的切身感受和洞见，却非常容易理解，也顺应了当时流行的博物学报道，在18世纪60年代，这类报道至少撑起了6本大众期刊。[10]

彭南特正准备出新版《大不列颠动物志》，需要召集尽可能多的帮手和信息提供者。据他后来吐露，他当然很高兴遇到一个像怀特这样有独创性的观察者，尤其是这位观察者还住在"最南部的郡"。说这是一种欺骗行为、是自私的利用，对彭南特不太公平；但是，把这想象成纯粹的友谊，或者不掺杂个人利益的科研同道者之间的交往，同样不公正。

站在怀特的角度，他不会不知道彭南特要从他那里获得什么。他的开场白如此恭敬，仅仅是礼貌地接纳二人的关系，一旦建立稳定的通信，怀特将会变得尖刻很多。第一封通信更关键的地方在于，怀特如何接着说明他希望与彭南特的友谊能够满足他的什么需求：

> 我不幸从没遇到过追求自然知识的邻居；所以，虽然我在从小就有所涉猎的一类知识上小有进展，但因为缺乏督促我更加勤勉、更集中注意力的同伴，我的进展很有限。[11]

简而言之，怀特由衷地欢迎这样的安排*，认为这可能会激发他的观察和思考。在这方面，他持有对学术通信价值的常见看法，因为当时像他那样相对孤立的情况不少。所有的长途旅行都既缓慢又艰苦。几乎没什么学术团体。对于知识界而言，通信起到的作用与今天的学

---

* 即成为彭南特的观察者。

术会议和期刊相同。这也可以在一定程度上解释，为什么从一开始，怀特就对这些信件另眼相待，制作并保留了副本。

他们在那一年的通信涵盖了许多不同的主题。有一个段落以"我忘了提及……"开始，体现出他们通信的风格是闲聊、讲逸闻趣事。怀特谈到在当地溪流中发现的鱼；野生果树歉收；还有前一年的秋天，他享受一只温顺蝙蝠的陪伴，它会从他的手中取走苍蝇。他顺便第一次在出版物中描述了禾鼠（harvest mouse）——尽管代价是年轻的禾鼠一家（禾鼠的巢"浑圆，大小差不多和一颗板球相当"）被他从小麦田中一窝端走。

早期的书信大多写的是以前发生的事，可以看出怀特不仅记忆力很强，还很可能保存着田野手记和简短笔记。无须提醒他就能记起自己驯养的猫头鹰的食性，或者在夏天，两只戴胜鸟"总是庄严地行进，边走边觅食"，为威克斯花园平添魅力。他曾在牛津基督教堂的方形中庭看到一只白腹毛脚燕飞来飞去，那时已进入一年中的较晚时节，但要记住那天的准确日期（11月20日）可不那么容易。

为了处理当下从事的工作，怀特需要更长久、更有条理的方法来保存记录。恰巧在这时，有了一种解决办法。快到1767年年底时，他得到了一套被称作《博物学家日志》的印刷表格，本杰明·怀特出版，由"发明者"戴恩斯·巴林顿（Daines Barrington）寄来——巴林顿也是一位杰出的博物学家，彭南特通信网络的一员。《博物学家日志》每一页的表格预备用作一周的记录，横向上按天分隔，纵向上分为10栏，用于记录风、天气、首次开花的植物和其他细节。最后一栏较宽，用于记录各种各样（不能归到前几项）的其他观察。

第五章 写信人　　　　　　　　　　　　　　　　　　　　　　　115

巴林顿每一套《博物学家日志》的附注中给出了表格填写建议。比如，最后的其他观察一栏：

> 根据对动物、植物或温度计的观察预测天气，之后和表格中的天气一栏对比，由此推出这些预测的可靠程度……每天还有许多其他情况出现在观察者眼前，一旦他养成留心观察的习惯，全国境内不同区域又都有这样的日志，一本综合性的大不列颠博物志所需要的上佳的、准确的材料，也许就指日可待了，并且也有益于农业上的改善和发现。[12]

巴林顿将系统化地记录——运气好的话，破译——自然看作18世纪让世界有序化的伟大努力的一部分，他给出的示例也印证了这一点："上周，20只绵羊。""用一种植物治好了威廉的疟疾。""发现一只有气无力的燕子……在海岸悬崖边。"

18世纪时，专门的日记并不罕见，但是很少有设计得这样精细的。怀特的弟弟哈里有一本日记，记录了农场和住所周围的情况。妹夫托马斯·巴克从18世纪30年代起就开始在拉特兰郡规律地做自然笔记。诗人托马斯·格雷和怀特在同一年开始使用巴林顿的印刷日志表。正如巴林顿在前言里坦承，博物学家日志并不是他的创意（尽管原创不是便利的印刷品），他是受本杰明·斯蒂林弗利特（Benjamin Stillingfleet）的《小册子》（*Tracts*）中的植物日历启发[13]，后者又是在模仿瑞典博物学家亚历山大·贝耶（Alexander Berger）的《日历》（*Calendar*，1755）。最初，怀特似乎并不认为他的新日志和这些记录有所不同，也不认为比普通的笔记特别。每一天，他都孜孜不倦地记录天气（这个习惯一直保持到他去世那周），并且严格遵循（日志表中）标记的栏目，简明扼要地记录候鸟的出现和鲜花的开放。至于原来《花园日历》中的花园笔记，现在被压缩到了"其他各种观察"一栏。除此之外，没有任何多余的内容，如果把这本日志拿给外人阅读，读者完全不要期待其中有说明性文字。有时候，怀特的评价是靠标点符号表达的："*Hirundo domestica*！！！"看看1768年4月13日的这条记录，用拉丁文也掩盖不了第一只燕子到来带给怀特的喜悦。有时候，怀特精心挑选的细节让《博物学家日志》成为怀特世界观的精髓所在：

5月1日：倾盆大雨……小麦开始看起来有点病恹恹的。
8月10日：成群结队的白色蝴蝶聚集在泥坑里。
9月15日：下了一整天的雨。疙疙瘩瘩的黑色水蜥（water-eft），尾部有鳍，腹部呈黄色，在水井吊桶里被拽了上来。

这些早期的条目可以勾勒出一幅画面，展现怀特的田野工作是如何融入他的日常事务的。许多观察是在威克斯的花园或者"哈哈"另一侧的公园进行的。有的则是他例行骑马去法灵顿工作时的收获。乌鸦在两地间飞行的距离只有两英里，但要穿过曲折的凹陷小路，在陆地上跋涉，总的行程要翻倍。从怀特的一些记录——比如白腹鹞（marsh harrier）在沃默尔皇家猎场中筑巢——来看，他似乎也会为了做调查特意外出。他会在村庄近旁行走，但更偏爱骑马远行。他很可能带着

第五章 写信人

一个笔记本，或许还有一杆猎枪，但大多数时候，花园之外的鸟都由别人为他"捕获"，而不是他自己"捕获"的。无论什么天气，怀特都会外出，还经常在晚上出去。1769年6月3日，他"看到金星落入太阳的圆盘中[*]。太阳正在落山，所以太阳表面的斑点用肉眼看也很明显。夜莺在歌唱；林鸮（wood-owl）在鸣叫；短耳鸮（fern-owl）发出啁啾声"。每一天，怀特都用墨水笔写下日志，或许就在威克斯的书房中写，从那里可以越过花园，看向影影绰绰的垂林。

乍一看，怀特的日志整齐、自成体系。但其显著的特点之一却是收集的信息芜杂。以科学的标准来看，这些记录随意到了异想天开的地步。除了天气和燕科动物的活动这两列表格，吉尔伯特对地点、物种的记录一点也不缜密，也不规律。若他一时对什么——比如寄生虫、霉菌或有害烟雾——感到好奇，可能一周左右都是相关条目，之后又逐渐减少。许多问题被提出来，许多暗示被给出来，但至少在日志中都没有继续跟进。无论《博物学家日志》属于哪类记录，它都不是一个系统的研究者的记录，也不是单纯的教区记录。例如，1769年——不是什么特别的年份——怀特有14周的时间不在塞耳彭，日志条目大都是关于他休息时常去的几个地方，法依菲尔德、灵默、伦敦和牛津郡。很多旅行中他都带着日志本，但有时候，在他外出期间，日志的字迹会有所不同（他偶尔会将日志留在塞耳彭，由仆人托马斯代为记录天气情况）。《塞耳彭博物志》中一些著名的逸闻趣事，即使发生的时间和记录《博物学家日志》的时间有重合，也完全没有在日志

---

[*] 这里指1769年发生的金星凌日现象。

中提及。例如，1768年的米迦勒节，他前往古德伍德（Goodwood）查看一只死去很久且开始腐烂的驼鹿，而他一直到18个月后，才在给彭南特的信中提到这件事："胫骨出奇地长，所以它的前后腿都显得很长，但我急着远离恶臭的气味，忘了测量胫骨关节的确切长度。"[14]这是整本书中最具黑色幽默的桥段。怀特要么对这件事记忆犹新，无须记录，要么就是记在了别处，总之没有记在日志中。

怀特偶尔也会因为肩负的责任，感到心力交瘁。对于自己是否有足够的能力和坚定的信念将这项严谨的研究进行下去，这时的他还没有信心。随着1768年一天天地过去，他越来越渴望有人陪伴，得到肯定。3月30日，他邀请彭南特来塞耳彭，并且可以的话，希望后者能请约瑟夫·班克斯同来。信函原件的末尾写道："如果他（班克斯）能赏光来我这里，他会知道，我熟悉自己村庄的许多奇异植物。我也请求您代我问候和感谢巴林顿先生，谢谢他送我日志本，这个礼物再合适不过了，我现在每天都在填写。"[15]彭南特没能应邀前去，4月18日，怀特再次发出邀约。"在这个美好的季节，我仍然满心希望见到您，"他写道，"这时候，每一道树篱，每一片田野，都能够满足好奇的人。"几天之后，他直接写信给班克斯，后者不久就将跟随库克船长做环球航行。怀特不辞辛苦地手抄了一份这封信的副本，自己收留，但信里无非是哀叹自己将单枪匹马地工作数月，并没有什么实质性的内容：

> 我非常希望各位先生能赏光在这个春天前来陪伴我；但是现在看来，除非基督圣体学院（C. C. C., Corpus Christi College）

的斯金纳先生（Mr. Skinner）碰巧能来（他半是答应了），否则我又必须独自苦干，没什么书，也没什么人可以与我交流我的疑惑和发现。[16]

5月，轮到怀特邀请马尔索了，但马尔索也拒绝了。他温和地向怀特指出，今时不同往日，他们已经不像原来那样无拘无束了：

没人比你更擅长做东邀请一大帮朋友，但是你还不知道，要管理一个有仆人、有孩子的家庭有多难，丢下他们不管又有多难。[17]

马尔索的回复似乎意味着他将"永不可能"到访，怀特为此倍感沮丧。马尔索向他保证，阻碍是暂时的，但他再次回到他觉得怀特不安的原因：

你本来就想住在塞耳彭，怎么又担心获得一个不要求你常驻当地的牧师职位呢？这是你一向喜欢的悖论之一。[18]

马尔索再次提起这个敏感话题，是因为乔尔德顿——还有一处是伯克郡的阿夫顿内韦尔（Ufton Nervet）——又有了职位空缺，而怀特又没申请。此时的怀特似乎已经限制了自己的活动范围。他极不情愿冒险越过边界，不愿意改变他与该范围内各个地方建立起来的关系。比如，他很乐意一连几个星期待在伦敦，除了5月1日那天从村里送来了"12根很好的黄瓜",他没再提到过塞耳彭的生活。但是,当彭南特邀请他去200英里之外的弗林特郡时,就像有人提议他去南太平洋(South Seas)远征似的,怀特明确拒绝了,这不禁让人想起他曾数次推诿,不去约克郡拜访马尔索。1769年初,彭南特再次邀请他,这一次,吉尔伯特意识到需要解释得更详细一些:

> 我向您保证,放眼全国,没有谁能比您更让我满心欢喜地去拜访了,希望您不要以为我这么说是在奉承……况且,您那里的新奇事物不会对我没有吸引力;在不列颠岛上,比什鲁斯伯里更偏西北的部分是我所不了解的。您的进展,您那里的矿藏、化石、植物、海滨、鸟类,对我来说,都是最好的款待。但我怎能得到这些快乐和乐趣呢?我的时间和身体都不允许我做长途旅行。即便我有时间,恐怕离彻斯特(Chester)还很远,可怕的晕车症就已经打败我了。我知道,对于走遍整个欧洲的您来说,我的这些困难只会让您笑话;但是对我来说,着实可怖。所以,如果人不能走向山,我希望山(因为友谊会有奇效)能走向人:我多么希望能说动您来伦敦和我见面,若您能给我一个在塞耳彭恭候大驾的机会,我会更高兴。[19]

尽管怀特的晕车显然不是好笑之事(除了马尔索偶尔会笑他),但很难从表面上判断这一解释。因为仅仅15年前,他还能咬紧牙关踏上同样远的旅途,而当时的目的地远没有现在这个吸引人。他的晕车变严重,部分是心理作用吗?这是一种让他待在熟悉的安全区的心理机制吗?毫不夸张地说,怀特就像被塞耳彭奴役了,想到要离开塞耳彭——被置于"他所熟悉的一切之外"——会让他像无家可归的蟋蟀那样充满不安。不过,也许他已经开始接受和明白,一定程度的限制是他工作的前提。就像罗纳德·布莱思(Ronald Blythe)描述所有伟大的"本土"作家时所说:"当被熟悉感包围时,他们对自然和人文景观的感受会更深刻。"[20]

从怀特给彭南特的两封真情流露的信可以看出,他与各个地方的关系在很大程度上成为他感情和精神生活的重要特征,他的日益胆怯和高度敏感相互平衡。第一封信的落款日期是1768年10月,没有收入《塞耳彭博物志》:

几周前,我在报纸上读到一段话,给我一种奇怪的感觉,是那种快乐与痛苦混杂的感觉。那段话是这样的:"8月6日,在索兰德博士(Dr. Solander)、格林先生(Mr. Green)等人的陪同下,约瑟夫·班克斯先生动身出发,前去登上库克船长的'奋进'号,驶向南太平洋。"

当我想到这位积极进取的先生的年轻和富足,再看到他对危险无所畏惧,对自己最喜欢的研究充满热忱,我就满怀惊讶,这是他突出的性格特点。然而,虽然我很钦佩他的决心——这决心让他不屑于向困难屈服——但我不能不为他的个人安危感到担忧。即便从小就习惯航海生活的人,环球航行也会对他的身体健康造成极大冲击;更何况是一个一直生活在陆地上的人!……如果他活了下来，我们该会多么高兴地细细品读他的日志，他记录的动物和植物！如果他在途中倒下，我会尊重他的勇气，尊重他对纵欲享受的蔑视，但我会一直为他感到惋惜，尽管我近来才得知他的价值，与他私交尚浅。[21]

怀特的上述反应，在情感上、性质上都与他对另一些长途旅行者的反应形成对照。1769年2月，他在写给彭南特的一封信中回忆了班克斯启程远航的那个秋天：

去年秋天的一个早晨，我如往常一样起床，看到燕子和圣马丁鸟聚集在附近村舍的烟囱和茅草屋顶，不禁一阵窃喜，又混杂着些许懊丧：高兴的是，我观察到这些小可怜是多么热情和准时地遵从强烈的迁徙冲动，或者说躲藏冲动，这是伟大的造物主留在它们脑中的印记；懊丧的是，当我想到，经过苦苦探寻，我们仍然不确定，这些鸟儿究竟迁徙到了什么地方；更令人困窘的是，我们发现有些鸟儿压根儿没有迁徙。[22]

1768年，彭南特的《不列颠动物志》第二版发行。书中部分材料由怀特提供，尤其是关于白腹毛脚燕和雨燕的内容。彭南特在书中向他致谢，对此，怀特显然很感激，这也给了他信心指出彭南特的一些错误。彭南特"在关于高脚类的一些鸟上……犯了几处错误"。怀特的批评客气、准确而坚定：

第 247 页，写欧夜鹰（Goatsucker*）的文章中的一段文字，我不认同，还请您见谅，我一直认为它有问题。这段文字是这样的："欧夜鹰只有在飞行时才发出声音，我们猜想，这是因为欧夜鹰在飞行途中张大嘴巴获取猎物时，空气灌入口腔和喉咙发出的声音。"在我看来，这里的第一句描述就有错，如果事实证明如此，后面的推测也就不成立了。[23]

怀特的科学标准很实用：不看抽象论证或受控实验的结果，而是看在现实中的证据，即反复出现的关联模式。他通过留心观察鸟类在何种情况下会鸣叫，已经有了一些新发现。他注意到，飞行中的沙锥总会在下降时发出低哼声，他倾向于认为，这根本不是沙锥在鸣叫，而是羽毛振动发出的声音。他曾经听到"鸟喙啄枯枝"的咔哒声，一下一声，每一声都突然而干脆，他循声查出了是什么鸟（结果是一只鸦）。根据鸟类鸣叫的时机，他甚至推出了一个重要的、相对较新的"鸟类学准则：只要鸟类在孵蛋，就会有歌声"。

至于欧夜鹰，怀特找到了令人吃惊的直接证据，证明它们不止在飞行时歌唱。一天晚上，他正和一群朋友待在垂林顶上的隐士屋里，这时，一只欧夜鹰飞来停在了屋顶上。它开始颤鸣，同伴们"全都很想知道，究竟是这个小家伙的什么器官在运转，能让人感到整个屋子都在震动！"[24] 怀特确信，欧夜鹰是通过气管发出音符，"就像猫咕噜叫一样"。

---

* 欧夜鹰的别名，英文直译为"吸羊奶者"，因民间传说欧夜鹰有吮吸羊奶的习性。

怀特只能依靠"仔细观察"来查明这些事实,这就意味着,他不仅要近距离观察,还要在小范围内精研。这两点在当时都很新奇,他认为,彭南特之所以出那么多错,一个原因就是他的田野调查风格几乎完全与此相反。但是,涉及这类总体评论时,怀特总是很委婉。"我的这点才智,将我的观察限制在了家乡的小范围内。"他在1770年2月22日写道。同年9月:

> 我认为,专题论文作者,无论来自哪里,完全有理由得到博物学爱好者的尊重和认可。因为没有人可以独立调查自然界的所有事物,或许,相比于大而全的作者,这些专题作者在各自领域的观察发现会更准确,错误也更少。[25]

彭南特很有气度地接受了批评,这让怀特很感动,反过来,当彭南特——很快就偶然地发现了怀特思想上的"阿喀琉斯之踵"——指出,他对环颈鸫迁徙的论证太草率时,怀特同样虚心接受。"您提的问题很尖锐,"怀特承认,"您问我是怎么知道它们在秋天是往南迁徙的。若非坦率、开放是博物学的生命,我会忽略这个问题,就像那些狡黠的评论者面对一篇晦涩难懂的古典文献时那样。但基本的诚实迫使我羞愧地承认,我只是通过类比推断出它们是往南迁徙的。"[26]他可以确定的是,那些在秋天迁徙来的鸟类,大多数来自北方,因为这里的冬天更暖和,由此他假定,环颈鸫也会去更暖和的地方。他坦承,因为永远不可能目睹真正的鸟类迁徙,他才动用了这种不太可靠的思考方式。

第五章 写信人

这些信中的语气欢快友好，反映出怀特的生活总体上有了起色。8月，两个牛津大学的朋友来塞耳彭待了两个星期，他们是基督圣体学院的理查德·斯金纳（Richard Skinner）和伍斯特学院的威廉·谢菲尔德（William Sheffield，不久后成为牛津大学阿什莫林博物馆的管理员）。他们的到访让怀特激动坏了，因为他们是"目前我有幸在家中接待的仅有的博物学家"。他写信给彭南特，谈起他们的到访，回忆起和两位学者一道外出时自己是多么兴奋，因为他们似乎能辨认出遇到的所有生物。（那些生物并不总是很走运，怀特描述了谢菲尔德如何"走进沃尔默皇家猎场，为我捕获了一只白腰草鹬"。）[27]

9月，彭南特提出可能专门为博物学发行一本新期刊。怀特因为有家人在出版行业，所以感到非常吃惊，鉴于目前大众的阅读兴趣是八卦丑闻和政治争论，他恳请彭南特放弃这件事，他担心再出一本自然科学领域的新专刊，很难吸引到读者。但是，如果彭南特决意如此，他会乐意尽自己的绵薄之力。

> 我会准备好贡献自己的一点点力量，但我期待您能非常仁慈地同意，在某方面将我的这一点力量和其他人更大的贡献相提并论，因为这已经是我储备的全部知识了。[28]

这本期刊没能成形，不久之后，怀特得到了另一个出版建议。1769年春，当彭南特踏上他的苏格兰之旅时，怀特和可敬的戴恩斯·巴林顿，也就是前一年送他《博物学家日志》的那位巴林顿见面了。他们从6月开始通信，到了1770年春天，巴林顿为自己读到的内容折服，他建议怀特基于观察所得出一本书。

　　出书的建议竟然不是由彭南特提出的，这未免有些让人感到奇怪，毕竟他自己就在出版博物学书籍。当然，鉴于彭南特非常倚重怀特的帮助和建议，他不会喜欢怀特成为竞争者的。巴林顿就没什么戒心。他总是充满热情，热衷于追逐各种观念和时尚，是18世纪典型的富家子，他徜徉在艺术和科学的世界，对什么都一知半解、浅尝辄止。巴林顿比怀特小7岁，是怀康特·巴林顿子爵的第四子，他是律师和内殿法律学院的成员，也和彭南特一样是英国皇家学会的会员，当时，学会中有许多受过良好教育的业余爱好者。除此之外，巴林顿与怀特的第一位通信者，以及怀特本人都没什么相似之处——他既不是田野观察者，也不是普及者。他的兴趣主要在博物学理论，他的思维方式很奇特，介于中世纪哲学家和新兴的唯理论者之间。和前人一样，相比自然界常规的、日复一日的运行，他对神秘事件和反常现象更感兴趣。但他又和同时代人一样，渴望用新的真理取代旧的迷信。悖谬的是，巴林顿似乎认为这光靠理性推论就能达成，这种想法很大程度上基于以下假设：其他造物应该按照人类的常识生活。他承认需要仔细收集事实证据，但是在评估事实证据时却出奇地轻信。他博览群书，但似乎对走出书房，亲自观察求证——"仔细观察"——毫无兴趣。其实只要想一想现实情况，他所追求的理论的严谨缜密就会沦为空话，这从他谈论迁徙就能看出。比如，他认为希腊人和罗马人之所以没能留下多少关于迁徙的信息，是"因为衣着妨碍他们像我们今天这样下田野"。或者即便他们真的听说有不寻常之物到来，也没有用于射击的猎枪。"要获得真正的博物学知识，几乎完全仰赖大量猎杀动物，并在它们死后仔细检查,这是唯一的办法。"[29]至于那些不够清晰的证据,巴林顿认为其价值取决于证据提供者。只要与自己的看法一致,巴林顿就会毫无异议地接受大多数博物学家朋友提供的证据。当证据有悖常理或者证据不足时,他会归咎于观察者的疏忽或无知。他没有真正懂得,证据可以是多种多样的,得到证据的难度也各不相同。他认为迁徙肯定不会发生在"人类的视线之外"。他遇到过

> 认为鸟类飞出自己视线是因为垂直往高空飞走的人。但是,我一向认为这是他们近视了,因为除了在水平距离上离得远,我还从来没有看丢过一只鸟,我很怀疑有没有人看过鸟飞的到超出圣保罗教堂十字架两倍的高度。[30]

在这类棘手的问题上,巴林顿会用固有观念与聪明人典型的独创但令人费解的想法争论。他不是真正的教条主义者,而更像一个保守的智力狙击手,向一切颠覆性的观念开枪射击。正因为这种奇特的立场,他往往会提出最好的问题,却得出最古怪的答案。他难以接受大洪水的观点,因此推断化石是由穴居昆虫偶然仿造生物制成的。杜鹃鸟不正派的行为让巴林顿大为惊骇,他极力为杜鹃挽回声誉,认为它虽然把蛋下在了其他鸟的巢中,很可能还是亲自孵化和养育雏鸟。

但是,过于严厉地评价巴林顿的观念是不公正的。他至少充分意识到了自然科学的关键问题是什么。如果说他在这些问题上的论辩显得戒备而保守,也是可以理解的,因为在当时,科学常常威胁到最根深蒂固的宗教信仰和哲学理念。也许,他最糟糕的地方不过是有些

自以为是——比如他时常为自然不像他所设想的那样有序和道德而失望——他的关心他的热情指向的是理论，而不是生物。查尔斯·兰姆（Charles Lamb）为巴林顿写的简介完全抓住了他的傲慢：

> 还有一件怪事：他走起路来，挺拔端正，我想是在模仿考文垂人，但他没有学到考文垂人的高贵体面。不管怎样，在努力成为一个还过得去的古文物研究者这件事上，他做得不错，他还有个做主教的兄弟。他在内殿法律学院做会计时，账目被审核，审查人员不认可下述这项费用："款项，支付给园丁艾伦先生，20先令，根据我的指示，用于买毒杀麻雀的物品。"[31]

但巴林顿钦佩怀特，在自己的《杂谈》（Miscellanies）一书中，他多次感激地提到怀特。巴林顿的理论在今天看来有些不合常理，在当时却对怀特很重要，因为他能为怀特的思考提供方向和对抗的目标。早在他们第 4 次书信往来时，巴林顿对杜鹃鸟的新见解就让怀特感到惊讶。他推测杜鹃鸟不会不加选择地将蛋下在碰到的第一个鸟巢中，而是会刻意寻找与自己的习性"一定程度上同质"的养父母。怀特回复道，这个观察结果"对我来说是全新的，极大地冲击了我，一连串想法自然而然地冒了出来，引导我去思考事实是否如此，以及为什么会这样"[32]。怀特思考这个问题时不是在空想，而是"回忆和询问"当地人对杜鹃鸟寄养情况的观察。他这时已经有了一帮善于观察的邻居，他们报告说看到年轻的杜鹃鸟只会把蛋下在鹡鸰、篱雀（hedge sparrow）、田云雀（pipit）、白喉林莺（whitethroat）和知更鸟（robin）

第五章　写信人

的巢中——怀特意识到，它们都是和杜鹃鸟一样的软嘴鸟。

这种情况下，巴林顿和怀特的方法是互补的。但二者的习惯绝不能用"同质"来形容，所以当巴林顿提到出书的想法时，怀特回复得客气而慎重。他仍旧腼腆、自谦，并再次稍显悲伤地抱怨自己的孤独。然而，鉴于巴林顿的提议如此重大，怀特的回复却如此沉着镇定，这暗示出他或许早就有出书的想法，并且已经仔细权衡过了，而结论是什么，在那时只有他自己知道：

您提议我写写周围的动物，等见面时，我会很高兴和您聊聊。恐怕是因为您偏爱我有限的能力，才会觉得我可以做超出自己能力的事：对于一个孤立无援的人，要从解剖动物尸体开始博物研究，这可不是一件轻巧的差事！[33]

不管怀特个人对写书有什么想法，1770年以后，他越来越多地参与到其他人的写作中，其中最重要的作者仍然是彭南特。1770年到1771年间，怀特一边为彭南特的书籍插图和校样提意见，一边给他寄去新信息。他已经——至少在信中——成熟了，从一个跟从的新人，变成了有学问的（学究气的，也许有人会说！）顾问。"我赞同您的校样，"他在1771年初写道，"我一直以来的观点就是，文章风格多少应该与内容长短相适应，或者在任何情况下都要契合文章主题；所以，在表明是概要的简短描述中，就不宜使用长句式。"[34]

怀特在有意识地以书面形式记录生活，因为他保留、复制了更多书信。其中有一沓信是写给弟弟约翰的。约翰自从1756年蒙羞离开后，就在直布罗陀的驻防部队做随军牧师。18世纪60年代初，怀特和约翰的通信还很少，但是在1768年11月，当吉尔伯特开始认真地思考迁徙问题时，他告诉彭南特，"我还写信给在直布罗陀的南国通信者，劝说他稍微研究一下自然，养成注意鸟类和鱼类迁徙的习惯"[35]。在向彭南特赞美了一番博物学在道德上的好处之后，他明确地写了如下内容：

> 像您这样知道如何保持初心做事的人，真是幸福啊！尤其是他的研究还促进了知识进步，对社会大有裨益！而更多的人，如果有幸知道如何打发时间就很幸福了；若是他们知道怎么避免"无所事事带来的痛苦和惩罚"，将会避开多少浪费、放纵和无节制啊；他们会为自己成为更好的邻人、更好的英联邦公民而感到满足。[36]

看起来，怀特很希望他为约翰拟定的计划能使两个人都受益。

约翰的热情回应超出了怀特的预期，他还在来年构想了"一个记录欧洲南部地区博物学的计划"[37]。怀特很乐意尽己所能提供帮助，1769年秋，他们开始大量通信，专门讨论直布罗陀动植物的特性。只有怀特写的信留存了下来，信中充满大胆的、通常很强硬的建议，当他谈论自己的工作时，丝毫没有表现出经验不足。[38]约翰应该"调查不同时期的甲虫粪球（Scarab-balls）；也许在某些季节，里头会有蛆。这些粪球是在哪里找到的？""你的胡瓜鱼（smelt）是在哪里抓到的？如何保存西班牙火腿，是埋在雪里吗？有哪个地方的猪要用毒蛇喂养

第五章 写信人

吗？"他应该记住"湿润的昆虫比干燥的昆虫更好保存"，那里的植物*也要调查搜集："在开花的季节，派一名士兵拿着手提篮出去，一天之内就能采集到许多奇异的植物。"如果有可能的话，约翰尤其应该密切注意"冬季的燕科小鸟"（比如岩燕，怀特最初还以为是越冬的白腹毛脚燕或崖沙燕）。

还有一些编辑上的建议：要简短、精准、自信，就好像怀特已经是出版方面的老手了。"要记住，"他写道，"你会需要大量材料来撑起200到300页：如果没有这个体量，就不是一本像样的出版物。"……注意，不要太武断地声称一个物种是新种……详细描述秃鹰（vulture）……"讲一讲灼热的高温或者说酷热，以及山峰的准确高度"；写信给斯科波利**，"他非常聪明，但尽可能严肃地问他怎么能确定，当丘鹬（woodcock）被追赶时，会用鸟喙叼走雏鸟"。最重要的是，尽量多写逸闻趣事和专题文章，"以取悦没有系统知识的读者"。

当然，这些建议不是毫不利己的。约翰的回复对怀特本人的工作是无价的，1770年11月，就在巴林顿想到出书这个主意的6个月后，怀特向约翰建议，他们可以用某种方式，将日志集中在一年里进行对比：

选定某一年，比如1769年，然后将目前日志中所有的观察结果和有规律的事件都集中到那一年：这样一来，一篇日志的观

---

* 原文"Rock's plant"，参见后文，"Rock"应该指代约翰一家生活的直布罗陀地区，因为那里多岩石。
** Giovanni Antonio Scopoli（1723—1788），奥地利博物学家。

察记录有时可以达到四五页。我也会按照同样的方法将日志整理到同一年里,这样我们也许可以比较两地的气候。[39]

除了书信,一捆捆可怕的死物标本开始源源不断地从直布罗陀送来鉴定或寻求解释。怀特大约很享受检查这些外来物品的工作,检查完之后,他会给它们贴上标签(1、2、3等,所以提到它们时可以精准对应),并用四轮运货马车送到伦敦的托马斯·怀特那里收藏起来,或者转寄给彭南特。运输这些"奇怪的货物"一定涉及困难的技术问题。首要的仍然是保存技术,尽管已有技术也许能有效保存昆虫,但即便是腌制鱼类,在经过长达两个月的运输后,我们也难以想象会是什么状况。鸟类的情况也并不更好,送到时如果只有一根翅膀或一条腿,通常是因为这是唯一没有腐烂的部分。只送来过一只秃鹰。"有人发现这只鸟死了,漂在海面,这样的意外似乎并不少见:一些渔民将它捞起来,去毛剥皮,吃掉鸟肉,然后把皮扔掉,将鸟的头和脚给了他。"[40] 不消说,这个包裹在斯坦盖特溪*被检疫管制缠住了。怀特在1770年的日志开篇写了一个配方,用于制作"适合保存鸟类等的防腐材料"。

这些物品经过填充、挤压、干燥,最后塞到箱子里,直到变得像白鼬(stoat),之后又在多石的路上一路颠簸,等运到英格兰的乡下时,早已面目全非。怀特对标本的兴趣似乎背离了他对生物的生机勃勃的喜爱。但事实证明,这只是怀特一时兴起,是有用的智力训练,也许

---

* Stangate Creek,位于英国南部梅德韦河河口南侧,是被河口的小岛隔出的水道,过去这里会停泊一些船只,用于检查进口物品和隔离潜在的疾病。

还是利用约翰·怀特的特殊资源的最佳方式。怀特和约翰交流的内容和方式几乎没有反映在《塞耳彭博物志》或《日志》中，1770年到1771年间，怀特按部就班地记录着《日志》。

《日志》的条目开始主要围绕两个主题：天气以及鸟类的到来和消失，一切都指向本能的神秘莫测。

1771年初，不列颠大部分地区都经历了长时间的严重霜冻。在斯凯岛（Skye），地面积雪长达8周，被称为黑色春天（Black Spring）。2月6日，塞耳彭非常冷，在怀特的卧室里，一个玻璃瓶中的水牢牢冻住了。整个3月，温度计的指针最高只达到30华氏度（零下1摄氏度），4月15日晚上，更是降到了14华氏度（零下10摄氏度）。但是在前一天，一只燕子独自掠过白雪覆盖的村庄，完全没有迟到。天气依旧可怕，寒风凛冽，雾气弥漫，每一天都阴沉沉的。4月18日，怀特记录道："全世界都在感冒和咳嗽！"但他仍然会外出，四处走走，观察春天如何反击。4月20日，"雨水将将能打湿路面"，他能看到许多幼蛙开始了春天的迁徙，奇迹般地没被严霜冻坏。雨燕在4月29日回来了，5月25日，在教堂追逐打闹的雨燕数量已经达到往常的8对："它们不是一起到来的，而是零零星星地回归，其中一对或许比其他的早了许多天。"两周之后，他注意到——很可能还从来没人意识到过——黄昏时分，正在孵蛋的雨燕会短暂离巢，去吃点东西。到了9月，诺尔山的白垩土丘上出现了环颈鸫，成群的圣马丁鸟、燕子聚集在垂林下。9月22日是个值得铭记的日子：

山毛榉的树冠染黄了。地平线上堆积着厚厚的云层。今早，燕子聚集在邻居家的胡桃树上。破晓时分，无数只燕子一起拍着翅膀腾空，发出的声音恐怕在很远的地方都听得见。[41]

那是他在9月最后一次看到这么多燕子。之后就只有一些较晚孵出的燕子，以及迷途的燕子还在村庄逗留。但是，10月的第一周，在暴风骤雨中，突然出现了更多燕子。到10月中旬，它们消失不见了，怀特推测，燕群终于迁徙了，或者躲进了村庄的地下。但在11月初的一个晴天，他去灵默时又看到"3只家燕在刘易斯河河口处的纽黑文（Newhaven）轻快飞翔！"。它们的越冬习性仍然是个谜。

日志中的许多内容，怀特很快就会在信里重新写过，包括他无情地解剖了两只山蝠（Noctule bats），在日志中他只简单记为"获得两只山蝠"。他在5月12日的信中告诉彭南特，雪地里出现了两只燕子，9天以后，又几乎只字不差地告诉了巴林顿。这时，以自己的观察为基础写一本书的想法逐渐开始在他心里生根，但他只告诉了几位密友，包括弟弟约翰。1771年1月，在收到从直布罗陀寄来的混着衬衫、蜜饯和死鸟的奇怪组合后不久，怀特修改了一下他数月之前的提议。"当材料一点点涌来，我开始考虑以日记的形式写一本1769年的塞耳彭博物志。"[42]但在6个月后写给彭南特（彭南特似乎附和了巴林顿的建议）的信中，怀特的说法要更谨慎：

对于以这种方式出版自己的作品，我很没有信心，我应该在20年前就着手准备的。如果我想出书，也应该是我所在教区的博物志，一本《记录自然的一年》（*annus historico-*

第五章　写信人　　135

naturalis），由一整年的日记构成，再列举大量笔记和观察结果。此例一开，或许可以带动更多有才能的博物学家写出不同地方的博物志，也可能适时地催生出一件非常令人期待的作品，那就是涵盖所有区域的完整、详尽的博物志。[43]

怀特似乎早就向马尔索透露过这个新计划，但当时马尔索自顾不暇，没太放在心上。他正深陷一大堆新麻烦——痔疮、"头部风湿"、眩晕，因踝关节脱臼卧床5周。"现在，对我来说，冬天变得异常难熬，"他写道，"我发现，要度过冬天，总要受些折磨。"但夏天也没有好很多，因为有高温和让人精疲力尽的社交。当体弱多病的马尔索一家于1770年的盛夏去塞耳彭时，需要单独雇一辆四轮运货马车，运输他们的"大匣子和大箱子"，以及找向导带他们从奥尔顿穿过凹陷小路抵达村子。几年以后，马尔索责备怀特没有为改善进村的道路做点事，他鼓动怀特去游说当地的议员西米恩·斯图尔特爵士（Sir Simeon Stuart）。"你就想想，一年中有什么时候我能不依赖向导去你那儿，很少……如果你错失这个机会，我会认为你爱你的罗莎蒙德凉亭*，因为它的入口神秘莫测。"[44]

1770年夏天，躲在自己的"凉亭"中，怀特很有安全感，于是向朋友吐露心事：巴林顿的建议看起来越来越可行，他开始认真考虑怎样着手实施了。到了11月，马尔索隐晦地提到怀特从夏天就开始做的事情，但具体不详。

---

* Rosamond's Bower，亨利二世在牛津的伍德福特克修建了一个著名的迷园，就是用于遮掩罗莎蒙德凉亭。

亲爱的吉尔：

写信这事，世上再也没有人像你这样死板了。我在本月9日给你写过信，我想你会很高兴再次看见我的笔迹吧，然后你会机械地拿起笔写信感谢我。但是，你会保持一贯的克制。你一直在写圣诞节的新布道词吗？至于查尔斯五世的作品，我3周之内就读完了，你有3个月的时间，一栋独居的房屋，一团炉火：除非你为了延长自己的快乐，有意打断自己，否则你在这段时间也一定完成了。没错，你总有做不完的事情！但是你只要活着就会有做不完的事，我不准你拿这作为不给我写信的理由。[45]

* * *

与此同时，怀特继续记录塞耳彭的生活，以越来越同情的眼光，准确观察那些意想不到的细节。1772年7月，他看到一只金龟子（carder beetle）在花园的剪秋罗属植物上劳作。"看金龟子如何剥落植物上的柔毛十分有趣，它从茎叶顶端跑到低端，无比灵巧地用环状'剃须刀'剃光了茎叶上的柔毛。当积攒的柔毛足有它的身体那么大一捆时，便用下巴和4条腿牢牢地抱住，飞走了。"[46] 8月15日，怀特从马尔索在米恩斯托克的新居骑马回家时，诺尔山发生了轻微地震。当天晚些时候，怀特听到了关于地震的传闻。一个正在地里干活的男人听到一阵奇怪的隆隆声。一对母子同时感受到房子震动，当时他们一个在楼上，一个在楼下。怀特记下："他们互相喊对方，想知道发生了什么。"这个细节准确地捕捉到那种突然、惊讶的感觉，又足够寻常，让报道显得很真实。这是怀特在日志中展现出的才能，即将陌生的、不熟悉的事与日常经验相结合。8月22日这天下起了大雨，他记载了很大一群黑色的甲虫正在毁坏村里的蔬菜，连有结实外叶的卷心菜也未能幸免。"在卷心菜叶上捣乱时，数量众多的甲虫跳跃着，发出了哒哒哒的声音，像极了雨水打到叶片上。"[47]

日志中有时会记录更重要的事情。1771年11月的前半月，怀特去灵默观察姑母家即将冬眠的乌龟，看能不能从中得到一些鸟类冬眠行为的线索：

11月2日：斯努克太太的乌龟开始挖洞，以便到冬天时能够躲进去。

11月15日：灵默的乌龟还没有完全进入冬眠状态，和煦的天气将它引出洞，打断了它的冬眠。[48]

他与家人的旅行有时也会被记到日志中，仿佛他们也是难得的迁徙者。约翰·怀特考虑回英格兰已经有一段时间了，所以，1772年初，当他得到兰开夏郡（Lancashire）的一个牧师职位时，他和妻子芭芭拉动身回家了。在他们颇费周折地穿越西班牙时，怀特一边追踪他们的动向，一边记录蜉蝣的情况。"7月17日，溪水中满是蜉蝣（ephemerae & phryganaea）。弟弟约翰骑马出发，前往加的斯（Cadiz）。"他们于7月27日抵达英格兰，约翰的状态很不好，他在第二周写信给怀特：

在船上就像泡在浴盆里一样，用 37 天左摇右晃地驶过大西洋之后，又在碎石路上剧烈颠簸，还有讨厌的发烧相伴，上周一的早晨，终于在格雷夫森德（Gravesend）登陆，我极端虚弱、憔悴。老天保佑，我的妻子是位坚强的乘客，可以照顾和帮助痛苦不堪的我，否则我很可能就死在途中了。[49]

约翰康复之后的第一件事就是去兰贝斯宫（Lambeth Palace）[*]，接受主教正式派他去兰开夏郡的布莱克本（Blackburn）任职。因为要等到次年年初才能住过去，他和家人就在塞耳彭过冬了，引得马尔索又说了俏皮话。1773 年，马尔索写道："我猜想，你弟弟约翰和他的妻子穿着的棉衣里有安达卢西亚的珍宝[**]吧，否则，我难以想象，长时间在巨岩（Rock）[***]上炙烤后，他们怎么能忍受这里的严寒。"[50] 约翰的儿子——也叫约翰——和家人一起待在威克斯，他 1759 年出生在直布罗陀，所以通常被称为直布罗陀的杰克。1769 年 8 月他就被送回了英格兰，在奥尔顿附近的霍利伯恩（Holybourne）上学。本杰明·怀特的几个儿子也在同一所学校，他和怀特作为伯父，都关注着杰克的成长。14 岁的杰克很聪明，很快就开始帮怀特誊抄和复写信件。怀特和年轻人相处得很好，他有智慧，又尊重他们，一点也没有长辈的架子。（他已经开始和 15 岁的外甥山姆·巴克写信交流学问。）1773 年，当约翰和妻子在兰开夏郡修整新的教区牧师住宅时，怀特

---

[*] 坎特伯雷主教的府邸。
[**] 安达卢西亚南邻直布罗陀海峡，是约翰一家人前来的地方。
[***] 直布罗陀巨岩是直布罗陀的标志性巨型石灰岩。

第五章 写信人

全权负责养育和教导杰克。杰克学得很快。到了秋天，他已经消化吸收了好几卷的《观察者》（*Spectator*），通过读维吉尔的著作，阅读能力也有很大提高。杰克十分早熟，他甚至会很开心地读《自然神学》（*Physico-theology*），这是基督教生态学家德勒姆基础性的文本（不过，要知道，这也是怀特最喜欢的书之一）。杰克举止得体、乐于助人，"随时准备伸出援手帮助他人"，怀特对约翰说，"常常使我想起一位和他关系很亲密的淑女。"8月，怀特送给杰克一条羊皮马裤。

做"养父"的这段时间，怀特也体会了做父亲的焦虑。6月，杰克患上麻疹，托马斯·霍尔搬到了他旁边的一张小床上，方便晚上给他喂香蜂草（balm）茶喝。"（他）始终表现得像个思想家，"怀特写道，"顺从自己受到的限制，没有不情愿，也不抱怨。"这场病似乎让杰克的嗓音变得嘶哑。怀特一开始很担忧，但他得出了一个结论，"杰克这个年纪的年轻人容易遭受意外"。不过怀特的担忧是有理由的。那年，麻疹和百日咳在南方地区很猖獗，仅在塞耳彭就夺走了5个小孩的生命。[51]（传染病让马尔索一家比往常更担心自己的健康，他们和邻居加入一项协议，冒险尝试一个新的、有风险的做法——接种水痘。）

怀特尽责地向杰克的父亲描述了这些家事，现在，直布罗陀博物学的大量基础工作已经完成，他似乎能用更轻松、更亲切的口吻给约翰写信了。他们交流了各自房屋修缮工作的进展，聊啤酒酿制，以及国王访问朴次茅斯时的庆祝活动（大炮不断，震得30英里外的塞耳彭的房屋摇晃），当然还有天气。但他们没有忘记博物学。怀特很高兴约翰在兰开夏郡听到了水蒲苇莺（sedge-warbler）的叫声。这种鸟是"很奇妙的家伙"，要是它能"听劝不要唱得那么急促，它会是个优雅的歌者"。关于水蒲苇莺的模仿能力,怀特有许多话可说,但是他更喜欢约翰取的绰号:"我太喜欢你称它为'语言通'*了,我会采纳的。"怀特的确采纳了这个称谓,至少在《博物学家日志》中使用了。彭南特的《动物志》里,水蒲苇莺的条目之下也用了,实际上,书中关于这一物种的描述全都是以怀特的笔记为基础写的。"我发现,"怀特心满意足地写信给约翰,"你是我最稳定、最健谈的通信者,就像你还住在比利牛斯山的另一边时一样。所以,如果我们的书信往来减少了,那一定是我的问题。"[52]

怀特的客套显然征兆了他们的关系并不像他竭力表明的那样稳固;那年秋天,潜在的问题浮出表面。原因是怀特不愿远离塞耳彭,类似问题已经不是第一次出现了。尽管这一次,他预见到了可能的后果,设法先发制人。9月11日,他邀请约翰偕妻子再次来塞耳彭过冬,因为他们的新房子需要晾干。他觉得前一年的冬天是他人生中最愉快的一段时光,"朋友们就像家人一样在我身边"。怀特把一切都安排妥当了。他会在客厅铺一张床,放一个炉箅,"一直生着火,你可以在炉火旁教育儿子,编写你的动物志"。他也会很乐意由弟妹管理整栋房子,负责他们的饮食。总之,他相信"我们会……舒适地度过一年中最死气沉沉的季节,等到春天再次来临,你们会平静地离开这里回家;接着我将在夏天去兰开夏郡"。[53]怀特向约翰保证——或许有点过于郑重其事了——这个提议是"一个诚心诚意的计划",长途马车旅行也不会成为约翰和妻子的问题("对于你们来说,不像对其他

---

* 英文为 Polyglott,意为通晓数国语言的人,这里简化为语言通。

人那样可怕")。但是,这封谨慎、委婉的信却让敏感的弟弟感到"惊讶和苦恼"。在他读来,怀特这是在极力逃避去兰开夏郡。怀特立刻否认有此打算,并请弟弟站在他的角度,理解他。"你说我可以轻易抛开我在教堂的工作,去你那里。我是应该这样,也很想这样做,可是我一旦放弃工作,再想得到就很难保证了,尽管我觉得自己素来如此平静,想要一些东西来唤醒我,占据我的身心。"[54]从怀特的辩解可以看出,无论他是否认真想过北上——他此前多次回避——他显然已经开始发现,法灵顿助理牧师的日常工作有好也有坏。他采取的第一步行动,就是试图完全辞掉现在的工作,但教区牧师罗曼先生驳回了他的请辞,慷慨地提出给他增加25%的薪水(每年大概50英镑),当怀特想离开一段时间时,可以用这笔钱雇一个助手。怀特立即征求马尔索、斯金纳和其他有影响力的牧师朋友的意见,看他们能不能帮忙找一位临时的代理人。但经过大量的谋划和背后的交涉,仍然没用。怀特没能找到暂时的替代者,又加上种种原因,他无疑从没去布莱克本看望过弟弟。兄弟间小小的误会很快就消除了,但在一段时间内,怀特反复给出那番自己为何去不成的见长解释,那年秋天,他一点也没有重拾"平静"的感觉。

  10月,怀特不得不前往牛津大学,那边要求他去谈一谈,作为一个长期有争议的研究员,他对占有办公室和住宅有什么看法。理查德·斯金纳碰巧在同一时间到了牛津,他把怀特拉出去,让他可以远离学院的纷争一天,我们可以肯定,怀特对此并不反感。"他让我吃午饭、吃晚餐,一整天都和他待在一起;他还是像以前那样健谈、善于沟通、充满智慧,患有痛风,懒懒的。"[55]斯金纳没想到会在牛津巧遇怀特，所以他前不久刚写信告诉怀特他们在法灵顿的朋友约瑟夫·班克斯、威廉·谢菲尔德和约翰·莱特福特（John Lightfoot）去探险的消息。这封信正在塞耳彭等着怀特。以怀特当时的心情，他很可能喝着酒第一次听说了他们英勇顽强的旅行。

不管怎样，怀特还能探索自己那片小小的领地，而直布罗陀的杰克是个越来越让人愉快的同伴了。11月，他们去了灵默，姑母丽贝卡·斯努克之前大病一场，正在康复中。除塞耳彭之外，怀特会去的所有地方中，这里是他最喜欢的。距离姑母家的房子仅半英里，南唐斯丘陵绵延开去，往西走是刘易斯（Lewes），往南走是卡朋山（Mount Carburn）上铁器时代的堡垒，可以连续几英里走在开阔的山丘上，走在野生的百里香和古坟之间。

怀特和杰克长距离徒步穿越南唐斯丘陵，观察鸢和鸶，密切注意较晚迁徙的鸟类，它们正向海峡飞去。在风中行走后回到屋里，他们可以倾听秃鼻乌鸦（rook）飞往栖息处，想象斯努克夫人那只年迈的乌龟在草本植物带的泥土下打盹的样子。怀特像以往那样，很享受在萨塞克斯的两周时间。他在灵默写给巴林顿的信是他们历次通信中语气最欢快、最有活力的，不禁让人猜测，这要归功于杰克热心的陪伴。这是一封地方色彩非常浓烈的信，信中充满了敏锐、深情的观察，有羊群、牧羊人，以及当地贵族喜欢吃的烤麦穗䳭（wheatear），最重要的是神奇的萨塞克斯白垩质山丘，在高耸的山上，怀特能看到和塞耳彭非常不同的景色。南唐斯丘陵让怀特感到兴奋。他已经在这里行走过30年了，但每一次来，都能发现"那一连串宏伟的山峰"更美了。他提醒巴林顿，自然神学之父约翰·雷曾经到访过丘陵脚下的一个村

第五章　写信人

庄，"刘易斯河附近的普兰普顿平原（Plumpton-plain）的景色太令他着迷了，他还特别满意地在《造物中展现的神的智慧》中提到了，并且认为可以媲美欧洲最美的景致"[56]。怀特似乎认为这样的赞美还不够，在十分不安地道歉之后，他开始天马行空地想象南唐斯丘陵是怎么形成的：

> 我的想法或许会让我显得很奇怪，所以我不太愿意告诉你。但当我凝视这些山体时，我总会感觉到类似生长的力量，山体轻柔和缓地隆起，就像真菌光滑的头部，布满沟纹的各面山体，规律分布的山谷、斜坡，草木茂密、植物丛生……或者，有没有过一个时期，偶然出现的水汽使得大量石灰质物质突然发酵，又因为某种塑造力量，它们升高、渐变为现在的形态，所以宽阔的山背隆起、插入云霄，比荒芜的黏土地带高出许多，也更有活力。[57]

要到50年后，詹姆斯·赫顿（James Hutton）才能说明，这一地区的景色和岩石是由过去的地质作用形成的，我们今天仍能看到完全相同的地质活动，怀特夸张的想象情有可原，他说看到白垩土中有"类似生长"的东西也不算太离谱。令人惊讶的是，他竟准备向一位同事坦承自己的想法，而他之前对这位同事很是冷淡。看来这一次，在雄伟山脉中的旅行完全占据了他的头脑。

第六章　仔细观察

怀特不再像之前那样沉默寡言和谦逊羞怯了，甚至在面对彭南特时也一样。"我从彭南特先生那里收到了一封极尽赞美之词的信，"他在那年冬天开心地对约翰说，"彭南特要出版《不列颠动物志》的第二版，他将从我给他的信中提取信息，创造奇效。我要趁此机会给他指出第一版中更多明显的错误。"[1]

但是，怀特现在把大部分精力都用在了持续、热烈地和巴林顿通信上。"我给巴林顿的信迅速增多，"他写道，"他让我参与一篇关于燕属的专题文章。"整个1773年，怀特一直在《博物学家日志》记录这些在夏天来村庄的访客，11月20日，他给巴林顿寄去一篇关于白腹毛脚燕的长文。随后，事情有了飞速进展。12月时，怀特告诉约翰，多亏了巴林顿，这篇文章能够以论文的形式在英国皇家学会发表。1774年2月10日，《论白腹毛脚燕或圣马丁鸟》被朗读，并得到好评。怀特不是皇家学会会员，没能到场，但是一个月后，他就能读到印在《哲学汇刊》（*Philosophical Transactions*）上的论文了。[2]

马尔索感到万分欣喜，因为他对怀特的信心终于得到印证："祝你的燕科小鸟能为你带来盛名，这一点我毫不怀疑！很高兴你将自己交托给公众，收获了应得的荣誉……你是我所知道的最富有的人，因为在我认识的人当中，你是唯一不图钱的。"[3]

第二年的3月16日，英国皇家学会又听了一篇综合论文（composite paper），糅合了怀特关于燕子、崖沙燕和雨燕（当时还认为是燕科的一个物种）的3封书信。[4]上述4篇文章合在一起，是怀特散文写作的巅峰。无论以什么标准来评判，这些文章的清晰性和洞察力都堪称典范，而以18世纪的标准来看，更是具有革命性。在当时的英语世界，还没有展开讨论单一物种的专题论文，也没有如此贴近生活、充满感情的文章。怀特显然认为自己的研究对象很特别，他早在1773年6月致巴林顿的一封信中就为它们写过一篇颂文。这封信收入《塞耳彭博物志》时经过了编辑，插入了一段说明文字，变成了对几篇燕科论文的概述：

（在此需要预先说明，第16、17、20和21封信已经在《哲学汇刊》发表过了，但是依据更好的观察，有几处修正和补充，我希望再次发表这些内容不会冒犯到……）在鸟类中，燕科小鸟是最没有攻击性、最无害、最有趣的，是具有社会性的有益小鸟：它们不会碰花园中的果子；除了其中的一个种，其他燕科小鸟都喜欢依附于我们的房屋；它们的迁徙、歌唱和无比的灵巧给我们带来了快乐。[5]

没有比这更热烈的赞美了。野生鸟类没什么新的实际用途可说，怀特创造性地为它们十足的活力和娱乐价值喝彩，并指出它们愿意最大限度地亲近人类的生活区域。它们也有迷人的神秘气息，天性使然，它们一年中有一半的时间都消失在人们的视野之外。

在人类的社区中，这些野生动物完美地、令人难以捉摸地组织着自己的事务，这种景象让怀特着迷，在他看来，这完美呈现了雷和德勒姆"和谐创造"（harmonious creation）的愿景。但是，他从未公然将鸟类的生活当作道德或神学理论的证据，也拒绝将它们视为机械行事之物或人类的玩物。要说怀特的描述有问题，那就是圣马丁鸟似乎有点太聪明了——拥有像人类一样的智慧。

18世纪时，塞耳彭到处都是圣马丁鸟。有几对还在威克斯筑巢，就在酿酒屋和马厩的檐下，怀特在花园里就可以观察它们。圣马丁鸟在4月16日左右到来，一个月之后，一旦它们开始筑巢，怀特就会发现自己很难再回到书桌前，或者专注于教区的工作。日志中关于圣马丁鸟的条目混杂着兴奋和担忧，透出奇怪的现代性。它们生活中的许多隐秘细节令怀特陶醉（怀特是第一个将其写下来的人），如果有人在夏天长时间观察过白腹毛脚燕如何养家，类似细节同样会令他动容。怀特注意到它们怎样用下颌将新泥涂到燕窝上；当燕窝被雨水冲毁后，它们重建家园的决心；当雏鸟的羽翼日渐丰满，整天从燕窝口"探出"一副迷人的好奇面孔；以及父母如何一边飞行，一边给雏鸟喂食，"但这一非凡技艺完成得太快，灵巧得难以察觉，必须提前知道它们的准确动作，才能捕捉到"。怀特对他的"圣马丁鸟们"很心软，这一点不容否认，有时候，他甚至赋予它们人类的情感和意志。他注意到，成年的圣马丁鸟"是勤劳的能工巧匠……在漫长的日子里，它们

第六章　仔细观察

早上4点不到就开始劳作";当它们叼来食物,给窝中雏鸟扔下去时,表现得"既温柔又殷勤"。但是,根据整篇文章的语境,圣马丁鸟的上述行为并不体现神人同形同性,即所谓的"所有生命的经历和所遇挑战的内核都相同"。有一次,当怀特仔细比较人类行为和圣马丁鸟的行为时,鸟类反而成了模范。他描述了后者用泥巴筑巢的方法:

> 圣马丁鸟不仅用爪子紧抓墙壁,还用力将尾巴抵住墙面,形成支点,支撑自己;固定好后就开始工作,将材料涂到砖头或石块表面。这位未雨绸缪的建筑师十分耐心谨慎,不会急于推进建造工作,这样,柔软的新燕窝就不会因自身重量掉落;一天之中,它们只在早晨筑巢,剩下的时间都在觅食和玩闹,让燕窝有足够的时间晾干、变硬。一天大约修筑半英尺厚的一层就够了。照此方式,小心谨慎的工人们在修建泥墙时(很可能起初是受这种小鸟启发),每次只适当筑起一层就停下,以免泥墙头重脚轻,被自身重量毁掉。[6]

这样的近距离特写总会使人产生敬意;这些文字说明就连鸟类生活的最微小细节也很重要。当怀特不久后转而关注燕子时,更是如此,他在文章中举了一些例子,用来说明他早在日志中就已经强烈意识到的观点。有的片段不仅敏锐地捕捉到鸟类私生活,以及它们在更大的自然环境中的角色,甚至写得像寓言或肖像画。他看到燕子和圣马丁鸟围攻滑翔并降落到塞耳彭的雀鹰(sparrowhawk):

一旦一只鹰……出现，他（一只燕子）会召集来所有的燕子和圣马丁鸟包围鹰，全体一致猛击、殴打敌人，直到将其赶出村庄，它们会俯冲到鹰的背上，然后垂直高飞，这样就非常安全。[7]

在白垩丘陵上，怀特看到过一小群燕子跟着骑马的人，"一直跟了几英里，忽前忽后，环绕四周，抓走所有被马蹄惊起的原本藏着的虫子"。还有各种声音。一只燕子在大烟囱上盘旋——这些大烟囱后来成为燕子们最喜欢筑巢的地方，"它们在烟囱口振动翅膀，使烟囱中的空气受挤压，发出轰隆声，就像打雷一样"；当燕子抓住一只苍蝇，"从她的鸟喙传来猛咬声，类似怀表表盖合上的声音"。这些都是怀特在越来越耳背时记下的，他承认，有时候耳聋发作，让5月"像8月一样安静和沉默，没有鸟儿唱出的音符"，因此，他不久后就需要助听筒了。[*]

怀特在皇家学会的几篇论文中引用的逸闻趣事，似乎只有一件和其他内容不协调，插入它也许主要是为了吸引读者，毕竟那很有趣。故事与在兰开夏郡阿尔克灵顿（Alkrington）阿什顿·利弗（Ashton Lever）著名的博物馆中举办的一场展览有关：展品之一是一只死去的猫头鹰，在它张开的双翼上有一个燕窝，窝里还有蛋，这只死猫头鹰原本挂在房屋的橡子下。利弗被这件奇怪的展品震惊了，他给了捐赠人一个大大的贝壳，让他放到猫头鹰之前所在的位置。捐赠人照做

---

[*] 戴维兹·史蒂芬斯（Dafydd Stephens）是一位听觉病矫治专家，他好心地向我指出，怀特的耳聋和他容易晕车的体质可能有关系，也许都是因为内耳迷路（labyrinth）失调（尽管他没有表现出美尼尔氏综合征所特有的眩晕症状）。——原注

第六章　仔细观察

了,来年,燕子照旧将窝建在了贝壳里。不用说,燕子刚生下一窝蛋就被连壳带窝赶紧送到了博物馆。怀特当然没有亲自去看展,那是1774年2月初,他正在完成关于燕子的论文。他是听约翰讲的,约翰就住在博物馆附近,1774年2月12日,他请约翰复述一遍这件趣事:"燕子在死去的猫头鹰两翼和贝壳里筑巢的故事,请你再告诉我一下,我想我可以好好用一下。"[8]两周之后,这个故事出现在了怀特的论文结尾处。

在关于雨燕的论文中,除了重点描述了它们夜晚在尖塔和教堂追逐,还有一些开创性的观察结果。怀特注意到,当鸟群叫喊着飞过燕窝入口时,窝中孵蛋的雨燕和雏鸟会回应。他还发现,雨燕会成对结伴飞行:

> 如果有人在5月晴朗的早晨观察这些鸟儿,当它们在高空中航行[*]时,他会不时看到,一只鸟落到另一只的背上,一起下沉数英寻[**],同时发出刺耳的尖叫。我认为这是雨燕两两结合,正在孕育下一代。[9]

雨燕会在8月初离开村子,这就显得"神秘而奇妙了,因为那时正是一年中最美好的季节"。并且问题是,那些刚孵出的幼鸟怎么能在这么短的时间内做好长途飞行的准备。1775年夏天,怀特有了一个近距离观察雨燕窝的机会,他想看看能否解开上述谜题。弟弟亨利

---

[*] 这里英文用的sailing,中文译作航行,而非翱翔,是为了和后文英寻这个测量水深的长度单位呼应。
[**] 1英寻约为1.82米。

一直忙着为法依菲尔德的房屋增建一间宽大的侧厅，以容纳越来越庞大的家庭和他经营的小型私人学校。扩建在厨房和酿酒屋之间进行，那里有几个雨燕窝，怀特决定趁着拆除房屋，看一看其中一个燕窝：

> 一天晚上，我让哈里的泥瓦匠揭开酿酒屋的瓦片，瓦片下有几个鸟窝，每个窝里只有两只刚破壳的雏鸟；所有工匠都跟我说，当他们还是孩子时，总是发现只有两颗蛋或两只鸟。[10]

10天以后，他又去看了，7月9日的日志里写着"年幼的雨燕仍然很无助"，第二年他再次进行观察，这次当然是在塞耳彭：

> 1775年7月15日，我再次揭开覆盖着雨燕窝的部分瓦片。雌雨燕蹲在窝里，受到强烈的孵化后代的本能驱使，即便它意识到有危险，也会不顾自己的安危，一动不动，面露愠色地伏在雏鸟旁，任由自己被捉走。我们将刚孵出的雨燕捉下来，放到小片草地上，它们跌跌撞撞，就像无助的新生儿。看着它们赤裸的身体，不成比例的笨重腹部，脖子难以支撑头部的样子，再想到仅仅两周之后，这些无精打采的小家伙就能像流星一样，敏捷地在空中飞来飞去；并且，它们在迁徙途中也许必须穿过广阔的陆地和海洋，飞行赤道那么长的距离，我们就感到非常惊奇。[11]

怀特知道，雨燕是足智多谋的喂食者和飞行者，他认为雨燕是"燕子群落"里最有可能迁徙的。但是，想到那些小鸟只有几周大、毫无

第六章　仔细观察　　151

经验，却要穿过整个洋面，这画面让他感到痛苦和难以置信，所以他认为，部分鸟群可能会留在村庄里冬眠（这么看来，他对迁徙的看法在一定程度上是基于理性推论）。他频繁地向巴林顿传达这一推论，后者相信燕科全都会冬眠，但论证却弱得多。在他们内心深处，显然总是将鸟儿类比为人类，因此怀特基于直接观察所得，认为鸟类是正派、勤劳的公民，有着复杂的需求，强大的适应能力，天生关心后代。巴林顿极其忽视鸟类的家庭生活，因而认为鸟类就像穷人一样，是不会灵活变通、没有智慧的简单生物，除了生存必须，永远不可能做出额外努力。巴林顿认为，跨海迁徙尤其不可能，因为鸟类在途中会找不到食物，它们也不可能仅凭本能就完成如此复杂的航行。无论如何：

>鸟儿飞到西班牙南岸时会立刻发现，那里有它梦寐以求的气候和食物，以及所有适宜筑巢的条件。接下来还有什么能诱使它放弃如此丰富的栖居条件，立即继续向前，跨越欧洲大陆的多个纬度呢？[12]

从亲朋好友那里获取的消息和趣事，怀特常写到信中，丰富信的内容。1774年6月，怀特写信给萨姆森·纽伯里（Samson Newbery），请他告诉自己西部地区鸟类的情况，萨姆森·纽伯里是埃克塞特（Exeter）大学的研究员，就住在德文郡南部。纽伯里的回信里满是有用信息，怀特立刻将许多内容转述给彭南特。但他这时已经不再刻意与彭南特保持通信了。1773年11月到1774年9月间，他越发专注于和巴林顿通信，只给彭南特写了两封信，信中包含大量简短笔记和逸闻趣事，谈到了鸟鸣声、不寻常的候鸟、越冬习性等，尽可能为彭南特的《不列颠动物志》修订版提供更多事实。"我发现我的长信充斥着古怪和傲慢的气息，"怀特在1774年9月2日的信中道歉，"但是，我想到正是您命我进行批评、讲述逸事，所以，信中可能偶然包含的说教感，还希望您多多包涵。"[13]

信件越来越多，怀特意识到，对他的书而言，这是比"大自然的一年"更好（至少更方便）的起点。"至于我的信，"他在3月底写信给约翰，"它们舒服地躺在我的壁柜里。如果你能帮我修改，协助我编排日记，我会出版的。"[14]一个月后，他的计划更详细了：

> 纵观我所有的日记，我想我收集到的事实可能足够了，有了这一系列的观察结果，也许就能够深入理解这个区域的博物学，尤其是鸟类的部分；关于同样的主题，我还有跨越半个多世纪的书信，大多数篇幅都很长，结集到一起（不知道它们值不值得出版），体量或许刚好合适。在此基础上，再加入一些乡村的环境、村里奇特的植物和少量古文物。假使我有足够的决心和毅力着手开始做，将以上内容结合起来，可能很快会铸造出一件作品。[15]

事实证明，怀特对自己决心的怀疑，准确得令人沮丧。他在那年5月向约翰所做的描述，实际上就是最终出版的《塞耳彭博物志》的写作说明，但是书稿的编排却花了他14年的时间。只要怀特有需要，约翰都会尽力帮忙，但对于加快他的出书进程，恐怕约翰也起不到什么实质性的作用。有一次，他责备怀特用中性词指代传统上最具女性气质的鸟类——燕子。"谢谢你严厉批评我发表的专题论文，"怀特回复，"我曾经用过阴性代词指代我的燕子们，但是有人提出反对，所以我用了'它'，但是我想你是对的，我应该换成'她'或'她的'。"[16]之后和编辑打交道就更困难、更琐碎了。

将一系列书信结集成书的确会很麻烦，怀特为什么要用这种特殊的方法准备书稿，而不是重写成内容连贯的散文呢？仅仅是因为他没有决心和毅力吗？在近1/4个世纪的时间里，怀特每天都记日记，还在数周之内就完成一篇关于燕科鸟类的精巧文章，所以我们很难相信，这位多产的通信者会有写作障碍；然而，我们也不能忽视他拖延了14年这个事实。也许，他确实发现，第一时间写下来比事后修改容易——日志条目的特点可以支持这个观点。马克斯·尼科尔森（Max Nicholson）也曾指出，自从在与巴林顿、彭南特通信时冒出了写书的想法，就有了"沿着阻力最小的路线"推进的逻辑，仅将已有书信编辑一下即可。[17]这种方式可以避免被指自命不凡，也让怀特能够使用信中大量的原始材料，这些材料在彭南特的书中已经用过了，所以也只有用这种方式才可以不被质疑剽窃。尼科尔森提出，怀特面对两位通信者时越来越自信，所以不再需要"将自己隐藏在巴林顿和彭南特这两个更强大的名字背后了"。

除了这些技术上的考虑，还有一点很明显：这些以时间为线索记录塞耳彭的书信，在表现教区自然界的季节兴衰上，是几近完美的媒介，怀特迟早会意识到这一点。而1774年初发生的一件引人注目的事，充分表明这些书信在某种程度上是村庄传闻的延伸。霍克利山体滑坡的故事不是《塞耳彭博物志》的典型内容（尤其这还不是怀特直接观察到的），但它的确展示了怀特怎样在书信中将谈话转化为文字。

1774年开年就是前所未有的大雨，这不是好兆头。1月9日，星期天，洪水泛滥，怀特第一次不能去法灵顿完成助理牧师的工作。"走到彼得·韦尔斯家之前，我和托马斯的小腿就没在了水里，"3天后，他写信给约翰，"我们得知，再往前走，我们的马就该游泳了。"异常的天气引得大量不常见的水鸟来到教区，包括若干苇鸭。有3只在教区内被射杀（其中一只是在垂林脚下附近的小灌木林里），随后被带到了怀特家。现在，对于当地出现的珍奇自然物，这已经成为惯例。鸟儿既然已经死了，怀特就从非常实用的角度去看待它们。在称重、解剖和大致鉴定之后（"中间的锯齿状爪子非常奇怪！"），他将剩下的部分做成了晚餐。"我……发现吃起来像野鸭，或者水鸭[*]，但没那么可口。"[18]

整个2月，湿冷的天气一直持续，丝毫没有减弱，地下泉（"拉万特河"）早早地从白垩山丘上涌出，不太妙。生长在低洼处的早熟麦腐烂在了黏土地里。产羔季简直就是灾难，无数动物本来就因为只能吃湿透的芜菁变得虚弱，现在又遇到恶劣的天气，遭到水淹，它们已经奄奄一息了。怀特除了可以躲在屋子里、不用沾湿双脚，也好不到哪儿去。在轮番上阵的霜冻和洪水中，怀特一直在努力写关于燕子的论文，还被重病——很可能是流行性感冒——拖垮了，他写信给马尔索，对流行感冒有一番"可怕的描述"。马尔索叮嘱他千万要照顾好自己，因为病情很容易反复，但是不必过分担忧，以免变得忧郁、

---

[*] 鸭科鸭属的15种小型鸟类的总称。

第六章　仔细观察

疑病。"另一方面，不要像你父亲那样走向恐惧的极端。细想你描述的所有情形，那些异常的病症和新的病痛，似乎的确是这个冬天的特殊天气引起的。"[19]幸好杰克还留在威克斯陪伴伯父，协助他记日志、写信，这无疑有助于他保持良好的精神状态。"他现在真是帮了我的大忙，"2月5日，他写信给约翰，"有他陪伴，我就不孤独了。"

3月8日，洪水达到了一个峰值。大雨一刻不停、丝毫不减地下了两天，并以一场暴风雪告终，这在英格兰南部引发的洪水"超越了记忆中的任何事情"。在塞耳彭以南几英里远的霍克利教区，白垩土下积聚的水量比以往任何时候都多。3月9日凌晨，水流终于从一个薄弱点突破，使霍克利垂林（那块土地曾经属于怀特的祖父）的大片区域崩塌，冲倒了树木和村舍，一路滑落到低处的田野上，引起了一场小小的地震。怀特因为生病，没能亲眼看到这场灾难，但是在接下来的几天，杰克前去查看并向伯父汇报了情况。作为一个15岁的男孩，他的描述可谓十分生动，极具洞察力，并且像他的伯父一样注意细节，怀特鼓励他将所见所闻以信件的形式写下来，寄给表兄山姆·巴克。关于这次山体滑坡造成的后果，这是唯一的直接描述。据杰克估计，有80到100英亩的土地受到了影响：

> 垂林的一大块……滑落了将近200码远，垂直高度为40英尺，矮林、树篱、两块土地之间的大门等都被冲了下来。奇怪的是，大门虽然随山体滑落了，但仍然像原来那样笔直站立，也像原来那样容易开关……山体一侧的小路下沉了8到10英尺，因为被向前冲了很远，变得无法通行了……一块去年还有1英亩的

麦田下沉太多，已经不可能再在上面犁地了。所有受到影响的玉米地遍布开口和裂缝，有的宽达2英尺。草地上裂缝很少，但因为被向前推了一把，满是高高凸起的草皮，像极了水波；在被往前推的过程中，但凡遇到有阻挡的地方，土地就会隆起，比原先的地表高出许多。[20]

那年春天，山体滑坡的地方成了著名的旅游景点，意外发生数周后的一个星期天，估计有将近1000人聚集到了那里。怀特的身体一直不见好，到4月中旬都没去成霍克利。3月时，流行性感冒还没有彻底康复，他就去了一次伦敦，回来后先是得了皮疹，后又咳嗽。到了月底，他"发热、虚弱"，起不了床，甚至没能像往常那样，在4月去牛津。

但是在夏天到来之前，他已经恢复得很好，可以去滑坡的地方看看，并亲自调查滑坡引起的剧变了。他和住在附近的村民交谈，细心测量受地震影响的程度——有的地方一直量到了最近的院子。

不寻常的是，他在信里一点也没提到这些证据。也许是因为这件事离巴林顿太远，而对于亲戚们来说，有关滑坡的消息又已经过时了。但在这之后，他写下这个故事，成为《塞耳彭博物志》中的一封"假信"：采用了给巴林顿的信的形式，却从没真正寄出过，因此没有标明日期。[21]不必像真的通信那样尽快讲清楚，也不必详述必要但无趣的事，怀特可以自由地将事件描述得像个悬疑故事，故意用戏剧性的特写镜头和扣人心弦的场景，让故事具备恐怖哥特风。

怀特的大多数文章，写作顺序都很随意，所以看看这篇文章的结构也很有趣。细节描写准确、生动、感人，确实是怀特的风格。但是，相比他的其他文字，这篇文章里的细节更克制，更明显是 18 世纪的呈现方式。文中某些部分就像新古典主义风景画那样中规中矩。文章的"前景"是 70 英尺高、树木丛生的山坡崩塌下来，不走运的灾民被围困在屋中瑟瑟发抖。文章的"中景"是原本熟悉的世界中，所有东西都失序了，超出了理解范围。此外，地震引起的冲击波一直扩散到了远处。而所有情境都是通过主要角色——村民——的眼睛看到的：

> 天亮后，他们才有空去想昨晚的灾害：他们发现自家的房屋下面裂开深深的缝隙，将房屋一分为二；谷仓的一端也裂开了；村舍旁边的水池发生了奇怪的逆转，原本浅的一头变深了，而深的一头变浅了；许多高大的橡树不再挺拔，有的翻倒在地，有的斜靠着旁边树木的树冠；一扇大门连同树篱一起，向前移动了整整 6 英尺，需要开辟一条新路才能从这扇门通过。悬崖下有一片通常用作牧场的平地，其中半英里的土地缓缓倾斜，其间散布着一些小土丘，土丘的各个方向都有裂缝，有的朝向树木繁茂的垂林，有的背向它。第一片牧场就有深深的裂缝，裂缝贯穿小路，延伸到房屋下面，裂缝太大，那段路得有一阵不能通行了；裂缝还贯穿了小路另一边的一片耕地，弄得一片狼藉。第二片牧场更松软、更湿润，在往前移动时，草皮上没有出现太多裂痕，只是抬升起像坟墓一样的长垄，与牧场的移动方向垂直。在这片区域的尽头，受到橡树阻挡，移动中的土地和草皮隆起数英尺，终结了这场可怕的骚乱。

＊　＊　＊

1774年剩下的日子，塞耳彭的生活愈发平稳。尽管寒冬肆虐，但那是丰收的一年。白腹毛脚燕陆续到来，数量比往常还多。红尾鸲（redstart）在五月柱*顶上吟唱。威克斯的花园里，桃和油桃大丰收，因为春天迟迟不来，蜜蜂无精打采，人们在花瓣上涂了蜂蜜之后，它们也开始为哈密瓜和黄瓜授粉了。"甜蜜的夏日，"怀特在5月13日写道，此时，他只愿待在这里，不想去世界任何地方，"蟋蟀开始尖叫，马儿悠闲自在。"受哈里在法依菲尔德的宏伟工程鼓舞，怀特也开始考虑修一个会客厅，扩大和改善威克斯。马尔索对这项计划表示赞成，他明白怀特背后的想法：

修建时，请把"会客厅"设置在楼上，这样你就可以从那儿看到垂林；让它比现在更高，再装上窗框——巨大的！没错，这会是一大笔开支！所以要用两年时间建成，而不是一年。因为你希望在你将塞耳彭变成宜居之地后，能吸引家人来同住，你也希望自己在这里愉悦地，甚至是令人羡慕地生活。[22]

威克斯俨然已经成了怀特家族的度假屋，那年4月，常客名单上又添了一个新名字。托马斯·怀特15岁的女儿莫莉来这里避暑，教区牧师的妻子埃蒂夫人做她的家庭教师。莫莉长得"高挑、白皙、健

---

*　maypole，五月节是欧洲民间节日，通常在5月1日或夏至日举行，五月柱是一根立着的木柱，人们会在五月节这天围绕五月柱跳舞。

美"，她喜欢塞耳彭，也很享受充满活力的堂兄弟杰克的陪伴。杰克现在已经不念书了，但又很难找到适合的工作，所以继续待在威克斯。约翰还在北方时，怀特和托马斯曾经提出帮他们最喜欢的这个侄子找工作，但是最终都没能找到符合他们期望的。化学"对身体有伤害"。印刷工赚得多，但是印刷工学徒却"卑贱、低微"。律师的薪水高得离谱，怀特一家向来不喜欢律师。甚至是那些十分单调乏味的工作，雇主也会要求支付极不合理的押金，才肯雇用年轻的实习生。怀特认为——他可完全不是随便一想——最能发挥杰克作用的工作，是帮他父亲约翰为《直布罗陀动物群》（*Fauna Calpensis*）做准备，因为没人帮忙誊抄，这本书进展缓慢："只需花一点钱，一个熟练的抄写员就可以帮你摆脱麻烦。但是，每个人在誊抄自己的作品时，都可以一边抄，一边修改得更好，如果交给一个全然陌生的抄写员，就没有这样的好处。我希望杰克能够得到为你抄书的工作；我跟他提起过待遇，他听后露出了微笑。"[23]

实际上，约翰的书开始遇到越来越多的技术难题。1774 年 8 月，他在写信给怀特谈书的进展时，字里行间都透出沮丧，他还出人意料地承认——鉴于过去 4 年，约翰为这本书做了大量工作——他距离完成最终的书稿还差得远：

> 我正在给昆虫这部分做总结，之后会写四足动物、鸟类和鱼类。最后还应该在整体上修订并重新誊抄一遍，这任务量可不小。
>
> 在我们这里，这个季节悲伤、阴郁、潮湿、寒冷。现在，我们正围坐在炉火旁。我把房屋擦得很干净，让它整洁得就像待售

之物，我这么做是为了尽量让你觉得兰开夏郡很宜人。[24]

这明显是在回应怀特的抱怨，表明约翰一直在暗暗地反驳哥哥。而面对约翰委婉地请求鼓励和陪伴，怀特没有回应。也许他觉得，如果表现得过于关切，他就不得不踏上北上的可怕旅程。但他仍然愿意给约翰提建议，帮他以最好的方式呈现他的作品。这些建议一如既往地高明、热烈。尽量多插入一些整版的插画，因为现在非常流行图画书。要多描述你的旅途，如果约翰逊的书中没有描述探险活动的"优美章节"，书会更薄一些。［怀特刚刚读完萨缪尔·约翰逊的《苏格兰岛西部之旅》(*A Journey to the Western Isles of Scotland*)，书中"充满良好的判断和新奇的描述"。］怀特现在俨然是专业的出版人了，他向约翰解释，本杰明之所以对出书一事犹豫不决，部分原因是出版商们越来越不愿意出新书，因为当年获批的一个法案使得著作权期限大大缩短。[25]怀特作为兄长出面调解，提议约翰向本杰明做出让步：

> 你试着写信问问他，如果是一次性付清，他会出多少钱买你的插画和书稿。这样你就能知道确切的收益，不必承担风险。现在，只要是与博物学相关的，都卖得很好。如果他选择和你共同分享利润、分摊损失，由他负责出版和销售的话，他想占多少成。[26]

怀特补充说，赫奇·莎蓬最早出版的两册书加在一起卖了50英镑，[27]现在，她出了第3本书《散文诗歌杂录》(*Miscellanies in Prose and Verse*)，并成功迫使出版商付了250英镑，"估计这次买

第六章　仔细观察

卖会让这位出版商损失惨重"。（"这一次，我们全都责备她不应该欺负出版商。"马尔索评论道。这件事也是他告诉怀特的。）怀特醉心于这种纸面上的闲聊带来的熟悉感，这一定在几个方面缩短了塞耳彭和城市的距离。赫奇如今已经是很有名望的女主人了，总有关于她的流言蜚语。1774年秋天，怀特在写给妹妹的一封信里激动地为赫奇说话："影射莎蓬夫人是教皇制信奉者，这是嫉妒她的文学声誉的人恶意中伤她：因为竟有人信誓旦旦地跟我说，她是个意大利舞者。"[28]

* * *

1774年跨1775年的冬天早早地到来了，11月11日，塞耳彭下雪了。一直到本月中旬，严霜反复出现，报纸上全是关于欧洲大陆天气状况的报道，情况不妙。怀特不再像年轻时那样期待降雪了，他在给妹妹安妮和马尔索的信中对这一点直言不讳。这是年老体衰的迹象，他们知道后都很伤感：

真是巧了，就在我收到你抱怨下雪的那封信的早上，我正在重温你给我的另一封信，你在信里告诉我，你每天都骑马出去，聚精会神地观看美丽的大气现象，在那个崎岖不平的村庄，大气现象尤其容易看清。我很遗憾，现在你的感觉变了：表面上，谁也抵不过时间；然而，我知道，时间也催人，因为昨天我已经53岁了。年龄的增长还是有一点让人高兴的，那就是我们的友谊更长久了。[29]

实际上，年龄增长带给怀特的痛苦远远超出了马尔索的想象。无论什么时候，怀特只要写作时间稍长，胸口就会疼，持续阅读太久，眼睛偶尔就会"发热，酸痛"。他的手也开始有痛风的迹象。这些问题让处理书信和手稿变得恼人而缓慢。加上杰克在11月离开塞耳彭，去了父亲那儿，现在连帮他誊抄的人都没有了。倒是有一种复制技术，需要用到特殊的墨水和半透明湿纸，但是这两样东西极其昂贵。怀特留存下来的所有信件，几乎都是辛辛苦苦手抄的。

12月最冷，但可以去伦敦，怀特显然松了一口气。不过，除了初冬时节有严霜，1775年的1月和2月，天气暖和，空气非常湿润，只下了两天雪，其中一天还是雨夹雪。从塞耳彭附近的哈克伍德（Hackwood）公园传来消息，雨雪天气让一群秃鼻乌鸦落到了地面，它们的翅膀被冻住了。秃鼻乌鸦是怀特的众多观察对象——包括黄蜂、霜坑、啤酒花，露池*构造，以及1774年在村里看到的一大张蜘蛛网——之一，也是怀特1775年的重点关注对象。他观察到秃鼻乌鸦吃掉土里的幼虫，为巢穴的选址吵个不停，在他的果园里讨要、偷窃核桃，还看到"它们往房屋里丢树枝，为可怜的人家补充了柴火"。[30]

这一年，怀特集中观察动物间的互动，包括同一物种内部不同个体之间，以及不同物种之间的互动。到了冬天，天气暖和的时候，他沉迷于种类繁多、数量庞大的昆虫，它们无处不在（"橱柜里的衣鱼，树篱里的phalenae**"），他注意到这些昆虫对生活在当地的鸟类有多重要。也许是出于更实际的原因，他对蛞蝓和蜗牛也特别好奇。他

---

* dew pond，人工挖掘的蓄水池。
** 某种蛾。

第六章 仔细观察

疑惑的是，为什么看起来有足够防护的蜗牛也会冬眠，而整个冬天，当天气暖和时，"没有壳的蜗牛——蛞蝓"就四处搞破坏，毁掉花园里的植物和小麦幼苗。再过段时间，蛞蝓和蜗牛的破坏力就旗鼓相当了。怀特欣喜地发现，画眉吃掉了许多蜗牛（"路上布满了蜗牛的壳"），他也为画眉感到高兴，因为当天气炎热、干旱，蚯蚓都深深地钻到了地下时，这些蜗牛能及时补充画眉的食物来源。

6月末，老朋友马尔索来到塞耳彭，怀特和他详细讨论了自然经济的巧妙平衡。马尔索这次来，似乎没花多少时间安排，而且一点也不忙乱，马尔索觉得，这很可能是他在塞耳彭待得最愉快的一次了。两人在村里村外四处闲逛（至少是在较平坦的地方，因为马尔索不太能散步），讨论自然神学和出书计划，怀特还给马尔索看了他的日志，以及部分编辑过的信件。马尔索似乎很震撼，不知道该说什么，在7月写给怀特的感谢信中，他一反常态，表现得既严肃又正式：

你的娱乐方式能带给你双重的幸福。你既可以用美丽的自然风景，也可以用描述自然风景的优美文字取悦客人。用心地临摹加上精湛的技艺，你完成了对自然的描绘。因为你打算将你的作品呈现给公众，所以我不会说太多恭维的话。对于那些我不喜欢的作品，我才会草草地说几句不走心的奉承话，或者保持沉默……我很高兴你能将道德伦理建立在一个稳固、美好的基础——上帝的造物之上。你所写的内容有种天然去雕饰之美，比那些过分讲究、用文字之外的装饰画博取好评的作品强多了。这是我对你这本书的真实想法，但是请记住：前面我说的那句话，不是要反对你使用格里姆先生的插画作品或者请其他才华横溢的设计师——但愿他能为这个世界增添乐趣，也同样希望他能满足我的喜好。[31]

这是第一次提到怀特可能会起用前途无量的瑞士艺术家耶罗尼米斯·格里姆（Hieronymus Grimm），后者从1768年开始在英格兰工作。看来马尔索并不认为有必要在已经写得很好的书中加入装饰。如果他知道怀特还计划在书中加入什么，恐怕会更加不安。那年秋天，怀特的意图就很明显了，日志中大量条目都是关于塞耳彭各种地名可能的起源。

书的具体形式和长度，怀特还没有定下来，8月，他在萨塞克斯的姑母家时，借着给约翰的一封长信，写下了他对各自书籍的想法。盛夏的灵默很有朝气，家的感觉总是让怀特充满新的能量。妹妹安妮·巴克和她的孩子们也都在，23岁的萨利（Sally），15岁的玛丽（Mary），还有18岁的山姆。山姆已经证明自己是怀特宝贵的消息提供者和顾问之一了。"这个年轻人很聪慧，"怀特满意地写信给弟弟，"斯努克夫人的状态非常好，81岁高龄的她真是了不起。"乌龟蒂莫西第一次称体重，这可逗乐了大家，许多小燕子聚在房屋周围的松树上。在这"甜蜜的丰收季"，唯一的遗憾是杰克没有和他们在一起，怀特很高兴地听说，他现在在兰开夏郡一个外科医生那里工作，离父亲约翰的住处很近。"杰克'敢为尊贵的病人抽血'，这我一点也不意外，相比之下，我更佩服那些有勇气让杰克抽血的病人，然而，每个年轻人都必须有个开始。"[32]

但是，怀特指出，没了这位抄写员，严重影响了他的工作进展，

第六章　仔细观察

对于约翰暗示《塞耳彭博物志》的进度"快得多",怀特很气愤。他坚持认为,事实是约翰的书现在已经全部完成了,而他还有许多书信要誊抄,日志的抄写也"才刚刚开始",并且"塞耳彭的古文物还完全没有加进去"——这是他第一次提到这个新的组成部分。但他已经开始了:"希望牛津大学的朋友能帮我在伯德雷恩图书馆找一找多兹沃思(Dodsworth)的论文汇编,整整60卷,对开纸大小。但是我最想看的论文锁在了莫德林学院的档案馆里。"[33]

聘请格里姆的计划也在推进。这位艺术家当时正在中部地区工作,抽不开身,但同时,他也完全通过了考核。他得到了很高的评价,前途无量。1769年,格里姆抵达不列颠短短一年之后就有4幅画在皇家美术学会展出[*],他还会为一些有名望的主顾画画。[34] 托马斯、本杰明·怀特、托马斯·马尔索和迈克尔·洛特(Michael Lort,颇有影响力的评论家贺拉斯·沃波尔的朋友)组成了一个代表团,"到格里姆的住处看了他的画作",他们一致认为,格里姆"是个天才"。他尤其擅长画风景和建筑,但两位托马斯觉得,他在画自然景观时,太过自由发挥了,他画的树"怪诞、异常"。怀特最主要的担忧则是,格里姆以极其精细的素描和浅淡的水彩薄涂著称,而他理想的绘画风格,要能反映出他试图用文字捕捉的细节:"强烈的光影对比,茂盛的花草树木"。怀特想到了吉尔平(Gilpin),后者在《北部之旅》(*Northern Tour*,1786)中写道:

---

[*] 皇家美术学会成立于1768年,这也是它举办的第一次展览。

如画般的描绘，目标是用浓重的色彩，将自然图像尽可能清晰地呈现在人们眼前。所谓"浓重的色彩"并不是一味疯狂地使用修饰语，而是努力剖析自然风景：记下它们的色彩和变幻的光线，尽量用恰当、生动的文字表现所有的细节。

怀特一直在参与出版的方方面面，这自然对酝酿中的《塞耳彭博物志》产生了极大影响。他给别人提出高明的编辑建议时，在某种程度上也是在指导自己。其中既有些才智上的自得，也有思考。但是，怀特从来不会为了个人目的，吝惜甚至扭曲自己的建议。当弟弟托马斯终于继承了霍尔特家的遗产，出人意料地宣布自己正在考虑写一写汉普郡的博物学和古文物时，怀特的回应是鼓励和专业、实用的建议。但是私底下，怀特的内心必定为之一沉。毫无疑问，托马斯是几个兄弟中最成功的，很可能也是最聪明的。托马斯是伦敦一个批发生意的合伙人，已经赚了很多钱。从日记和书信来看，他的行文风格自信、简练。[35] 托马斯后来还为《绅士杂志》(*Gentleman's Magazine*)撰写了主题多样的文章。他对盎格鲁-撒克逊和中世纪历史尤其感兴趣，有可能正是因为他的建议，怀特才决定在《塞耳彭博物志》中加入一些关于古文物的章节。当托马斯漫不经心地做出宣布时，怀特一定为两本书可能产生竞争和重叠感到焦虑，但他对托马斯的想法态度积极、满怀希望。"你的人生到了有成熟判断力的阶段，"1776年1月，怀特夸奖道，"同时身体又还没有丧失追求这项事业所必需的活力。"他劝托马斯聘请一位艺术家一起去参观汉普郡各个"非凡的地方"，并概述了托马斯应该透彻研究的各个主题。他提醒托马斯别太关注以罗伯特·普洛特为代表的研究方式："他太轻信了，有时候听信闲言碎语，有时候迷信；他还随时准备进行毫无必要的炫耀，卖弄学问。"最早出版的两本郡县博物志，作者就是普洛特博士，1677年出版的是牛津郡的，1686年出版的是斯塔福德郡的，前者的副标题很有趣，叫"一篇近似英格兰博物志的文章"。在没有更好的作品出现之前，这两本书成为地方性研究的模范。但是在那之后的100年间，人们对自然界的态度有了新变化——更警觉、更多自我批评。所以，怀特对普洛特的苛评明显不是他一贯的作风，也不是酸葡萄心态。尽管普洛特和皇家学会的同僚已经在强调直接观察的重要性，但他们还没有开始甄别不同种类的证据。结果就是他的书中有不少中世纪动物寓言的痕迹，观察事实、古代寓言和纯粹的传闻混在一起，许多年代久远的博物学书籍中记载的怪异发现——比如，蛋里有蛋、形状像人体器官的化石是最受欢迎的两类——比普通的、典型的当地更受他关注。

对怀特而言，思考对普洛特的看法是一种有用的练习，但对托马斯而言，这太浪费时间了。事实证明，汉普郡那本书只是突发奇想，托马斯发现，管理新继承的财产彻底填满了他的时间，于是他迅速打消了写书的念头，就像当初突然想到这个主意一样。

倒是约翰的《直布罗陀动物群》变得让人担忧。1775年秋天，怀特已经浏览了这本书的大部分手稿，约翰显然没有将他的编辑建议放在心上。文本冗长乏味，仍然缺少直接获得的逸闻趣事，也缺乏"变化"，文中的拉丁语更增加了阅读负担。手稿快有1000页了，但还没有做索引（怀特责备约翰"恐怕你压根就没想到过索引"）。植物的部分看起来不可靠，需要找专家审一下。最糟糕的是，约翰和本杰明关于书籍出版的细微异见已经升级为重大分歧。约翰似乎不愿意采纳本杰明对书名和通篇打磨文本的建议，而本杰明不同意采取买断的方式，提议和约翰分摊成本。约翰向来敏感多疑，于是扬言要自己出版这本书，还谴责哥哥们出于私心干预他的工作。兄弟关系的恶化让怀特很惊慌，他写信给约翰，讲了一件自认为最有趣的逸事（同年6月，他在给巴林顿的信中描述过的天上下蜘蛛网的事），也许是希望为约翰冷冰冰的文字注入一些生命力。但约翰固执己见，还疯狂指责他，怀特被激怒了。1776年1月，当怀特尝试着平息这整件事情时，他第一次公开站在了本杰明一方：

> 亲爱的弟弟：
> 　　你说过让我对你的作品发表意见，所以你肯定不会觉得我下面要说的这些都是无礼的说教……书的扉页和广告宣传，你一定要咨询一下你的书商（本），他最清楚加入什么样的开胃菜和诱人的情境能迅速吊起购买者的胃口。托马斯和我都认为，在你没有卖掉版权之前，绝对不要自己印刷：书商知道怎样通过订阅的方式将一个印次的书卖掉，书还在作者手里时，他们也知道怎么给书泼冷水……我们真心希望看到你的书出版，我们这里改改，那里改改，不是出于虚荣，也不是多管闲事，而是因为每个作者都不可避免地会犯各种小错。[36]

约翰尽力修补了他的书，但他的心思已经不在这上面了。种种批评让他很受伤，身体衰弱和风湿病恶化也让他痛苦不堪。而这些事情，

第六章　仔细观察

怀特直到1776年晚些时候才知道，但他还是没去看望弟弟。他和本杰明不断过问书的进展——无论本意有多好——对约翰改善健康和增强自信没起什么好作用。怀特似乎没有意识到，他的信偶尔会透出一丝傲慢，或者他开始提出一些自相矛盾的建议。8月，他竭力劝说约翰避免为书发生争执：

> 你一反常态地沉默，让我开始担心真正该担心的事——你的健康。最近你的注意力也许都放在写书和其他事情上，不太顾惜自己的身体。所以你一定要放轻松一点，多花些时间骑马和散步。尤其是，我认为无论你的理由多么充足，都不应该继续争论了。[37]

3个月过去了，约翰的状况还是没有好转，怀特却提出了很不一样的建议。"你似乎太消沉了，"怀特写道，"不要以为写书的人就有多了不起。如果彭南特先生能做到你这样，他绝对不会感到羞怯。"[38]但是，约翰当然完全不像自信、外向的托马斯·彭南特，也难怪到了1777年夏天，他"厌恶、懊恼"地将写书一事扔到了一边。

那年秋天，最终的书稿送来了。8月，哈里·怀特将约翰全部手稿的副本送到了塞耳彭。现阶段，除了怀特，似乎所有兄弟都读过了。怀特承认，"繁忙的工作、交友和修建"让他抽不出时间研究书稿。但是他把稿子给理查德·钱德勒（Richard Chandler）博士看了，后者是一位年轻的作家和古文物研究者，莫德林学院的研究员，他刚刚获得附近维尔德海姆（Worldham）和东蒂斯特德（East Tisted）的牧师职位，怀特对塞耳彭古文物的研究得到了他的帮助。他对书稿的看法和给出的理由很含糊，怀特向约翰转述了，一个"在希腊的旅行者，又不是博物学家，不会偏好林奈体系。但是他断言，引入林奈体系会让你的书不那么大众"[39]，对于这些意见，约翰或许压根没多想。怀特继续说，钱德勒确信，"如果你可以说服自己剥掉书的奇怪装束（quaint garb，这是他的用语），他肯定，在任何人那里，这本书都值200英镑"。但是他提出的更详细的建议，无异于完全重构整本书。

这些评论一定压垮了约翰，让他倍感羞辱，不久之后，怀特终于看到约翰所受的伤害，于是更加努力地尝试帮助约翰恢复信念和决心：

> 总体来说，我非常喜欢你的书。前言很棒；你的记录是真正的博物志，充满逸闻趣事和客观环境。在我读过的所有关于燕科鸟类的文章中，我真的认为你的那些专题文章最好，因为对于神奇的鸟类迁徙活动，你的文章就像黑暗中的亮光……所以，我宣布——就像牛津大学副校长在类似情况下会做的那样——准予出版！[40]

这真是很高的评价，毕竟说这番话的人自己就写过关于燕科的文章。

然而，在专业问题上，怀特似乎做不到保留疑问，甚至这封意在安抚约翰的信，尾巴上也有根刺。他抱怨书里的句子太长了。有时候，同一个段落，同样的动词会出现五六次，总的来说，文风"太散漫了"。接着，怀特非常清楚地表明了自己的态度："这本书会获得的荣誉令我嫉妒，因此我更不允许出现这些错误。我不揣冒昧地做了一些修改，

第六章　仔细观察

但改得好不好全凭你裁决。我必须求你重新严格地检查书中语言,你完全有能力做好。"[41]

但是太晚了。约翰病得太严重、太沮丧,甚至没法回复怀特。再也没有关于这本书的消息了,两年后,约翰去世,这本从未出版的书也随之消逝不见。留存至今的只有直布罗陀巨岩（Rock of Gibraltar）上的简介,虽然写得很冗长,但对于反映正文质量,又显得太短。[42]《直布罗陀动物群》或许以自己的方式做出了很有价值的研究,要是遇到更传统的出版商,它的命运很可能会有所不同。与其说约翰的不幸在于写作风格,不如说在于他的家庭背景。他是怀特家的异类,缺乏自信、反复无常、因循守旧,哥哥们则都是当时最进步、最讲求平民主义的博物学传播者。当他们因为做书聚到一起时,必定会引发家庭感情和文学抱负的复杂冲突。怀特不止一次劝约翰换一个出版商试试,但是从来没有像他指出约翰的缺点时那样坚决。这出悲剧的最大教训是,怀特和本杰明为了达到自己在文学上的目的和标准,最终走到将其看得比弟弟内心的平静更重要的地步。没有任何迹象表明,他们是在故意打压约翰的书,但是也不能排除兄弟之间会暗暗较劲。这也的确留下了一个疑问,如果托马斯或者约翰的书先行出版,对怀特的出版计划有什么影响。会削弱他出书的动力吗?或是让他改变书的关注点?安东尼·赖伊认为,如果《直布罗陀动物群》问世了,就不会有《塞耳彭博物志》,"怀特会为《直布罗陀动物群》的成功而高兴,这让他感到心满意足。他似乎从来不觉得非要亲自写一本伟大的自然著作,在某种意义上,约翰又是他一手带出来的博物学家,所以他也许会不在乎达到最后的至高成就。"[43]这样的想法显然太极端了。

怀特一直在讨论各种各样的出版物,说明他很享受评论家的角色。并且我认为,家里人出书,可能同样也会促使他将自己的文本打磨得更好。约翰的书虽然没出版,但他至少写出来了,这就能鞭策和激励怀特继续写作。

* * *

漫长的严冬让1776年的头几个月成了数年来最难熬的一段时间。"恶劣的西伯利亚天气,"怀特在1月14日记下,"有的地方,狭窄的乡间小路积满了雪,被塑造成了最浪漫和怪诞的形状……今天我不得不外出走更远,几乎没看到别的马车。"[44]鸟类极其痛苦,开始进屋寻求庇护,但又会被家猫抓住。"野兔也闷闷不乐地趴在窝中,如果不是饿极了,不会动弹。这些可怜的动物知道,积雪、雪堆会暴露它们的行踪,许多野兔因此丧命。"[45]不断有野兔进入威克斯的花园,啃食石竹科植物。1月20日,霜冻和冰雪持续到了第14天,怀特在日志中写下一句短小、悲伤的话:"小羊们冻僵倒地。"

3天以后,怀特去了伦敦,发现那里变成了一座冰霜覆盖的寂静城堡。泰晤士河结冰了,街道"堆满了雪,积雪崩塌,又被踩踏,碎成粉末,看起来像海盐。四轮马车驶过,没有发出一点声音。真是不可思议"。到1月的最后一天,房顶上的积雪已经有25天了,托马斯·霍尔记录塞耳彭的气温是0华氏度(约零下17摄氏度)。怀特随后在日志的同一段落将这个数字写了两遍,仿佛他不敢相信。同一天的伦敦，尽管出了太阳，温度计显示也只有6华氏度（约零下14摄氏度）。

相比往年，这个冬天，怀特不得不在伦敦多住些时日，因为围绕着托马斯·霍尔特的遗嘱，诉讼不断。在等了30年之后，托马斯·怀特终于能完全占有他那部分遗产。但是因为其他家庭成员在遗产继承中的状况并不完全清晰，这成为一个"污点"，导致了遗产争议，法律纠纷持续了两个月还没有结果。于是怀特回到塞耳彭，重拾写书的思路。古文物的部分目前进展顺利，利用待在伦敦的机会，他委托《英国土地志》（*Domesday Book*）*的保管者抄写所有与塞耳彭相关的条目，每行4便士。现在，插画的事得定下来了。他估计请格里姆要贵一些，每周2.5基尼**。但他决定用格里姆了，尽管马尔索担心"你决意使用的装饰"可能延长书完成的时间。"我有些不耐烦了，这更多是为你着想，"他警告怀特，"城里人的阅读趣味变幻莫测，自然观察作品现在还很抢手，能卖个高价。"[46] 但看在怀特明显为插画的事兴奋不已，尤其还邀请自己去看那位伟大的制图员绘画，马尔索的态度开始缓和。他取笑怀特像个"意大利权贵，有设计师相伴左右"，并且婉拒了怀特的邀请，指出他也"在等一位艺术家到来，也许同样有好处，但并不合我的胃口，我指的是一位测量员"。对于格里姆的"生硬表达"和"宗教式的拘谨"，马尔索有种挥之不去的怀疑，然而，他再次准备相信怀特是对的："总之，你的工作会让你住的地方和你自己永垂不朽，它会修正人们的行为准则（Men's Principles），让去参观格里姆先生笔下风景原型的人身心健康。"[47]

---

* 1086年，威廉大帝治下，英国首次进行了正规的人口和土地普查，这是当时的记录。

** 英国旧时的金币名。

怀特认真做着迎接艺术家的准备，威克斯正在修建房屋（包括"配备一个阁楼，给来这里的年轻人使用"），现在还有了一个"新隐士屋"，就建在垂林的半山腰，注定会成为风景之一。格里姆7月8日抵达塞耳彭，住了28天，"其中24天都在非常艰苦地工作，充分展现了他的天才、勤勉和谦虚。"

我们并不清楚，格里姆素描的场景是怀特指定的，还是他根据自己的喜好自由选择的。但在格里姆陆续完成的12幅画中，大多数都是怀特喜欢的风景。[48] 有一幅是从短莱斯看村子和垂林的全景图，之字小路和隐士屋清晰可辨；另一幅是在垂林东南端看到的景色；"老隐士屋和站在门口的隐士（哈里·怀特）的侧写"，以及从赫克斯巷（Huckers Lane）看"短莱斯和多顿的可爱光景"，怀特后来称，这处景色值得让"最好的风景画大师"来画。其余的是到处都能见到的、更为传统的装饰插画。其中两幅画中能看到教堂和耍闹场，两幅画了威克斯后面的草场，一幅画中有坦普尔农场（Temple Farm），还有一幅是从隐士屋里看到的村子；霍克利垂林上，土地依然破碎，仍有树木倒卧（尽管这幅景象"事实上不太迷人"）。还画了丝克伍溪谷（Silkwood Vale）的瀑布，这是"一幅怪诞的"素描，或许也是为了展现一下凹陷小路。

怀特非常高兴能成为艺术赞助人。格里姆结束在塞耳彭的工作后，又作为怀特的旅伴和评论者多待了一段时间。他们从容地漫步到沃恩福德（Warnford，在塞耳彭西南方10英里处）的克兰里卡德勋爵（Lord Clanricarde）那里，去速写一件了不起的古文物，据推测是约翰王（King John）修建的一个门厅。他们还去了理查德·约尔登位于纽顿瓦朗斯

第六章　仔细观察

的教区牧师住宅，"从白垩矿场的边缘看向他的房子和出口"。但两位行家并瞧不上："雇主想要表现从凹室看出去的景致，但是我和绘图师都很不认可眼前整齐划一的场景。"8月，怀特写信给约翰·怀特，细致地、引人入胜地讲述了格里姆的绘画技巧："他先用铅笔勾勒出全景图……再打出迷人的阴影……最后整体涂上一层淡淡的水彩。"[49]怀特生性容易激动，其实格里姆的画法比他以为的传统多了，最终成品也有些拘谨和不自然。所以，当马尔索在来年看到隐士屋风景画的校样时，他差点没认出来。"如果这幅画不是怀特家的人拿过来，给我这点提示，我恐怕猜不出画的是哪儿。一般印刷物中，透视都表现得很差，但是在这幅画中，无论是山丘还是邻近的乡村，都符合透视规律。"[50]

作为对历史的记录，格里姆的插画清楚地呈现了18世纪塞耳彭的地形。最显著的风景特征就是数量庞大的林地，许多林地的位置画得很准确，在今天还能看到。但是也有变化。莱斯在当时还是个种植园，后来变成了开阔的草地和矮树林；垂林东南端是茂密的灌木丛，而不是多树的林地；教堂东边的牧场，后来成了杂树林。不过，有一棵树保存了下来，至今仍能辨认出——描绘赫克斯巷的那幅插画中，有一棵古老的山毛榉，外露的树根像爪子，抓住了一块砂岩峭壁。

第七章　教区记录

1776年秋，格里姆的到访，或者说将塞耳彭作为风景画原型这一醉人的想法在怀特心中回荡。10月中旬的一天，天气宜人，怀特写道："斜坡上的山毛榉树林开始染上美丽的秋色，风景格外优美，赏心悦目，令人浮想联翩。树林还呈现出可爱的光影效果。枫叶也红了。这幅景象值得让鲁本斯*为之作画。"[1] 4天之后，《博物学家日志》记录了怀特对秋收的印象，语带调皮，具有典型的个人特色："若不是知更鸟会让人产生不好的联想，让我们想到冬天即将到来，它唱出的音符该多么婉转悦耳啊。"[2]

岁月流逝。怀特在7月过了56岁生日，格里姆的离开标志着他生命中一个更成熟、更居家的阶段开始了。前些年忙忙碌碌参与的出版活动，现在大都告一段落。约翰的《直布罗陀动物群》搁浅了。彭南特的《不列颠动物志》修订版在那年夏天出版，怀特为他提供了大量建议和信息。最后他终于有时间专注于自己的工作了，因为他的拖

---

*　彼得·保罗·鲁本斯（Peter Paul Rubens, 1577—1640），佛兰德斯画家，巴洛克画派早期代表人物。

延，马尔索先是不安后是丧气，怀特看在眼中，却决意不慌不忙，按照自己的节奏来。

工作状态改变并不是因为怀特为自己人到中年感到遗憾，开始听之任之。相反，不管是对写作还是生活，他都燃起了新的热情。现在，他减少了旅行（1777年只离开了塞耳彭5周），他还发现，过去在塞耳彭的耕耘开始有了回报。20多年前栽种的果树正值优质的挂果年份。还有一些新的发现——"铁锈色的毛地黄"和"生长繁茂的火红色百合"。怀特一家，尤其是年轻一代的家族成员，继续相聚于塞耳彭。1776年秋，怀特的另一个侄子，本杰明的儿子，15岁的迪克（Dick）深受他喜欢。迪克和迄今为止来过威克斯的其他勤奋好学的年轻人很不一样。"他打算经商，这很好，"怀特写信给约翰·怀特，后者或许有些羡慕，"因为他最不喜欢读书，在干体力活上却很卖力，他会快乐地卷干草堆，推小车，汲水，打扫草地上的小径。我已经教过他骑马，对他来说，高超的骑术或许比维吉尔和贺拉斯更有用。"[3]

威克斯有限的空间如今被这些精力旺盛的客人填得满满当当，扩建计划拖了很久也没实施。1777年6月6日，大客厅终于开始建了，长23英尺，宽18英尺，高13英尺3英寸，相当宽敞。怀特雇了一队当地人，由乔治·肯普（George Kemp）领班。肯普的薪水是一天2先令，他的助手是每天1先令6便士，木匠（使用的木材来自附近温切斯特的树林）则是1先令8便士。砌墙的工作一直持续到7月底，其间因为塞耳彭变幻莫测的气候，曾短暂停工。然后是封顶。怀特兴致勃勃地投入到新角色中，而马尔索正从一个儿子离家出走的打击中恢复过来，他满怀期待地琢磨着，怀特如此热情地改善居住条件，这

样的反常背后应该另有"隐情":

> 说实话,我不知道这样的安排是不是基于另一个计划,那就是你正在准备向我们展示一个单身很久后的新婚男人。我知道这件事有风险,需要小心对待,在你下定决心之前,就算是对老朋友也很难解释清楚。[4]

那个夏天,这一地区的修建进行得如火如荼。怀特的 3 个邻居都在计划扩建或者大规模重建房屋。甚至连威克斯的白腹毛脚燕都受到鼓舞,于 7 月 21 日开始在花园的大门之上修筑新巢,进行了一阵迟来的建造。当地燕子勤劳养家的样子打动了怀特。他注意到,在这个仲夏时节,从凌晨 3 点到晚上 9 点,它们一直在为雏鸟们找吃的。(这说明怀特的一天也很长,或许是手部痛风让他睡不着。)他仍然为这些夏候鸟的一举一动着迷。8 月 15 日到 21 日,每一天的日志中都写着"没看到雨燕"。"8 月 21 日,我最后一次看到雨燕……它们迁徙或者说隐退得太准时了!"他越来越笃定,至少有少量雨燕会留在村子里。11 月 2 日,天气暖和、潮湿,他看到不下 20 只圣马丁鸟:

> 在我的地里、沿着垂林的边缘玩耍和捕食。有意思的是,虽然这种燕科小鸟通常在 10 月很早的时候就会离开,但是多年来,11 月 4 日前后的某一天,总能看到它们……这种情况支持的观点是鸟类会蛰伏,而不是这个地区的燕子会迁徙。[5]

提到白腹毛脚燕时，怀特的语气向来透着熟悉感，而不只是喜爱，他理所当然地认为它们是塞耳彭的圣马丁鸟，是"属于这里"的鸟，就像他曾经形容村庄里的雨燕一样（但这也不妨碍他偶尔射杀刚到来的圣马丁鸟，以仔细检查它的状况）。这其实表明，对于这些"教区的鸟儿"为何规律地离开又出现，他依然毫无头绪。几乎可以肯定是，备受关注的圣马丁鸟根本不是塞耳彭的鸟，而是迁徙的鸟群之一，整个秋天，它们缓慢向南，跨越不列颠。

但是，客观冷静的科学家和浪漫多情的观察者在怀特身上越来越融合了。1777年12月27日，"天气阴沉、恶劣"，怀特描绘了一只鸟在风中被吹得羽毛凌乱的有趣画面："没有鸟儿喜欢在风中俯冲，风会推着它们飞太快，使它们失去平衡。"怀特痴迷于捕捉他所谓的鸟类"气质"（air，现代"jizz"一词的前身），他给巴林顿写过一封信，日期是1778年8月7日，但很可能没有寄出去，在信中，他简略描述了近50个种或科的鸟类的典型动作。怀特以他的机敏，用警句式的语言，精准地捕捉到每一种鸟的几个出人意料的动作，呈现出一幅幅动人的画面：

> 猫头鹰的动作很轻快，就像比空气还轻……鹭身体轻盈，似乎不能飞行太远……金翅雀……展现出弱不禁风、摇摇晃晃的姿态，看起来就像一只受伤后濒死的鸟……黄昏时分，夜莺掠过树梢，就像一颗流星。椋鸟就像在水中游泳。

最引人注意的是，怀特常常让句子结构呼应鸟类的飞行风格。"白喉林莺用古怪的急拉姿势飞过树篱顶和灌丛顶"*,"啄木鸟飞行时翅膀一开一合,形成上下起伏的曲线"。[6]

* * *

回到室内,怀特对大客厅也进行了认真彻底的科学检查。泥水匠偷工减料,往灰浆中加入了木灰,怀特担心"木头中的碱盐需要很长时间才能完全干透,且容易松散,当天气变得潮湿多雾时,又会变潮"。幸好2月的风很好,整个屋子很快就彻底晾干了。白天渐渐变长,怀特可以看出房屋建得有多方正,他在2月满意地写道,"落日的光线正好照进东边的墙角",大客厅唯一的不足之处是有回音,"当许多人都在说话时,听觉迟钝的我就听不清了"。

屋里添置的家具和各种陈设一定是用于减轻回音,因为即便对于这样宽敞、重要的房间,它们也显得太多了。壁炉台"23英尺7英寸的表面(原文如此)贴着带纹理的白色大理石,产自意大利",花费了5英镑17先令11便士,还有一面大大的镜子,花了9英镑19先令。浅棕色的植绒墙纸,边缘是彩色的,怀特的账本中记着花费了9英镑15先令。大客厅还铺了一张"精致、厚实、宽大的土耳其地毯",花了11几尼**。

那年夏天,新扩建的威克斯迎来了许多亲朋好友。莫莉·怀特(现在是常客了)也在,她认为新的客厅"是我待过的最舒适宜人的屋子"。

---

* 原文如下:The White-throat uses odd jerks and gesticulations over the tops of hedges and bushes,原文中数个单词都以s结尾,读起来有种短促的节律感。

** 英国货币单位,1几尼等于21先令。

第七章 教区记录

安妮·巴克,以及本杰明的两个女儿珍妮和贝基也这么觉得。甚至勤奋好学的钱德勒博士在这里也有地儿住,尽管他家就在 3 英里之外。钱德勒习惯了漂泊,数年后,怀特语带温和责备地描述他是"一个不安分的人,喜欢这样住,因为这太像非定居生活了。四处漫游是绅士阶层的习惯,就像托钵僧人一样,他们一旦过上云游生活,就再也不愿意待在自己的教区了"[7]。

但次月在灵默时,气氛就没这么轻松了。经过 18 世纪长时间的郁积,英国对法国的敌意又达到了一个周期性的危险时刻。在南部沿海地区,法国可能入侵的流言四起。"希望你在睡着时不会梦见法国人。"马尔索回信给怀特时说。在通信中,两人似乎都没怎么去想空气中弥漫的好战情绪,以及由此给他们的社区造成的烦恼。前不久俘获了一艘法国商船,一个塞耳彭人因此分得一笔 300 英镑的赏金。怀特告诉莫莉:"在去博特利(Botley)的途中,那个可怜人为了提提神,去了一个酒馆,结果被抓兵队强征入伍。这个年轻人是个马车夫,从没接触过海上事务。这笔赏金算是给他的补偿。"[8] 马尔索声称,他痛恨看到自己的牧草被用来喂法国人或西班牙人的马,或者为英国骑兵所用,为此,他引用伏尔泰的小说《赣第德》(*Candide*)的结尾,"但是我们还是收拾我们的园子吧"[*]。

怀特不需要这种鼓励,他自会照看自己的一方天地。来年(1779年)的 4 月中旬,他忙着收黄瓜和写信给莫莉闲话村子里的事情。[9] 他能收获这些黄瓜实属幸运。他跟莫莉说,塞耳彭干旱了 4 个月,温

---

[*] 引自徐志摩译《赣第德》。

床太冷太干,一点用都没有。莫莉的父亲好意送给他的雨量测量器,在这样的天气状况下,显得有些讽刺:"有段时间,雨量测量器非常有趣,这样的时候肯定还会再有的。"但是照这里之后的天气,雨量测量器总是被束之高阁。新年那天,五月柱在大暴风雨中被吹倒了,但现在已经修好,并且涂装一新。而在本月早些时候,一个多云的夜晚,有窃贼闯入街对面博比(Burbey)的店铺。他们把窗框搞得一团糟,但是在他们找到放钱的抽屉之前,就被制止了。

这些小小的灾祸编织起乡村的一部分日常生活,而怀特能够持续不断地向亲人们讲述逸闻趣事,说明他与教区的小道消息网关系密切。大部分故事是无关紧要的琐事,但是塞耳彭独特的风景和天气就像当地浓重的口音,渗透到所有故事中。因为严重的秋季干旱,当地所有的井都枯了,来年春天,暴雨连连,井水又漫溢而出。大暴风雨把纽顿教堂屋顶的瓦片都掀翻了,并猛砸向30码开外一座农舍的窗户。一只疯狗给周围带来了威胁——17个人和一匹马或被咬或被吓得不轻——它被一辆货运马车拉走,浸入了海里。怀特酒窖中的一瓶白兰地变成了紫色。一头牛从短莱斯滚了下去,安然无恙。威尔叔叔在垂林上滑倒,撞在一根树桩上,昏了过去。

和法国、西班牙的战争营造了另一种动荡不安的氛围,军队漂泊不定、富于刺激的生活与村庄的风俗习惯格格不入。牧羊人常被士兵袭击、掠夺。1781年11月,两个糊涂的当地女孩跟一些临时驻扎*在塞耳彭的士兵跑了,她们闯入罗伯特·贝里曼(Robert Berriman)的

---

* 这样的营舍常设在民宅里。

农场，把他妻子的衣柜搬空了，"这样一来，她们便可能在新的生活方式中崭露头角"。后来，又有28个穿短裙的苏格兰高地人驻扎在教区，被当地人好奇地盯着看，他们全都表现得更好，"尽管他们以素食为主，但哪怕是偷一棵芜菁或卷心菜这种事都没人听说过"。

怀特会细致入微地观察笔下人物的饮食和迁移习惯，有时候，这些人都有点像生物标本了。反过来，怀特几乎把自己非常熟悉的动物当人看待了，或者至少是教区的荣誉居民。其中最著名的就是斯努克太太那只令人尊敬的乌龟。在将近40年的时间里，蒂莫西都住在筑起围墙的花园内，陪伴着深爱他的斯努克太太，1780年3月8日，86岁的斯努克太太去世后，我们难以相信蒂莫西可能失去家庭的照料。*

得到姑母去世的消息时，怀特正在伦敦，3月12日，他前去参加葬礼，并看到了遗嘱。失去亲人，失去一位充满活力的好朋友，怀特一定很难过，更何况她的家是自己想要放松休息时最喜欢去的地方。但是怀特了解死亡，所以并不感到惊慌，在去萨塞克斯的途中，他甚至注意到了春天和新生命的迹象，番红花盛开了，秃鼻乌鸦在筑巢，苍头燕雀（chaffinch）开始吟唱（"但叫声比汉普郡的苍头燕雀更短"）。斯努克太太在遗嘱中留给怀特一个小小的农场，农场位于米德赫斯特（Midhurst）附近的伊乓（Iping），条件是怀特从收到的租金中拿出一部分给其他家庭成员。怀特能净挣50多英镑，相比之下，那只7磅重的美国乌龟一定是更受他欢迎的遗产，尽管遗嘱中根本不会提及这类事物。3月17日，正在花境"冬眠"的蒂莫西被挖出来（他

---

* 在蒂莫西死了之后，经检查，"他"是雌性的。但为了避免混淆，我在提到这只乌龟时，会一直使用男性代词。——原注

"很气愤受到冒犯，发出了嘶嘶声"），塞进一个装满土的盒子里，用驿站马车运到了塞耳彭。一路上晃得很厉害，蒂莫西抵达威克斯时已经完全醒了过来，那个月晚些时候，怀特跟莫莉描述了蒂莫西是如何"走了花园全长两倍的距离，巡视新的领地，但是到了晚上，他退缩到泥土之下，完全沉入深深的睡梦之中，很可能十天半月都醒不过来了"[10]。

尽管在被迫转移的过程中受了一点儿创伤，蒂莫西仍然被强烈的冬眠欲望征服，为此，怀特一定感到很欣慰。随后的几周，蒂莫西缩在龟壳之中，一直在威克斯黑暗的花坛底下熟睡。蒂莫西是神秘冬眠本能的典型代表，和在灵默时一样，满心好奇的怀特出神地观察他。"乌龟一整天都在地底下……清晨乌龟把头伸了出来。"他（指乌龟）弄了一个通气孔；在花园里爬来爬去；恰好偏爱花园中最多产的作物——黄瓜。1780年4月，怀特在向巴林顿描述蒂莫西的习性时，罕见地表达出对造物主智慧的怀疑，造物主赋予"一个爬行动物这么多的时日，这样长的寿命，他却过得毫无滋味，将2/3的生命都浪费在全无乐趣的昏睡之中，每年有数月时间完全失去知觉"[11]。

但当夏天到来时，蒂莫西变得更活跃以后，怀特的口气变了。他在提到蒂莫西时，开始称呼他的名字，将他当成一个个体看待，而不是一只难以理解的爬行动物。

5月27日：周日，万里无云……大大的蓝色鸢尾开了……那只乌龟，蒂莫西，比我想象的更有辨别力，他太聪明了，绝不会掉落到井中，因为当他走到"哈哈"时，竟能分辨出地面在下降,然后谨慎地退后,或者小心翼翼地沿边缘行走,他喜欢爬到花坛边,沿着边上行走。[12]

他仍然要忍受一些粗暴的实验,很没有尊严,但怀特无意伤害他。怀特找他的脉搏;带他去博比的店铺称重(村里的孩子们以此为乐);用一个扩音器冲着他大喊,但他完全无动于衷。还有一次,他被浸到一盆水中,"他渐渐沉了下去,然后在盆底走动。他看起来很不适应,十分惊慌,"怀特很吃惊地说,"这种动物似乎完全不是水陆两栖的。"数年之后,怀特的这一发现救了蒂莫西的命,当蒂莫西"在月桂树篱中冬眠时,那里被水淹了,如果不是托马斯(霍尔)赶来帮忙,将他带走,他肯定会被淹死"[13]。

1784年春天,蒂莫斯消失了一个多星期,怀特想象了蒂莫西的冒险经历,这构成了著名的《乌龟蒂莫西给赫奇·马尔索小姐的信》[14]的主要内容。在信中,蒂莫西详细讲述了他早年的生活和经历,以及他如何在5月的一天下定决心,"逃离被囚禁的地方,因为我幻想着,很可能有许多讨人喜欢的乌龟住在贝克丘的高处,或者在附近广阔平坦的草地上,雌性和雄性的都有。"人们有时会以为,这里的赫奇·马尔索是改随夫姓之前的赫奇·莎蓬夫人,但实际上她是后者的侄女,即约翰·马尔索21岁的二女儿。如果把这封信看成怀特借乌龟之口表达自己哀伤、浪漫的渴望——已经有人这样做了——就言过其实了。实际上,怀特只是借蒂莫西给赫奇回信,赫奇在1784年随家人到访过塞耳彭之后,给怀特寄来一些诗文。一定要说怀特在哪一点上和蒂莫西一样,那就是他写道"我以前从来没有向别人透露过，我想要一个属于我这一族类的社会"。但是，最好还是把这封信看作一个很好的、异想天开的标志，象征着怀特现在准备赋予这只"悲伤的爬行动物"人格，尤其是在他借乌龟嘲讽自己稍显冷漠的实验时：

  这些事让我很不悦，但是还有另一件事更伤我自尊：我是说，轻视我的理解力，这本该是这些造物的主人很容易就能发现的，但他们以为除了自己，其他万物对一切都一无所知。

到1780年秋，怀特记录的一段文字，语气真的很温柔，他描述了蒂莫西也许是贪恋新世界，走到了水果树墙的墙脚边，"睡在了一丛紫茉莉下"。11月，当他终于钻入地下时，怀特在他上面放了一个鸡笼，用来防狗。

＊　＊　＊

以怀特的身份地位，他对教区的熟悉也意味着他在使用教区自然资源上，有一定的特权。比如，他倾向于将垂林看成威克斯土地的延伸，那年秋天，除了观察蒂莫西庄重又滑稽的举动，他开始投入到修建一条穿过树林通往垂林顶的新路。之字小路不但没有被弃用，还被"打扫得很干净"。但是，对于一天天变老的怀特一家来说，爬上陡峭的之字小路开始成为一种考验。尤其是怀特发现自己的身体越来越不听使唤了。结石让痛风的问题变得更复杂，他在9月时抱怨道："后背和肠道都疼……这让我虚弱了不少。"[15]

第七章　教区记录

所以，他所谓的"议事堂"*决定在垂林的正面开辟一条更平缓的道路，就在之字小路的北边。这条路名叫博斯塔尔（Bostal）。修路的经费由托马斯·怀特提供，很可能也是他最先提出修路的想法，因为他对当地历史感兴趣，而博斯塔尔是一个古老的西萨塞克斯用语，用来指南唐斯丘陵上穿过树林的小路。起初，怀特安排他的临时助手拉比去修路，但是进展太慢了，所以在9月，怀特雇了"一大帮忠实的追随者"修完了路。他们主要是村子里的年轻人，但那个夏天待在威克斯的客人好像也帮了忙，人们兴高采烈地挖掘起来。

那些没有动手的人则聚在一旁，围观接下来会挖出什么。他们发现了住在垂林中部的鼹鼠，在黏土中发现了大块的硫化矿物——"像球一样圆"，还在白垩质土层下发现了菊石化石。关于新路的用处，有许多善意的玩笑。怀特提到，"有个反对新路的小团体，叫'之字路者'，埃蒂夫人是头领，但埃蒂先生和约尔登先生会是'博斯塔尔者'——如果他们有胆量的话。"[16]之所以发生争吵，似乎主要是因为新挖掘的路极其泥泞，在怀特从垂林移植了蕨类植物种到最糟糕的路段之后，争执得以平息。（强悍的约尔登夫人没工夫理会那些娇惯的男人和他们温和的观点，在第二年夏天，她用棍子做了路标，指示从纽顿到博斯塔尔顶和之字小路顶之间的小路。之后，她又"运来满满一车白垩土，找来一个马车夫，让他从路标处开始，沿着指示的方向，一路都铺上白垩土块。埃蒂先生曾说，就算给他50英镑，他都不会独自一人在晚上穿过塞耳彭公地，现在也许给他一半的钱，他也

---

* Privy Council，英国君主的咨询机构，即枢密院。这里为了区分，译作议事堂。

会冒险一试"。)[17]最后，人人都同意，这是一条"美好的、浪漫的散步小路，又阴凉、又漂亮"，让去纽顿的路途更愉快。这条更加雅致的上山小路让莫莉特别高兴。因为还没有从塞耳彭直通纽顿的马车道，前一年的夏天，为了参加一场舞会，她一路走到了理查德·约尔登的谷仓，并且很可能是走之字小路上山。[18]

博斯塔尔和之字小路的区别不只在于坡度。这两条路的特点截然不同。之字小路一路穿过开阔的灌木丛和草地，就像一条高山上的小径，爬山时，需要人抖擞精神，博斯塔尔则通往树林腹地，是条僻静的林中通道。博斯塔尔长400多码，宽2—3码，开凿如此规模的一条路，意味着垂林有了巨大变化。从博斯塔尔今天的路况和位置来看，很明显，当时并不是简单地在林下灌丛中开出一条路来。为了平整路面，陡坡上有的地方需要挖掉4英尺深的土壤。并且，无论路线规划得多么蜿蜒曲折，也免不了要将一些山毛榉砍掉或是连根拔起。

所有工作都有序地完成了——毕竟时间和劳动力都很充裕——除了一点，那就是修路其实会侵占他人财产，但没有任何明显的请愿书。尽管垂林是塞耳彭的公共土地之一，怀特和许多其他村民都有权利在这里放牛和捡柴，但土地和木材（或者至少说树根）是属于领主的。怀特当时甚至已经不是塞耳彭的助理牧师了，和莫德林学院的联系也很微弱。然而，没有任何信件或学院记录表明，怀特曾花费精力征得同意，以便开凿博斯塔尔或者在山丘上修建其他建筑物。实际上，他召集了一帮人，将领主的1英亩林地夷为了平地。莫德林学院离得远，是个不在场的领主，这在一定程度上导致塞耳彭发展成一个无拘无束的社区，怀特也因此侥幸成功，这一点谈得很多了。

尽管严格来说，一小部分林地和橡子资源被破坏，村民们的公共权利也受到了侵害，但他们似乎一点也不生气。他们无疑很欢迎修路带来的工作机会，以及路修好后给整个教区带来的好处。随着圈地运动和农业现代化的发展，土地权利越来越受到威胁，在这种情况下，从村民的上述态度，可以衡量当地人对怀特的感情，他们不是从技术上的合法性来评判怀特的行为，而是从他行为背后的精神来评判。

那年（1780年）春天，塞耳彭教区表明了它是如何看待自己的历史和传统身份的。1761年，三世从男爵西米恩·斯图尔特爵士子承父业，成了汉普郡的议会成员，也成为邻近的哈特利教区的领主，过去10年间，他一直在找理由扩大在这一地区占有的土地。他在塞耳彭拥有的租地周围的道路，以及两个教区边界上的道路，他都不让人通行，还拔掉了树篱。更过分的是，他蚕食多顿的公共土地。人们不断在一年一度的庄园法庭上申斥，但都没用。[19] 1779年，西米恩·斯图尔特爵士死了，没有相关的记录表明村民们是否收回了多顿失地。但是在来年5月3日到5月5日举办的"行走边界"*仪式上，村民们特别重申了古老的土地和教区界线。这是9年来第一次进行边界勘查，并且是自1703年以来参加人数最多的一次。15位当地的农民和商人沿着边界行走，约翰·黑尔斯、约翰·博比、托马斯·卡彭特和罗伯特·贝里曼都参与了，另外还有12个男孩，一路上，他们沿着消失的树篱界线插入紫杉树棍——典型的塞耳彭木材。[20]

---

* Beating the Bounds，这是英国教区的古老传统，社区里的老人和年轻人组成一支队伍，通常由教区牧师和教堂神职人员带领，沿教区的边界行走，了解他们所处的地方，并为自己的土地祈福，祈祷获得保护。

整个18世纪后半叶，在塞耳彭有一种明显的态度：教区的土地，以及生长或生活在这片土地上的大多数事物，都是教区的共同财产。塞耳彭的居民不必担忧受权贵的挑剔为难，也不必担心在《布莱克法案》（Black Acts）和1770年《夜间偷猎法案》（Night Poaching Act）[21]的保护下，有越来越多报复非法入侵者和偷猎者的行动——除了在沃尔默皇家猎场界内，塞耳彭村民们会自己帮助自己。这是社区相对自由的标志，尽管其结果似乎常常令具有现代精神的人震惊。村妇们到垂林挖臭嚏根草（stinking hellebore）当作草药种植（她们"将叶子制成粉末喂给肚子里有蠕虫的孩子"）。怀特也移植了臭嚏根草，和毛蕊花（mullein）、毛地黄、桂叶芫花（spurge laurel）一起，装饰他的灌木丛。12只偷吃醋栗的乌鸫被射杀了。一个男孩劫走了怀特家树篱中一个夜莺的巢。宽蛇（adder）一旦被发现就会惨遭杀戮。

　　有时候，猎物少之又少。1781年6月中旬，一个男孩爬到垂林上一棵高高的山毛榉树顶上，拿到了一对蜂鹰唯一的一颗蛋，蜂鹰当时的分布范围比现在更广，但仍然是一种很珍稀的鸟类。几天之后，雌鸟被射杀了。两样战利品都送到了怀特手里检查。一群黑翅长脚鹬中也有一只落得同样的下场，因为它错误地停在了8英里外的弗兰汉斯池塘（Frensham Pond），于是获得了珍稀事物的特有待遇。"池塘看守人说那群鸟一共有3对，但在他的好奇心得到满足后，放过了第6只。"[22]怀特写信给巴林顿，信中一点也没有嘲讽的意思。有记录可查，这是这个物种第3次到访不列颠。怀特甚至能够从这些不幸的鸟儿身上看到有趣的一面，他在信中描述道：

第七章　教区记录

我……发现腿长得不可思议，要是乍一看，可能会以为它们的小腿是安上去的，以欺骗轻信的观看者：那些腿太夸张了。如果我们在中国或日本的屏风上看到这样的比例，我们会非常理解绘画者的想象。[23]

全村人都喜欢燕子一族，可以忍受它们用脏乱的鸟巢侵占小屋、教堂、农舍等的地盘。也许人们仍然认为，燕子能给它们筑巢的人家带来好运。1780年，单是在修道院农舍的屋檐下，就有40个圣马丁鸟的鸟巢，6月时，生长在这栋建筑中的雏鸟数量多得让怀特惊奇不已。第一批孵出的小鸟聚集在屋瓦之上晒太阳，整个屋顶一侧全是鸟。很可能到10月中旬时，这一大群鸟中，就有一些会去垂林觅食。每到夏末秋初，燕子常常加入圣马丁鸟家族，它们一起掠过邻近的草地，利用上升的热气流玩耍，这是塞耳彭非常壮观的景象之一。怀特喜欢在自己的"田野凹室"（field alcove）观看这些杂技表演般的重大集会，"凹室"是他建在威克斯和垂林之间用于隐蔽的简陋建筑。1780年秋天，怀特决心通过专心致志的观察（很可能用到了望远镜），设法一劳永逸地解决是否有燕科小鸟会冬眠的问题。他在10月中旬连续几天的观察笔记被整理成篇，收入了《塞耳彭博物志》（但是没有寄给巴林顿）。他的结论在今天看来是错的，但是从中我们也最能领略怀特的观察方法，以及他对白腹毛脚燕的感情，所以值得在此长段引用：

1780年10月，我注意到这些逗留至今的鸟群（圣马丁鸟），数量很多，也许总共有 150 只；这个季节，温暖无风。我决心特别关注一下这些这么晚还出现的鸟儿；如果可能的话，再找一找它们的栖息地，确定一下它们消失不见的准确时间。它们的生活模式对我的这一计划很有利，因为它们成天都在我家和垂林之间有屏障的区域有序、从容地飞来飞去，尽情享用那些为躲避狂风来这里寻求庇护的虫子。我的主要目的是找到鸟儿们的栖息地，所以我耐心等待它们返回住地，我很高兴地发现，一连几天的傍晚，刚过五点一刻，它们全都极速往东南方向飞去，俯冲到山丘脚下农舍上方的低矮灌木丛中。从许多方面来看，那个地方似乎都是它们精心选择的越冬场所：那里的许多区域都像房顶一样陡，所以不会被积水烦扰；此外，那里还覆盖着山毛榉树丛，这些山毛榉树因为遭到绵羊啃食，没有长很高，却异常浓密，树枝纠缠在一起，就连最小的西班牙猎犬也钻不进去……我的观察一直持续到 10 月 13 日和 14 日，我发现，它们总是在傍晚的相同时间一起归巢；但在那之后，它们就不再有规律地现身了，只偶尔能看到一只离群的小鸟。10 月 22 日清晨，我看到两只圣马丁鸟从村子里飞过，标志着我在这个季节的观察结束了……

我还有一点补充，这片绵延数英亩的灌木丛不是我的私人财产，所以我不能挖掘寻找、仔细检查，不然，我很可能可以找到那些较晚孵化出的雏鸟，以及隐藏在该区域的所有白腹毛脚燕；这样就可证明，它们没有退到气候更温暖的地方，而是从来没离开村子超过 300 码。[24]

第二年春天，推测圣马丁鸟可能从冬眠中醒来的时候，怀特暂时抛开对所有权的顾虑，雇了一群年轻人，去搜寻山毛榉灌丛和树根空腔，那是6个月前圣马丁鸟在消失之前出现过的地方。但是那里什么都没有——除了一些天之后（搜寻工作至少持续到了4月11日），一只孤零零的白腹毛脚燕"落到街道上，又飞入贝纳姆家屋檐下的鸟巢中"。这一年，白腹毛脚燕出现的时间偏早了，怀特猜想是不是垂林的搜寻活动惊扰了它。

带着同样的好奇心和决心，怀特还调查了教区里雨燕的家庭事务。1781年8月中旬，怀特注意到一只（或许是一对）雨燕规律地从教堂的屋檐下飞进飞出。他琢磨着它们是不是"被意外耽搁，破壳时间晚了"，所以没能和其他同伴一起离开。8月24日，他才瞧见，它们实际上是在照料两只羽翼渐丰的幼鸟，"幼鸟的白色下巴从鸟巢的缝隙中露了出来"。怀特很吃惊。仔细观察了40多年，他还从没在一年中这么晚的时候看到过有幼鸟的雨燕。这不符合雨燕守时的习性，早在1777年，雨燕的准时曾给怀特留下了深刻印象。接下来的几天，他继续观察幼鸟，记下了它们如何开始"活泼"地东张西望。8月28日，它们消失不见了，8月的最后一天，怀特和一个帮手爬上屋檐，想看看发生了什么。答案很快就有了。鸟巢里没有活着的鸟儿，也没有冬眠的鸟儿，只有"两只降生不久的死雨燕，在它们*之上，已经筑起了第二个鸟巢"[25]。

---

* 《塞耳彭博物志》原文中，照顾幼鸟的雨燕是从一对减少到了一只。本书在这里的叙述，人称代词都用的"它们"，有所差别，故在此说明。

　　　　　　＊　＊　＊

这个故事迅速被写成一篇短文，以致巴林顿的信的形式收入《塞耳彭博物志》中，日期是1781年9月9日，但几乎可以肯定，这封信没有真的寄出去。《博物学家日志》中主要的条目，内容偏离所属栏目的情况已经有一段时间了，实际上，它现在既是工作簿，又是日记本，怀特会在其中记录田野观察和个人感悟。他偶尔还会报告在塞耳彭之外发生的趣事，比如，1782年6月记载了听起来像全国性流行病的俄国流感，还有那个月晚些时候，[伦敦南朗伯斯区（South Lambeth）弟弟托马斯在]自家的屋檐下钉了几个大大的扇贝贝壳，用来吸引白腹毛脚燕。这些巢箱*的原型"固定后不到半小时，就有几对白腹毛脚燕在那里安家了，它们表现出很满意的样子，立即开始修筑巢穴"[26]。当然，日志主要还是非常清晰、用心地记录了教区里日常生活的脉络。许多条目都像风俗谈或微型寓言。一只白腹毛脚燕在水盆中淹死了。一只白喉林莺（lesser whitethroat）——一种能发出悦耳鸣啭的"莺"——"沿着花贝母的茎秆向上，将脑袋伸到钟形的花朵中，吮吸蜜汁"。夜晚，"有时候，仆人都睡了，厨房一片漆黑"，灶台上聚满了成群的蟋蟀幼虫，它们只有蚂蚁那么大。不用过多形容和修饰，只需用少量词组，常常是两个对比明显的画面，怀特就能抓住某一时刻或整个季节的精髓。以下是他在1782年6月记录的部分条目，描绘出热浪一点点推进的过程：

---

* 替代营巢场所设置的箱子。

6月14日：蜉蝣出现了，在溪流之上飞舞。它们的动作很特别，几乎垂直地上下翻飞，飞行了很多码。6月15日：把我的挂肉拿出去好好晾上……一对松鸡栖息在贝克丘，它们沿着砖墙边缘拂去羽毛上的灰尘。6月16日：天气炎热，乌龟变得非常机敏，早上6点之前就在整个花园爬来爬去。当日晒变得非常强烈时，他会退到花园中的垫子下或卷心菜的遮蔽中……6月20日：从石灰窑里冒出的烟，水平地飘在森林之上，飘出数英里远。

这些条目让人明显感觉是精心选择过的，所以《博物学家日志》不是被动、随意的记录。这些条目的形式和准确性，让它们看起来就像在回答半成型的问题，或者在一幅差不多勾勒好轮廓的画稿中，为细部上色。在写下来之前，怀特显然已经有了一些构想。1782年夏初，邻居告诉他，在詹姆斯·奈特的一个池塘边，有一棵树枝垂在水面上的柳树，树上神奇地聚集了一群燕子。怀特肯定没有亲眼看到，但他在仔细询问了邻居之后将那幅场景描写得栩栩如生：

> 一开始，他的注意力被鸟儿叽叽喳喳的叫声吸引，接着他发现这些鸟儿排成一排，动也不动地停在柳树的大树枝上，脑袋都朝向同一个方向，在它们的重压之下，树枝几乎都要触到水面了。[27]

这段描述就像一幅日本版画一样简单又动人，这幅景象一定让怀特迅速联想到了很多。稍后，他把这当作燕子可能傍水冬眠的证据。他那充满感情的描述流露出对这些招人喜欢的小鸟的柔情，它们挤在一起，相互陪伴，停留在水面之上，摇摇欲坠。40多年间，怀特只在大约6条记录中像这样公开表露过自己的情感。但在其他的日记里，这样的情感从未消失过，并且因其含蓄内敛而愈发强烈。怀特也许并不总是有意为之，但他对细节的选择，他用来捕捉这些细节的语言，在很大程度上揭示了他的感受。今天我们读到这些文字时，不可能意识不到其中的象征、关联和意义。

最好的日志条目，是怀特写下的那些最犀利、最能唤起情感的文字，以及那些自成一体的短小散文诗。正如我们所见，格式工整而且有时写得晦涩的诗是怀特更忠实地面对和承认自己情感的方式，也是一种智力上的消遣，以及文学上的循环训练。1774年，他曾建议侄子山姆"稍微接触一下英文诗，这对一位年轻的绅士来说必定是一项不错的技艺，不仅能让他更好地阅读和欣赏最好的诗人，对他写散文也有好处，就像跳舞之于身体"[28]。而真正写作时，为了忠实呈现周围冷酷的物理世界，怀特需要利用日记或散文的简朴、直接和即时性。在这一点上，乔·沃顿和博学家约翰·艾金博士（Dr. John Aikin，彭南特的一位朋友，《塞耳彭博物志》未来的编辑）都默默地支持着他。他们都批评过当时的描写性写作画面陈旧，措辞千篇一律，还批评写博物诗的诗人"从不曾看一眼自然"。但讽刺的是，正如约翰·阿索斯指出的，恰恰是受博物学和科学的影响，促使"库存措辞"成为18世纪作家们的典型特征：

他们了解到宇宙的运行，宇宙中各元素的和谐平衡……植物的原理，还有他们不断增长的知识，证明这是一个秩序井然的世界，这让他们感到高兴。自然的魅力是永恒不变的；诗歌的乐趣之一就是对那样的魅力进行再创造。[29]

在怀特成熟时期的日志中，他第一个展示出，可以在不牺牲准确性的前提下，从新鲜和强烈的个人视角出发来书写自然世界。对于教区中上演的无数戏剧性事件，他都会迅速给出回应，他开始在两种不同的自然观念之间搭建起桥梁：一边是古老的迷信观念，它仍然将人类当成自然体系的一部分；一边是当代的科学观念，更理性，但与自然更疏远。

* * *

这时的怀特在塞耳彭生活得相当舒适。1780 年 11 月，弟弟约翰去世之后，他曾邀请约翰的遗孀芭芭拉到威克斯来住过一阵，她一直在帮忙管理家务。怀特不再像 40 多岁时那样偶尔会无人陪伴，现在他的家里常常聚满朋友，还有越来越多的侄子、侄女、外甥、外甥女。1782 年夏天，他的客人有拉尔夫·丘顿牧师（Ralph Churton，牛津大学布雷齐诺斯学院的研究员，通过钱德勒博士认识），弟弟托马斯·怀特和他的 3 个孩子，从拉特兰郡来的妹妹安妮·巴克和她的两个年轻女儿，直布罗陀的杰克偶尔也会来，他已经定居在索尔兹伯里，是一名外科医生，为符合他现在的年龄和地位，通常被称为约翰。怀特尤其喜欢听玛丽·巴克和伊丽莎白·巴克（Elizabeth Barker）弹奏羽管键琴。

但是现在，他必须为享受这一快乐付出代价。他开始遭遇老年人普遍会遇到的一种烦恼,心理学家称之为"强迫反刍"(obsessional rumination),在聆听了演奏之后,他发现自己:

> 从早到晚都被那些乐段萦绕,尤其是刚醒来的时候,听演奏带给我的痛苦多于快乐:曲调和吉格舞步涌入我,迫使我时时刻刻反复回忆,甚至在我渴望想想其他事情时也这样。[30]

除了脑中回响的音乐,他还备受阵发性的耳聋和越来越频繁的痛风折磨。他开始显现出轻微的健忘,在通信中不断重复自己说过的话,甚至有一次,他在写给马尔索的信上落款"您最谦卑的仆人G. W."。一个62岁的老人或许总会遇到这些麻烦,再加上怀特生性拖延,必定会让《塞耳彭博物志》的工作慢下来——现阶段还需要基于日志条目撰写许多新材料。

但马尔索对这些一无所知,他总说自己的各种病难缠得多。他仍然坚信,是"你们当地那些一文不值的古文物"耽搁事儿。自从知道怀特要扩充这部分内容,他先是紧张,继而非常恼火。"一个古文物的大杂烩,"他抱怨道,"从时间的锈迹、沉渣和霉味中翻找出来!"后来又说:"又过去一个冬天,还是没看到你的文章。除了说你是个胆怯的、惹人着急的人,我没什么话好说了:你骗取了世界对你的信任……说真的,如果你在古文物上花太多精力,你的门廊就会比你的屋子还大;你原本计划修一座帕拉第奥*式的建筑,却将正面修成了

---

* 安德烈亚·帕拉第奥(Andrew Palladio,1508—1580),意大利建筑师。

哥特式。"[31]

我猜想，凭马尔索对怀特写作方式的直观认识，他是在提醒怀特，要警惕不能紧扣主题。3年前，他曾建议怀特将书写得"非常清晰，但非常短。自然部分的新奇、优雅、亲切和虔诚将是这件作品的堡垒"[32]。1782年，马尔索写信给怀特时，心里想的可能不只是怀特坚持在法灵顿做助理牧师的琐碎工作："或许你就像巴士底狱*的年迈囚犯，如果腿上没有拴着链条，就会担心腿着凉。"[33] 也许在10年之前，当怀特写圣马丁鸟和燕子时，他就已经意识到，他可能不得不针对新的情况重新确立主题。他所需要的刺激很快就会出现。

1783年6月以熟悉的凄风冷雨开始了。23日，怀特在《日志》中记载，下了大量蜜露（honeydew）**，还有"湿热、朦胧"的薄雾。接下来的日子（一直到7月20日），空气逐渐变得更闷热、更压抑，无论白天黑夜，都有蓝色烟雾停留在周围。"太阳一整天看起来都像月亮，发出铁锈色的光芒。"怀特在26日写到。不久后，树叶不祥地提前掉落了，怀特的弟弟亨利在他的法依菲尔德日记中写下："最可怕的预兆和预言让城镇和乡村充斥着迷信思想。"[34] 最后，怀特详细记载了这一现象——"最非同寻常的景象，任何人记忆中都没有过"——作为《塞耳彭博物志》结尾的场景之一。他的描述透着阴森的感觉，加上当时灾难蔓延，所以至今读起来仍让人脊背发凉：

> 正午的太阳看起来就像被乌云遮蔽的月亮，铁锈色的阳光洒向

---

* 巴士底狱原名巴士底要塞，14世纪末时被改造为王室监狱。
** 昆虫分泌的黏液。

大地，落在室内的地板上；但在日出和日落时，阳光却呈骇人的血红色。气温一直非常高，猪被屠夫杀死的第二天，肉就不能吃了。苍蝇成群结队地在小路上和树篱旁飞舞，让马儿近乎疯狂，骑马也变得很烦人。农人们开始带着迷信的敬畏之心看待这轮阴沉的红日。但事实上，有知识的人应该感到担心，因为那段时间，卡拉布里亚*和西西里岛的部分地区一直在地震，土地都开裂了；差不多同一时间，挪威海岸上的一座火山喷发，岩浆流到了海里。[35]

现在我们知道，这些现象是由冰岛上的拉基火山（Skaptárjökull）喷发引起的，当时整个欧洲都注意到了。连续不断的强烈雷暴雨终于打破了不列颠南部地区的闷热。马尔索认为这是他见到过的最强雷暴天气，有"5个火球同时落入视野"。

1783年冬天和那年的夏天——如果可以称作夏天的话——同样难熬，同样漫长。圣诞节下了第一场雪，从那以后一直到1784年4月初，道路上几乎每天都有积雪。4月2日，怀特骑马从南朗伯斯区的弟弟家回来，十分艰难地穿越积雪，当他在奥尔顿的小路上看到村子的第一眼时，"可怜的老塞耳彭简直呈现出一派西伯利亚的景象……我都快认不出这地方了"。几天前，在霜冻持续到第28天时，他向莫莉承认："我盼望着这页纸的另一面描述的天气。"[36] 信纸背面抄写了一首诗，题为《冬日偶得昏暗、宁静、干燥而温暖的天气》（On the Dark, Still, Dry Warm Weather occasionally happening in the

---

* 意大利的行政区名。

Winter Months），怀特写了塞耳彭从连续的恶劣天气中稍得喘息。诗的题目（简明扼要、引人联想，让人不禁想起日志的条目）就是整首诗写得最好的，仅此一次，怀特在诗中没有表达更多感受，仅抒发自己因为天气而沮丧，需要写点诗。[37]

整个教区一直在承受夏季暴雨和漫长严冬联手带来的恶果。食物短缺，羊肉的价格上涨到每磅 5 便士，怀特寄往伦敦的信中总是在索求咸鱼。因为土地冻得太硬，农场里没有什么活儿可做，济贫税（poor-tax）几乎已经翻倍了。疾病流行。怀特重感冒了很长时间，其间还送走了一位朋友，塞耳彭的教区牧师埃蒂先生，4 月初时，一场严重的传染病夺走了他的生命。

不过，夏候鸟再次在雪中到来了。4 月 2 日，有人称在距离塞耳彭 5 英里处的布拉姆肖特（Bramshott）听到夜莺在歌唱，一位农夫告诉理查德·约尔登，自己 4 月 7 日在霍克利看到了两只燕子，这个时间比往年早。这让怀特和约尔登之间有了一场怪诞的对话。怀特问这位纽顿瓦朗斯的教区牧师是否认为这位农夫认识燕子，后者回复——或者说怀特报告后者的回复——"哦，他认识，因为他是个已婚男士。"听到约尔登将自然智慧视作对传统道德生活的奖赏，怀特似乎被惹恼了，他最后反击说："虽然我是个不配拥有智慧的单身汉，但我想我也认识燕子，就像英格兰的大多数已婚男士一样。"[38] 蝙蝠出现在 4 月 9 日一个"甜蜜的午后"，一对雨燕在 5 月 1 日回到了村庄。

但并非所有征兆都是好的。6 月 17 日上午 11 点，怀特在耍闹场碰到埃蒂太太。这位教区牧师的妻子在当地出了名的敏感，她告诉怀特"她有种感觉，暴风雨就快要来了"[39]。几个小时之后，"一阵硫黄味很重的蓝色薄雾"开始在垂林聚集。1点45分时,哈特利突然下起暴雨,并很快下到了塞耳彭。一开始是大滴的雨点,紧接着是大冰雹,周长足足有3英寸,"形状有点像鸟蛤,每个都有白色的核"。当时,怀特正坐下来吃午饭,"瓦片的哗啦声和玻璃的叮当声"让他警觉。

这场暴风雨让教区受到了重创。有人没能从农田赶回家去,受了伤,约翰·博比在设法盖住温床时,手被严重割伤。大量窗户碎了,果园里的果子毁了,倾盆大雨让一个两英里见方的区域被水淹,表层土也被冲走了。暴风雨刚过去,怀特立刻出去调查教区的损失,从邻居那里收集证据和逸事。之后,他在日志中写下一个完整的故事,包括暴风雨的聚集和爆发,及其对教区的影响:

> 诺顿旁边的凹陷小路严重开裂,变得乱七八糟,在修好之前是无法通行了,重达200磅的岩石也被移走了。仁慈街(Gracious street)的洪水越过防洪闸门(goose-hatch),水位上升到了农庄院子大门的第四根横条。那些看到大冰雹落到池塘、水池里的人说,冰雹砸向水中的场面令人称奇,水花飞溅到空中,高出水面3英尺!……冰雹落下时的速度极快、呼啸声极响。[40]

* * *

怀特对1783年到1784年间异常天气的记录最值得注意的一点是,他在敏锐、细致和客观的叙述中,融入了对大自然戏剧性事件的惊奇，甚或敬畏，而这种人类与自然息息相关的感觉可能直接承袭自中世纪时期。当他描写布兰卡德（Blanchard）的热气球飞过村子时，虽然强调的重点不同，但流露的感觉是相同的。

18世纪80年代，热气球极大地刺激了公众的兴奋点。1783年10月，罗泽尔*进行了历史上第一次载人升空。1784年9月15日，当卢纳尔迪（Lunardi）进行那场著名的从切尔西开始的飞行时（还带了一只猫、一条狗和一只鸽子），一大群人前来观看，威尔士的王子也来了。但在这之前，富有开拓精神的怀特家人已经做过一些气球实验了。怀特的侄子埃德蒙·怀特（Edmund White）曾经和一个朋友用薄纸制作过一个小小的热气装置。"袋子"有2.5英尺长，20英寸宽，"底部有一个棉花塞，用酒精浸湿后，用蜡烛点上火，有浮力的热空气就从底部灌进袋子。"[41]试飞地点选在了垂林的开阔处，空气凉爽而湿润，这个装置却没能很好地运行。但是在纽顿瓦朗斯教区牧师住宅的楼梯上测试时，它升到了天花板上，并且一直持续到燃料耗尽。

然而在大部分乡村地区，人们对这些时髦装置仍有所怀疑。当卢纳尔迪的飞行在赫特福德郡北部突然停下来时，当地农人拒绝帮助他，还是在看到一个年轻女人抓住其中一根系泊绳后，他们才肯围过去。

那年秋天晚些时候，怀特听说还有另一场从切尔西开始的飞行，这次是法国人让·布兰卡德。（天气晴好时，伦敦的报纸发行后，不过一天时间就可以送达塞耳彭。）10月15日，计划升空的前一天，

---

* 皮拉特·罗泽尔（Jean-Francois Pilatre de Rozier）。

天气不错，东北风平稳吹拂，怀特开始"抱定一个信念"，认为布兰卡德会在第二天飞过村子：

> 第二天天气也很晴朗，风仍旧不断吹拂，我比任何时候都乐观，我进进出出，劝告所有稍微有点好奇心的人，从 1 点到 3 点要密切注意，因为他们将很有可能看到一番奇景。[42]

怀特决定向教区居民介绍这一科学奇迹。他像个布道者一样在田间地头游走，鼓动劳作的人们盯着东北方向看，并且往法灵顿寄出了一张紧急的短笺，以防万一气球经过的地方比他预计的更靠北。2 点时，垂林顶聚集了一大群人，当东北地区吹来长长的一团伦敦烟雾*时，人们越发期待了。怀特努力控制自己。他在垂林下的重点区域最后巡查了一番，然后回家去吃午饭，"将帽子和外套放在椅子上，准备好一听到信号就出门"。2 点 40 分，呼叫声传来，怀特跑到果园中，那里已经聚集了二三十位邻居。他近乎狂喜地看着气球经过，他在信中、《日志》中，以及后来为报纸撰写的一篇文章中的描述比他写的任何其他内容更能体现他复杂的个性。气球像一个小点出现在他的视野中，渐渐地，它变成一个光亮的黄色球体，在午后的阳光下闪闪发亮。尽管代表未来科学的画面从头顶经过，但在绘制和测量气球通过的路线时，怀特仍然利用了村庄古老而熟悉的地理环境：

---

* 伦敦的烟雾问题由来已久。

站在房子西南端绿色的斜坡上，我看到在极高远处，有一个深蓝色的小点正从天上降落下来，悬在塔上的风向标和五月柱顶端之间的高空中。一开始，它朝向我们，似乎没怎么动，但是我们很快发现，它的速度相当快。因为在短短几分钟之内，它就过了五月柱。随后又飞过我家大客厅烟囱上的剑状物。不到10分钟的时间，它就到了我的大胡桃树后面。这个机械装置大多数时候看起来是深蓝色的，但有时候因为反射阳光，会呈明亮的黄色。通过望远镜，我可以依稀看出热气球的吊篮，以及拉住它的绳子。肉眼看过去，这个巨大的气球还不如一个大茶水桶大。[43]

　　如果说这场景让人想起什么，那就是勃鲁盖尔[*]的绘画作品伊卡洛斯[**]，在画中，"有翼少年"从天空中坠落，与之相对，画的主体部分是庄稼人低头干活的农田风景，这些人对头顶上正在发生什么一点兴趣也没有。这里的感觉却完全相反，在一个喜欢和熟悉的环境里，天上、地下的对比是在颂扬人类发挥积极主动性可以获得的成就。就像100年以后，理查德·杰弗里斯（Richard Jefferies）梦想的那样："我支持和盼望未来之光，只不过我只愿它从自然中来。时钟的读数应该由阳光决定，而不是反过来用时钟为太阳计时。"[44]对怀特而言，这一场景引起的复杂情绪，让他想起1768年约瑟夫·班

---

[*] 彼得·勃鲁盖尔（Brughel Pieter，约1525—1569），16世纪尼德兰地区最伟大的画家，以农村生活作为创作题材。

[**] Icarus，希腊神话人物，伊卡洛斯用蜡和羽毛制成的翅膀逃离克里特岛时，因为飞得太高，蜡被太阳熔化，跌落水中丧生。

克斯开启他的重要航行,以及每年秋天候鸟离开时,他所体验到的感受:

> 一开始,我被这现象深深地震撼了。就像弥尔顿的"晚归的农夫"那样,我觉得自己的心同时回荡着恐惧和欢喜。过了一会儿,我更镇定地查看这个机械装置,抛开了对那两位同胞就像要迷失在无边无际的大气深处的敬畏和忧虑!我们当时猜测有两个人参与了这场惊人的旅行。最后,看到他们平稳、镇静地移动,我开始认为他们就像一群专心迁徙的鹳或鹤一样安全。[45]

* * *

怀特将人生最后的岁月都贡献给了《塞耳彭博物志》,继续指导塞耳彭的村民,也反过来受村民指导。接替埃蒂先生的 C. 泰勒(C. Taylor)牧师不愿意定居在塞耳彭,从 1784 年 10 月起,怀特成为助理牧师,一直到去世。他的任务并不繁重——一年主持 20 到 25 次洗礼,四五次婚礼,约 20 次葬礼。[46]但是在他的教牧关怀之下的,是一个损耗殆尽的社区,持续不断的坏天气让整个社区在物质上和经济上严重不足。工作和食物仍然短缺。当地的几个磨坊和谷仓发生了多起谷物盗窃事件,塞耳彭公用地的木柴砍伐率很高,对林地造成了破坏。1786 年春天,就连干草都很匮乏。"现在,我的干草堆苗条得就像未婚少女的纤腰,"怀特跟山姆·巴克开玩笑,"如果我之前主持婚礼的两个新娘腰也这么细,那于她们的名声可是至关重要的。"[47]

当地的路况是村子还有能力关心的少数几件事情之一，许多道路被反复交替出现的霜冻和洪水蹂躏。整个1784年的秋天，位于西南方向，从村里到纽顿瓦朗斯的小路特别受到关注。11月23日，怀特在日志中记录弟弟托马斯一家乘马车从这条路来到村里，这是"这条路第一次过马车！"（当地人受雇为教区修建大路，修复桥梁、树篱和大门，报酬按工作任务或天数结算。女人帮忙捡石头填上车辙和窟窿。付给村民的报酬从教区土地享有者缴纳的租金中来，租金通常为每年2到5先令。[48]）

但这条路刚刚修完，塞耳彭就又被严酷的寒冬侵袭。1784年12月7日晚，自1776年以来最大的一场暴风雪横扫英格兰南部。接下来的48小时，大雪一刻也没有停歇。10日晚11点，怀特的一支温度计示数为零下1华氏度（零下18摄氏度），另一支温度计的水银则消失在了玻璃泡中。面包、奶酪、肉、土豆和苹果，只要没放进地下室，就会被冻硬。仁慈街的积雪有4英寸厚，而在法依菲尔德，亨利·怀特发现，被他拿起的金属会迅速贴在他手上。[49]有一群人会定期被叫去给凹陷的小路铲雪（在那个冬天，他们每铲一天雪，教区就花7先令给他们买啤酒），直到1月中旬，雪才短暂融化。

不过，坏天气也带来一些好处。2月1日，天气明朗得不真实，出现了一个奇怪的现象，怀特因此写下了一个完美的日志条目："在这寒冷的一天，约莫正午时光，一只蝙蝠围着仁慈街上的小水塘飞行，一边飞，一边把头伸下去，小口地喝水，就像燕子那样；风一直猛烈地刮着，男孩们就站在冰面上。"[50]

教堂的钟在1781年的重大庆祝活动中被重铸过，为纪念"加冕典礼"（Crownation）和"火药阴谋*"，钟声像往常一样响起。板球比赛在垂林顶上的公地举行，似乎很激烈的样子：仅一场比赛中就有两个人被带下场，他们被球砸伤了，其中一人膝盖脱臼，另一人的脸和腿都伤得很重。在垂林上的另一处，怀特的一位女性帮手（也许是古迪·汉普顿）将山毛榉的果实播撒在矮树丛中，在一定程度上弥补当地人砍柴和莫德林学院伐木对森林造成的严重破坏，这些砍伐活动都在林木更繁茂的垂林西北一带进行。

怀特有时会被批评，说《塞耳彭博物志》没有更多地着墨于村民。比如，在1887年的一个版本中，理查德·杰弗里斯就在满怀喜爱之情的导言最后抱怨道：

> 他了解农民和乡绅，他去过各个地方，他有最灵敏的双眼。但永远遗憾的是，他没能留下关于同时代人的博物志。否则，我们就能拥有一幅图画，描绘着我们这个时代开启前不久的英格兰，它一定会展现出奇妙的差异性。[51]

要回答《塞耳彭博物志》是不是这样的书，我们的理由其实并不充足。书中的确有大量关于人类行为和社会习俗的描写，尤其是在结尾部分。但问题是，书中描绘的人物，不像真正的人，而更像其他种类的生物标本。他们和驼鹿、乌龟一样罕见而有趣：麻风病人、女巫、吉卜赛人，一个在18世纪50年代和60年代住在塞耳彭的白痴男孩。

---

* Powder-plot，即gunpowder plot，火药阴谋，发生于1605年，是一次并不成功的弑君计划，每年11月5日，英国人以大篝火之夜庆祝阴谋被粉碎。

第七章　教区记录

他从幼儿时期就表现出对蜜蜂的痴迷：

> 他简直是一个黄喉蜂虎（Merops apiaster）*，或者说食蜂鸟，对养蜂人来说很有破坏性，因为他会溜进养蜂场，在放蜂箱的托架前坐下来，用手指敲击蜂箱，在蜜蜂飞出来时抓住它们……当他跑来跑去时，嘴里常常发出像蜜蜂那样的"嗡嗡声"……[52]

怀特完整的描述非常准确、细致，就像一个临床诊断的病历，但没有流露出丝毫的同情和理解。在怀特笔下，这个男孩连名字都没有，相比之下，乌龟却有。怀特最大的遗憾似乎是：要是这个男孩智力更高（"针对蜜蜂这个认知对象"），他应该能够对更科学地认识蜜蜂的生活做出贡献！

在致戴恩斯·巴林顿的第 26 封信中，怀特详细描述了灯芯草蜡烛的制作——"一项简单的家庭经济活动"——文中同样完全缺乏同情和理解。"汉普郡有一个勤劳的庄稼人，他的妻子精打细算"，会用这种廉价、持久的照明工具，她的节俭令人称赞。但是，我们很怀疑，怀特在度过牛津的那段拮据日子之后，是否用过这个可怜人那样的蜡烛，他批评很穷的人不该偏爱脂蜡，这不公平，因为他自己也用。

如果要为怀特辩护，可以说他对村里人的独立和自助信心十足，没工夫想那些让劳动者保持恭顺的措施。一封来自莫莉（昵称"年轻的古文物研究者"，因为她为怀特的书提供了帮助）的信中有关于灯

---

* 欧洲一种吃蜜蜂的鸟。

芯草蜡烛议会法案的摘要。法案具体说明了在什么条件下，家庭用的小灯芯草蜡烛可以免税："如果只在油脂或厨房油垢中浸过一次，完全没有浸入过熔化的或提纯过的动物油脂，就不会被课税……只浸一次油脂!!!"莫莉尖刻地评论道："但愿针对穷人的税收能仁慈些。"[53]

但以上这些并不代表怀特对社区冷漠和疏离。我敢肯定，他之所以觉得没有必要花更多时间巨细靡遗地讨论普通的乡村生活，原因之一是村民们早已渗入到书的肌理之中，是书的合作者，是某种意义上的联合作者。正如我们不断看到的，怀特依靠邻居们帮他收集证据、信息和逸闻趣事。他偶尔会专门出去采访他们，也许是关于布谷鸟鸟巢的发现，或者是一场暴风雨造成的后果。但是，大多数情况下，怀特应该都是在日常交谈中收集信息。在为数不多的关于怀特的回忆中，有个说法很可信，本杰明的孙女乔治亚娜（Georgiana）引述了怀特的邻居约翰·尼尔（John Neal）的话，后者还记得怀特和村民们对话的生动画面，"他站在路中间，挥舞着手杖"，并且提到了"他独特的耸肩方式"。[54]

在研究鸟类及其迁徙时，怀特发现，有这样一张广阔的合作者网络支持，对他大有裨益。村民们变得很擅长观察和报告早到的候鸟，他们把自己射杀或发现的所有新奇物种都带给怀特。怀特的日志中满是村民协助他的具体事例。小农场主托马斯·贝纳姆住在通往威克斯的那条街上，他曾帮忙寻找冬眠的白腹毛脚燕。蒂姆·特纳（Tim Turner）是怀特隔壁的邻居，他也对白腹毛脚燕的研究有所贡献。他曾让怀特看他家屋檐下的两个鸟巢，为了适应地形，鸟巢建得像长长的通道，这证实了怀特的说法，即鸟巢并不总是呈半球形。丹·惠勒

（Dan Wheeler）的儿子告诉怀特，他在篱雀窝里发现了一只布谷鸟幼鸟，其中一枚篱雀卵被扔出去，掉落在鸟巢下方。理查德·巴特勒（Richard Butler）的工作是盖茅草屋顶，他带怀特去看过翔食雀的巢，就修筑在架子上一把旧耙子的耙身后。约翰·博比看到一只锡嘴雀用它大大的鸟喙砸开李子的果核，吃下果仁。

这些鸟儿并不都能活着离开。很多时候，在一旁默默观察的人会将鸟儿带到威克斯，并报告鸟儿的行为。实际上，似乎正是怀特众所周知的好奇心，才促使一些更罕见的物种被"捕获"。有的村民养成了检查鸟类尸体的习惯，这或许至少破除了一些有害的荒诞说法和迷信思想。（约翰·博比随后射杀了那只锡嘴雀，因为怀疑它会毁坏果树的蓓蕾——怀特也这样认为，但在这只锡嘴雀体内，只有他看着它吃下去的李子果仁。）怀特夸赞过约翰·博比妻子的创举："一天晚上，一只斑鸠带着寻觅到的食物正要返回栖息地，我的一位邻居将它射杀了。他的妻子捡起斑鸠时，发现它的嗉囊中塞满了最好、最嫩的芜菁缨。于是她将这些芜菁缨洗净、煮沸，心满意足地享用了一盘精选的绿色蔬菜，其采集和供应方式太离奇了。"[55]

乔治·斯特尔特（George Sturt）指出，《塞耳彭博物志》里一些更具概括性的描述，比如土壤的特点，就并非靠个人印象，而是凭借村民们长期积累的集体经验。[56]怀特所用的语言也是如此。村子东北区域的花园有"温暖、斥水、易碎的腐殖土，被称为黑色白垩黏土*"，在沃尔默皇家猎场的沙质土壤之上，橡树生长得"摇摇晃晃，

---

* malm，是白垩土和黏土的混合物。

十分脆弱，在锯断时常常倒地摔裂"。怀特的写作中充满了农业与园艺行话、俗名和方言，有时，怀特像看待科学的拉丁语一样看待它们。无论你是否明白个中含义，这些词的声韵就能唤起你的情感。天空可以是"昏昏然的"；云层是"活泼泼的"；天气干旱，土地是"碎块儿"；垂林上的山毛榉被伐倒时，用来拖木材下山的浅沟叫"滑道"。

* * *

1787年秋，这类公共知识的遗产和怀特独特的个人见解联姻，开始结出果实。《塞耳彭博物志》的第一部分终于送到了印刷商手上。马尔索早已放弃念叨怀特拖延出书的事，现在，他感到万分高兴，迅速预订了一套[*]初版的《塞耳彭博物志》。关于书的最终形态，最主要的两点已经定下。首先，全书保持"书信体"，即便是没有寄给彭南特和巴林顿的笔记和文章，也呈现为书信的形式。其次，这些"假的"信件应该放到书的首尾，作为引言和结语。前9封"信"为全书搭起一幅背景图，介绍教区的地理环境、景色和历史。后6封"信"拓宽范围，展现受天气影响的小村落，而天气的影响可以超越地理的限制。

一定程度上，怀特的计划是受约翰·卡勒姆《霍斯特德（Hawsted）的历史和古文物》一书的影响，该书于1784年出版，采用了和《塞耳彭博物志》类似的结构。但是，相比卡勒姆关于东安格利亚教区的平淡研究，怀特组织材料的方式产生了大得多的影响。怀特开篇和结尾的形式、规模，甚至表面的叙事结构，让书免于沦为条理不清的选

---

[*] 《塞耳彭博物志》初版有两卷，后来的版本多省略第二部分的古文物。

集。于是,《塞耳彭博物志》给人以史诗的感觉,就像是探索了整个世界,而不仅限于一个教区。"没有一个小说家能写出比这更好的开头了。"维吉尼亚·伍尔夫写道:

> 塞耳彭始终是全书的前景。但还缺了一些东西,所以在场景中填上鸟类、老鼠、田鼠、蟋蟀和里士满公爵的驼鹿之前……安妮皇后躺在河岸,看着人们围赶鹿群。他随意地谈起,那是他从一个年老的看守人亚当斯那里听来的传说,亚当斯的太爷爷、父亲和本人都是森林看守员。从此,这条凌乱的路与历史结盟,受到传统的荫蔽。[57]

怀特慢慢整理出来给印刷商的手稿至今尚存,对比手稿与保留下来的书信原件,就可以知道他做了多少编辑和增补工作。比如,很明显,他不只修改了开篇和结尾"信件"的措辞,在 66 封"致戴恩斯·巴林顿的信"中,可能有多达 40 封从未通过邮局寄送,15 封致彭南特的信也是如此(两者加起来占全书文本近一半)。以文本被编辑的程度,很难统计得更精确了。少数信件即便从未寄出,也标明了日期。更多的信件修改过日期,令人困惑的是,有时候修改后的日期与原始日期仅仅相差数天,只有一封相差了一整年。其他的一些信件则会被删除、拆分、合并和重组。日期为 1772 年 2 月 8 日的一封写给彭南特的长信,在书中被分为 3 封信,日期分别为 1772 年 2 月 8 日、3 月 9 日和 4 月 12 日。一份关于软嘴鸟的记录原本包含在 1770 年 1 月 15 日写给巴林顿的信中,在《塞耳彭博物志》里却出现在致彭南特的第 41 封信中。他于1773年7月8日写的信则经过了更复杂的改动。从现存的抄本来看，怀特那天似乎在给彭南特和巴林顿的信中写了相同的内容，但是在《塞耳彭博物志》中，这份文本的前一部分（讨论白喉林莺和其他小型鸟类）出现在了致彭南特的第40封信的结尾，如果这封信不"假"的话，日期是1774年9月2日。该文本的其余内容则构成了致巴林顿的第15封信，日期是正确的，即1773年7月8日。

虽然有的改动和重组似乎没必要，也没有明显的道理，但大多数都是明智的——比如，去掉个人信息，将相关主题的材料整合到一起。怀特还写了数量可观的新材料，其中许多都是以《博物学家日志》的条目为基础。这些修订、增补和原始信件必须重新誊抄，最终的手稿至少有4个人经手：怀特、直布罗陀的杰克、山姆·巴克（从笔迹上看），余下的笔迹至今没有辨认出来。然而，尽管得到了这些帮助，怀特也在这本书上倾注了多年时间，付梓前最后阶段的工作仍让他感到忙乱仓促，就像大多数作者一样。在过去的10年里，莫莉对怀特的帮助很大，给出了很好的建议，现在，她开始更积极地参与这本书的出版。1785年，26岁的莫莉和本杰明·怀特的长子（也叫本），也就是她的堂兄结婚了，本接手了父亲在弗利特街的出版社的管理工作。莫莉将自己看作家族生意的一分子，很快承担起怀特助理编辑的角色。从1787年年中开始，怀特便将结尾部分（很可能是从致巴林顿的第56封信开始）直接寄给莫莉检查和排字。我们完全可以理解，怀特十分在乎自己的"这个孩子"，因而感到焦虑不安——"恳请你将这封信放在给巴林顿先生的那些描写塞耳彭天气的信件之前，至于具体顺序，我想，是第4封"——但是他真的没有必要担心。[58]莫莉校好后返还给他的样张"改得非常好,我没看到一个错误!"

1788年最初的几个月,威克斯成了忙碌的家庭作坊。莫莉在城里查看校样之际,她刚出生的儿子本杰明被送到塞耳彭照看。"作为对你照顾我'那乳臭未干的孩子'的报答,"怀特在3月3日写道,"我很高兴地告诉你,你的儿子非常健康活泼,他的保姆也做得更好了。"[59] 怀特自己则在编辑索引,"尽管对社会没什么用,但这件工作像补袜子一样充满了乐趣"。拉夫·丘顿也正在威克斯为汤森博士(Dr. Townson)的《论福音书》(*Discourse on the Gospels*)做索引,"所以我的旧客厅成了一个不折不扣的索引工厂。"[60] 尽管有许多事要做,怀特仍然会抽时间记日志。他记下了为自己的杂种狗罗弗(Rover)剪毛,并将白色的毛混入涂天花板的灰泥中;还记录了约翰·博比的棕色猫头鹰惨死,"大洗一场",淹死在了水桶中。3月初的宁静夜晚,怀特的耳聋症暂时有所缓解,他听到迁徙的石鸻(stone curlew)在飞行中发出急迫的叫声,它们正在飞回牧羊场繁育后代:

> 3月1日天黑之后,有一些石鸻越过村子上空,可以听到它们短促的叫声,它们在夜间集体出行时会用这种叫声作为口信,以避免离群,或者丢失同伴。[61]

付梓前的最后一刻,校样还有少量修改(在致彭南特的第24封信中,"捕获者"被巧妙地修改成了"邻居");怀特还向小本杰明提出了一些问题和要求。古文物的部分也写成了一系列书信的形式,应该写上寄给什么人吗?引文部分可以印成斜体吗?请他不要"为人名和地名的含糊拼写生气，你在文中读到是什么样，就是什么样，因为几个世纪之前，人们还没有标准可循，所以就照那样拼写了"[62]。春天时，一切都已经就绪，在经过近20年的日夜操劳后，怀特此时唯一能做的就是等待，等待最终的成书。这也难怪他会发现自己在68岁时，在书即将进入公众视野之际一直紧张不安。8月时，他写信给丘顿，说觉得自己"就像一个在学校中搞了恶作剧的男孩，不知道自己会不会因此受到鞭打"[63]。怀特尽力过好这段等待的时间，播下冬季的蔬菜种子，记录收获啤酒花的过程。11月时，国王的猎犬在哈特利森林（Hartley wood）搜寻牡鹿未果，他也去观看了，但对此毫无热情，倒是更被一群虫子触动，"从树篱顶上涌出成群的小虫子，它们嬉闹着，就像盛夏时那样"[64]。最后，他决定像以前常做的那样，通过写诗"排遣"焦虑。结果就是，他将一首题为《致初为作者的自己》（To Myself Commencing Author）的自嘲小诗寄给了伦敦的亲朋好友：

> 去啊，去看看那所房子，就在花园里
> 在那里，破旧的书卷撒满博学的土地，
> 在那里，躺着小说——与布道词混在一起，
> 法律、伦理学、物理学、神学书籍；
> 然而，是否每位作者都带着为人父母的欢笑，
> 审视自己孩子成长的种种美好，
> 他的新生宝贝的确惹人怜爱，
> 所以他认为自己的书应该永垂不朽。
> 但品位永远在变；不过十年时间

善变的大众就会引人担忧；

现在谁还会读考利（Cowley）？——悲伤的结局正等着我，或许转瞬即逝就是我的命运。[65]

《塞耳彭博物志》如期在圣诞节顺利发行。为表示对马尔索的尊敬，提前给他寄了书，马尔索尽管之前已经读过大部分内文，此时仍不吝赞美之词，甚至表扬了他一直诟病的古文物部分。在马尔索写给怀特表示感谢的信中，最令人感动的致敬之举，是在他们30多年的通信中，他破天荒第一次附上了一段精心写就的博物学小品。马尔索写得太好了，让人觉得他早该尝试这样做：

> 几天前，我被一幅场景震撼了，它对我来说很新奇，但它本身也许很常见，经常发生，我本应该知道的。我们这里有数量众多的寒鸦，它们会钻到房屋的瓦片底下去。从我书房的窗户看出去，眼前是教区牧师住宅那长长的屋顶，12月就这样过去了，在这一整个月，寒鸦都是成双成对的，这对我来说是个新发现。我观察到，尽管在同一时间，在屋脊瓦处有若干对寒鸦，但它们多半都保持一定的距离，可以分辨出是一对对的，并且和其他各对寒鸦隔开；在倾斜的屋顶上，它们也排成一对对。寒鸦想要尽情享受情人节，这个世界却要忙于争权夺利。[66]

12月3日，亨利·怀特得到了他那套《塞耳彭博物志》，那天他在日记中写道：

从伦敦寄来的礼品盒里装着一批书,《塞耳彭博物志》是作者给我的礼物;非常精美的四开本,书中还有大量版画。知更鸟飞进了教区牧师的住所。[67]

遗憾的是,哈里没能活着看到哥哥的书大受世人欢迎。12月27日,他写下满满当当的一篇日记,写到"风刮得凌冽而凶猛",写到他那修剪过的树林产出少得可怜,然后非常突然地去世了,年仅55岁。怀特写信给山姆·巴克:"突如其来的不测啊……全家人都陷入强烈的悲痛和深深的忧伤之中。"这也给怀特本该开心的时光笼罩了一层阴影。他的书受到各方称道。老朋友乔·沃顿为他高兴。托马斯·怀特在《绅士杂志》上发表了一篇长评,作为作者的弟弟,他克制地表达了自己的欣赏。更重要的是一则短评,发表在1789年的《地质学者》(*Topographer*)上,极富洞见,但没有署名:

没有比怀特先生的《塞耳彭博物志》更让人喜欢、更原创的出版物了……显然,博物学是作者的主要研究对象,其中鸟类学明显是作者的最爱。这本书不是对已有出版物的选编,而是作者持续多年专注观察自然的成果,书中对自然的描述,既有哲学家的准确,也有巧妙的场景选择,这是诗人的特质。所以,通读全书,不仅能增长知识,还能激发想象力。[68]

但是,在1789年开年那段晦暗的日子里,不可忽视的是怀特年事已高,以及又是一个损失惨重的绝望冬天。霜冻加上刺骨的西北风,干农活的人发现，要想在地里站稳都很困难。当地的池塘要么结冰了，要么早在夏天就彻底干涸了，农民们不得不赶着牛到很远之外有泉水的地方喝水。当大地开始解冻时，怀特朝新挖掘的坟墓里看，"霜冻……似乎到达了地下 12 英尺左右的地方"。余下的短短几年时间，怀特不免笼罩在亲友离世的愁云之中。马尔索的妻子于 1790 年 12 月去世，次年 9 月，马尔索本人也因久病不愈，离开人世。突然之间，怀特面对自己最好朋友的离世有何反应，马尔索不能记录下来了，这才让我们强烈地意识到，马尔索的信件多么重要、多么珍贵。

好在《塞耳彭博物志》出版之后，怀特的生活并没有以无趣收尾。他继续记日志，精力和想象力都没有明显衰退，他仍然是威克斯忙碌活跃的园丁、亲切友好的主人。1790 年 5 月 16 日的一条记录表明，花园植物多产和家族人丁兴旺都让他感到欣慰："埃德蒙·怀特的夫人生下了一个男孩，这让我侄辈数量增加至 56 个。一棵西洋樱草的茎秆*上，果实或花朵数量高达 47。"

怀特不无骄傲地在日记中一一记下了稳步增长的后辈，这一大群孩子也是威克斯的常客，怀特对博物学的兴趣显然也影响了其中一部分人。9 月时，他写信给莫莉，谈到她的二儿子（3 岁，在怀特记录的名单中排第 52 位）对燕科鸟类的执着。"汤姆总在说妈妈的圣马丁鸟鸟巢，但抱怨小鸟会将粪便排到路面上。"[69]

书出版的效果之一是出现了新的通信者。其中一位是乔治·蒙塔古（George Montagu），他是格洛斯特郡的冒险博物学家

---

* 原文 polyanth-stalk。疑似 polyanthus-stalk，西洋樱草茎秆。

（sportsman-naturalist），后来编辑了第一本鸟类学词典。蒙塔古精力充沛、工作高效，许多不列颠鸟类经由他第一次被识别出来（一种鹞属鸟儿还是以他的名字命名的*）。但他的兴趣主要局限在鉴定和分类，他写给怀特的信就像购物清单，只是为了增加自己收集到的物种：

> 您为我向您索要欧夜鹰感到吃惊：的确，我所在的郡，许多地方都有欧夜鹰，但它们不是我想要的，春天或8月之前的一只欧夜鹰抵得上在那之后的20只，因为大多数欧夜鹰到后面都会掉毛，而幼年的欧夜鹰要等到冬天或来年春天才能长满羽毛，或者长得恰到好处。[70]

怀特不再有兴趣将鸟当成一堆值得收集的羽毛，虽然他在1789年的夏天礼貌性地回复了蒙塔古的第一封来信，但很快，他们之间的通信就断了。

相比之下，第二年7月来自诺福克郡（Norfolk）的贺信更符合怀特的口味。写信人是诺威奇附近斯特拉顿的罗伯特·马香，他是旅行家、树木爱好者，在40多年的时间里，他也一直在写博物学日记。马香比怀特大12岁，已经82岁了，从他们的首次通信就可以看出，两个人明显有许多共同点。马香寄来的第一封信透着勃勃生气和好奇之心，漫谈了许多主题，从青蛙交配到冬天的山楂树叶，让人想起怀

---

* "蒙塔古鹞"（Montagu's harrier）。

特早期和彭南特的通信，怀特以同样的方式给马香回了信。两个人保持友好的学术通信，一直到怀特去世。树木以及树木的栽植、照料、尺寸、用途常常成为他们讨论的主题。怀特和马香还发现他们有更多共同之处，即越来越厌恶毫无必要地利用和杀戮野生生物，并且都被迁徙之谜深深吸引。马香早就承认，自己尤其对雏燕在冬天的情况感到困惑：

> 在我的印象中，很多年里总有 4 对燕子光顾我的房屋。如果每一对燕子生两窝蛋，每窝孵出 5 只小鸟，您瞧，7 年时间就应该超过 50 万只，总共有 559,870* 只啊。但是每年春天出现的燕子数量都是一样的。[71]

对于这个谜题，怀特的解答其实非常合理，但奇怪的是，他对这个解释没有信心，他似乎很难接受他所喜爱的夏候鸟要遭遇和留鸟**（比如山雀）完全相同的危险，而对于山雀数量的稳定，他却从没产生过疑问：

> 每年燕子数量的增长，以及它们回来时的数量和离开时的数量不成比例，这个话题我很陌生，对此，其实我最好什么也别说。大自然总是有先见之明，我猜想，大自然是用巨大的数量增长，来平衡燕子在迁徙途中或在冬天离开时可能遭遇的重大损失。[72]

---

* 总数应该是 559,872。
** 与候鸟相对，指终年在一个地区生活，不随季节迁徙的鸟类。

如此迷人又忠诚的鸟儿大量死亡，想想就让人悲伤。即便失去一只，也会引人伤心。当马香在回信中谈论麻痹的可能性时，提到前一年11月10日，他在窗户底下发现的一只死燕子，怀特几乎立刻就回信责备他："从你的信我看不出来你曾努力救活这只从你的客厅窗户前掉落的燕子。"[73]（马香感到无辜："这只燕子已经死了，一只翅膀都扯掉了。"）

怀特对燕子家族的喜爱，在他描绘燕子的字字句句中流露出来。而当他继续和马香争论燕子在冬天的活动时，他无视越来越多的证据，仍然固执地拒绝在这个问题上放弃自己的立场，原因似乎非常简单：在他内心深处不讲求科学的角落，他不希望它们离开。夏天，这些鸟儿让教区充满了生机，而在寒冷的月份，如果其中有一些会在垂林冬眠，我相信，光是想到这种可能性，必定就会让人稍能忍受塞耳彭阴冷荒凉的冬天。

9月7日（1791年），摘了125根黄瓜。教堂和紫杉树上聚集了好几百只圣马丁鸟的幼雏。所以我推断，大多数第二窝孵出的幼雏能飞了。如果不是让人联想到冬天即将来临，这些小鸟正在商量怎么能避开严冬，这样的聚会场面该多么美好、多么有趣啊。[74]

一个星期之后，在一篇关于圣马丁鸟群聚情形的日志中（随后写进了给马香的信），欢悦和沉痛更加强烈地交织：

在这样好的天气里，教堂和塔上聚集了成群的白腹毛脚燕，非常美好，十分有趣！它们受到任何惊吓都会齐刷刷地从房顶上飞起来，在空中挤作一团，但很快又成堆地落在屋顶板上；它们在洒满阳光的地方整理羽毛，似乎很享受温暖的环境。所以，在这炎炎正午，它们是不是正在为迁徙做准备，商量着什么时候离开，以及要去往哪里！[75]

马香分享了他的感受。"我太喜爱燕子和白腹毛脚燕了，"他回复道，"所以在秋天，我哀叹着，由衷地希望得到它们的陪伴，就像我期盼暖和的天气。"[76]尽管怀特和马香从没见过面，他们的友谊却很深厚。怀特向马香倾吐心声，说他开始"将你看作一个塞耳彭人"；作为回应，马香将自己最喜欢的山毛榉树命名为"怀特先生的山毛榉树"。这棵树"树龄有50年，足有25英尺高，漂亮的树冠也差不多有这么宽"。"哦，我要是早40年认识你就好了。"怀特在1791年的冬天感叹道。这不禁让人猜测，如果怀特在遇见彭南特和巴林顿的同时，也认识了马香，他的写作会受到什么影响。他们的通信肯定会更亲密、更深情，但也可能因为太过惺惺相惜，导致文章读起来不那么扣人心弦。我个人怀疑，彭南特和巴林顿让怀特生出的种种挫败感，是刺激他磨砺自己文风的重要因素。

* * *

怀特还在积极准备为皇家学会写一篇关于欧夜鹰的专题论文，足见他的精力和热情丝毫没有减退。他一向对这种神秘的鸟很感兴趣，甚至早在一只欧夜鹰用颤鸣声振动隐士屋之前,就已经很着迷了。他称欧夜鹰为"夜晚的燕子",认为它的一切都让人想起夏夜,就像雨燕和燕子让人想起夏日。1789年,怀特开始更仔细地观察欧夜鹰,希望可以破除人们对欧夜鹰的迷信观念,比如指责它吮吸山羊奶,让小牛感染上被称为"帕克里奇"(puckeridge)的寄生虫病。他向马香抱怨说:

> 只需稍微注意和观察,人们就会相信,这些可怜的鸟儿既不会伤害羊群,也不会伤害放牧人;它们完全无害,只在夜晚捕食蛾子和甲虫……它们看起来毫不聪明、弱小无力,怎么可能让雌牛感染疾病,除非它们拥有动物磁力(animal magnetism)这类力量,仅仅在雌牛上方飞行,就能影响它们。[77]

为了勾勒出更合理的欧夜鹰生活画面,那些"聪明、年轻的邻居"每带来一个关于欧夜鹰的故事,怀特就支付他们6便士。

但是,有更多不好的故事在四处流传。1789年7月14日,住在垂林脚下的一个女人找到怀特,带来了两颗欧夜鹰的蛋,以及一连串她亲眼看到的关于欧夜鹰繁殖习性的趣闻,而正是在这天,巴黎工人攻占了巴士底狱。法国大革命的消息过了一阵才传到塞耳彭,从那年秋天开始,怀特的信中包含了他对"这些异常骚乱"的焦虑和困惑。怀特竭力去理解发生了什么,他阅读阿瑟·扬(Arthur Young)写的《法兰西旅行》(*Travels through France*)。[78]扬有关改革的政治主张让怀特不安,但扬敏锐的观察,以及对法国神职人员迷恋打猎和宴饮的指摘，令他钦佩。在得知扬住在东安格利亚后，他问马香是否认识扬。马香的回复罕见地暴露了他在政治观点上的保守。他谴责法国大革命对英国工人造成了恶劣影响（他的村子里，13个忘恩负义的村民加入了一个"雅各宾"俱乐部！），向怀特传播了一些中伤扬的流言蜚语，并且断定扬是个"极其讨厌的花花公子"。怀特的回复似乎急于澄清尽管自己尊重扬的警告，但他绝不是一个激进分子：

> 你不会比我更憎恶平等主义和共和主义的危险教条！我生下来是一个绅士，活着是一个绅士，希望死的时候仍是。你之所以有这么多不好的邻人，是因为你们靠近一个动乱的制造业城镇。我们这里的百姓思想单纯得多，他们对雅各宾俱乐部一无所知。[79]

对于上述内容，我们不宜过度解读。怀特自己承认过，关于英国人对法国革命事业的同情，他没有亲身体验，所以他说这些话，很可能是为了避免与一位自己珍视的朋友发生龃龉，故而夸大了自己的感受。即便他不是激进分子，他也不会不加批判地捍卫财产利益。在塞耳彭的政治事务中，他一直坚定地支持"平民"权利。他曾亲自帮忙在塞耳彭的平民之间达成了一项非正式协议，以使大家在垂林砍伐柴火时，能多一些公平，少一些紧张。[80]1789年，他公开代表当地人捍卫一条路的路权，并且在教区登记簿里写下一份声明，认定村子北边的一条古道"从很久以前就可以骑马通行，这一点无可争辩"，直到西米恩·斯图尔特爵士和他的佃农在约20年前堵住了路，"致使村民们不能使用那条路"。[81] 甚至在生命的最后几年，对于一件更加威胁当地公共权利的事，怀特也准备好——如果有需要的话——让它泡汤。是侄子詹姆斯（本杰明的一个儿子）告诉他有危险的。1793年初，詹姆斯遇到了怀特也认识的一位律师，费希尔先生，"一个好管闲事的人"。费希尔是个精明、投机的骗子，一直活跃在英格兰南部的中央地区，为各个庄园起草圈地计划，并努力将其兜售给土地所有者。他将目光投向塞耳彭，但最终又放弃了，因为怀特发表声明，说林地和公共土地属于佃农，不属于领主，这一点，早在1719年就通过大法官法庭的判决予以确认了。但是詹姆斯认为，费希尔有可能会到塞耳彭来检查判决书的内容，他建议，如果判决书的措辞有任何模棱两可之处（如前文所说，确实有），怀特应将其小心地藏起来：

> 我相信您会允许我给您一些提示。假设费希尔先生去与您交谈，在您劳神费事地去查看判决书时，如果他要求看一眼判决书，您是没有理由拒绝的，但是，如果其中有任何内容与他目前了解到的判决书有出入，或者有可能引得他重提这档子事，我想，您一定宁愿避免向他展示任何可能给您和塞耳彭其他享有土地者带来麻烦和损失的内容。[82]

费希尔从没来过，但是他造成的短暂威胁预示着变化即将发生，并很快会影响整个英格兰南部地区农村社区的独立性和多样性。

* * *

  人生的最后两三年，怀特过得很平静。冬天，他总是咳嗽连连，结石和痛风偶尔会发作，但还不至于妨碍他活跃的户外生活，以及对自然界的热情。1792年3月20日，他在给马香写信写到中途时，描述了第一批候鸟叽喳柳莺是如何像往常一样准时到来的："你猜出现了什么！我正写到这一页，我的仆人从大客厅的门那里往里看，说邻居在早晨听到了叽喳柳莺的叫声！！这样的事——叽喳柳莺的准时——能让对造物之工最满不在乎的人也感到神奇！"[83]那年夏天，塞耳彭似乎特别受鸟类眷顾。两对翔食雀在威克斯筑巢，其中一对在花园大门上方的五叶地锦（Virginia creeper）里，另一对在大客厅窗户上方的葡萄藤里。11只白腹毛脚燕在约翰·博比的屋檐下筑巢。从塞耳彭延伸出去，穿越高林的一条小道旁，有3只欧夜鹰在吟唱，怀特去纽顿的教区牧师住宅看侄子埃德蒙时，就会走这条路。1792年8月27日，一只欧夜鹰飞入威克斯的花园，上演了一出精彩的表演，它"盘旋翱翔，绕着那棵枝繁叶茂的橡树接连飞了20圈，它一直紧贴草地，但偶尔会匆匆向上，我想是飞入大树枝中"，展现出了"比燕子更优秀的飞行控制能力"。[84]

  以塞耳彭的标准来看，1792年跨1793年的冬天还算暖和，怀特家里，宾客络绎不绝。拉夫·丘顿、小本杰明和莫莉·怀特来过了圣诞节，整个1月，一直有许多其他后辈（现在有62个了）来到。1月结束之前，大雪飘落。3月，怀特去了奥尔顿和法纳姆之间的马里兰（Mareland），去弟弟本杰明的新家拜访，结果这竟成了他生前最后一次离开塞耳彭。兄弟俩走上本特利教堂，那段路又陡又长，到了最高处，可以看到南唐斯的顶峰。怀特看到本的小羊羔蹦蹦跳跳，听到法纳姆的钟声"在宁静的夜晚从山谷中响起"，他在日记中写满了怀旧的语录。4月回到塞耳彭后，怀特和钱德勒最后一次搜寻冬眠的燕子，这次他们查看了一个废弃农舍的破茅草屋顶，但是没有找到。冬天虽然温和，春天却姗姗来迟，天气恶劣。整个4月，暴风雪反复肆虐，怀特的旧病全都复发了。5月2日，他在日记中写下了一句万分伤感的话："令人悲伤的寒冷大风天气。我想我看到了一只白腹毛脚燕。"

5月28日，他记录了燕科小鸟还没有开始筑巢。但是满树的苹果花像下大雨一样掉落，让他获得了一些乐趣："为我除草的女士从小草坪上扫走了一篮子花，得有1蒲式耳吧，这些花是从白色的苹果树上掉落的，但树上仍然开满了花。"[85] 6月10日，他摘下5根黄瓜，为"16岁的玛丽·博比"主持了葬礼。第二天，"有人给我拿来一大盘天然的草莓，完全没有成熟。土地硬得像铁，什么都不能播，什么都不能栽。"

5月15日，他写下了最后一条短短的日记，给马香写了人生中最后一封信。那是一封生机勃勃、充满好奇的信，再次仔细思考了燕子迁徙的问题，他在信中大致描述了自己的病况，情况很不妙，但是，他的头脑似乎一点儿也没有因为生病而变迟钝："这个春天，我咳嗽得很严重，痛风断断续续地发作，击垮了我，让我变得迟缓、懒惰……这是一个不利于我们健康的季节。"[86] 他的健康状况开始急剧恶化。6月17日，奥尔顿的韦布医生（Dr Webb）被请来，从这天起，他每天都会来查看他的病人。怀特显然有些疼痛难忍，因为韦布给他开了一些"止痛剂"，估计是鸦片。[87]怀特的床已经搬到了屋子后面的旧客厅，现在，他可以从那里看出去，越过花园，看向垂林，看到满树迟来的叶子。1793年6月26日，就在这里，也许是看着燕子掠过公园的草地，他安然离世。

尾声

怀特不赞同"埋葬在教堂里这一不合礼仪的习俗",他在一篇精彩的头韵散文中详细说明了自己的遗愿,他觉得自己应该埋葬"在塞耳彭教区教堂的墓地中,并且葬礼应该尽量从简,尽量私下举办,不需要任何抬棺人,不需要列队行进,找6个为人诚实、需要养活一大家子的日结临时工将我运去墓地"。[1]怀特人生的大幕已经缓缓落下。

他的大部分至亲之人也很快随他而去。本杰明在第二年去世,托马斯于1797年去世。直布罗陀的杰克失去了第一任妻子后,娶了亨利·怀特的女儿伊丽莎白,但是于1821年去世,没有子嗣。莫莉活得最久,她1833年去世,享年74岁。

至于《塞耳彭博物志》,一开始并没有完全达到最初的预期。1792年,出现了一个经过删节的德文版,这个版本有些古怪,1795年,约翰·艾金博士从怀特的日志中选择了一些条目,编成《一个博物学家的日历》(*A Naturalist's Calendar*)出版。但是,直到1802年,才出现第二版《塞耳彭博物志》的英文全本(也由艾金编辑)。第三版[由米特福德(Mitford)编辑]则要等到1813年。事实上,一直到 19 世纪 30 年代,《新月刊》上发表了那篇著名的有关塞耳彭的文章后,《塞耳彭博物志》才开始流行,并逐渐成为经典,此后几乎每年都会有新的版本问世。[2]

《塞耳彭博物志》的风靡是因为迎合了公众对逃避现实、怀旧的"乡村作品"的需求。这也符合那一时期的状况,当时,英国农村地区充满巨大的不安和痛苦,尤以 1830 年"斯温上尉"(Captain Swing)的起义和捣毁机器为代表。斯温运动于当年 11 月中旬传到塞耳彭,这是 4 个世纪以来,这个村子第一次遭遇严重的社会动荡。[3] 一大群雇农集结起来,洗劫了济贫院(workhouse),将教区牧师住宅团团围住,要求不受欢迎、脾气不好的教区牧师科博尔德先生(Mr. Cobbold)减少什一税。许多暴乱者随后被逮捕和流放。少数被施以绞刑。约翰·纽兰(John Newland)负责为发起暴乱吹响号角,他侥幸逃脱,藏身垂林数月。他投降后得到了宽恕,但没过几年就在贫困中死去,被葬在了教堂前的紫杉树下。

1847 年,一条从塞耳彭到奥尔顿的新路修成了,那些凹陷的小路渐渐被弃用。塞耳彭全面加入了 19 世纪英格兰快速发展的洪流。得益于一个独立的社区,一种对自然充满好奇的氛围,加之还没有丧失对自然的感知力,怀特透过一扇在时间和地域上都极其狭窄的窗口,看到了自然界显现给他的独特景象,但最终,这扇窗关上了。

注释与参考文献

前言

1. James Russell Lowell, 'My Garden Acquaintance', in *My Study Windows*, 1871.
2. 4 June 1785, NJ.
3. Samuel Johnson, *A Journey to the Western Isles of Scotland* (1775), ed. R. W. Chapman, 1924.
4. Virginia Woolf, 'White's Selborne', in *The Captain's Death Bed*, 1950.
5. Mark Daniels, introduction to *Selborne*, 1983.
6. Edward Thomas, 'Gilbert White' in *A Literary Pilgrim in England*, 1917.
7. See Michael Rosenthal, Constable：the Painter and his Landscape, 1983.
8. *New Monthly Magazine*, Dec. 1830, vol.29, p.566.
9. James Fisher, introduction to *Selborne*, 1941.
10. James Russell Lowell, *Latest Literary Essays and Address*, 1891.
11. John Burroughs, 'Gilbert White's Book', In *Indoor Studies*, 1895, and 'Gilbert White Again', in *Literary Values*, 1903.
12. Edward A. Martin, *A Bibliography of Gilbert White*, 1934.
13. J. Wright, *'Saint' Gilbert*, 1909.
14. See Edmund Blunden, *Nature in English Literature*, 1929; Cecil Emden, *Gilbert White in his Village*, Oxford, 1956; H.J. Massingham, *Selborne*, 1938; E.M. Nicholson, *Selborne*, 1929; Anthoy Rye, *Gilbert White and his Selborne*, 1970; W.S. Scott, *White of Selborne*, 1946.

15. John Rye, *The Wisdom of God Manifested in the Works of Creation*, 1691; William Derham, *Physico-theology*, 1711-12. See also, Charles Raven, *John Ray, Naturalist*, 1950, for an excellent analysis of physico-theology.
16. Rye, see note 14 above.
17. See Charles Dixon, *The Migration of Birds*, 1892.

第一章

1. Letter 6, AS.
2. William Cobbett, *Rural Rides*, ed. George Woodcock, 1967.
3. James Mudie, in *Selborne*, ed. Edward Blyth, 1836.
4. Letter X to Thomas Pennant, NHS.
5. Parish Register 1703, 32 M 66 PR, HRO.
6. The Sixth Report of the Commissioners appointed to enquire into the state and condition of the Woods, Forest, etc. of the Crown, 1790.
7. Letter V to Thomas Pennnat, NHS.
8. See J.E. Gover, *Hampshire Place Names*, 1961, manuscript in HRO, and Eilert Ekwall, *The Concise Oxford Dictionary of English Place Names*, 4th edition, 1960.
9. Letters 7 to 25, AS.
10. GW to Sam Barker, 2 Sept. 1778. LL vol. II p.29.
11. E.M. Yates, 'Selborne and Wolmer Forest', in *Selborne Association Newsletter*, 2 Oct. 1978.
12. 132/27 MCA.
13. Selborne 397, MCA and also C 33/332 fo 143, Public Record Office.
14. Miscellaneous correspondence with tenants, MCA, and also 135/107, MCA.
15. Survey and Terrier of Selborne Lands, 1793, CP 3/18, MCA.
16. 同上。
17. Court Books, 1726-91, V 56-60, MCA.
18. 同上。R. Haywood, 'Wood Rights in Selborne', in *Selboren Association Newsletter*, 3 Feb. 1979.
19. Arthur Young, A Six Weeks Tour through the Southern Counties, 1768.
20. A. and W. Driver, General View of the Agriculture of the County of Hants, 1794.

21. Charles Vancouver, General View of the Agriculture of Hampshire, 1810.
22. Gilbert White, 'Answers to the several questions respecting the parish of Selborne', 193, HL.
23. Letter V to Thomas Pennant, NHS.
24. Vestry Accounts, 32 M 66 PUI, HRO.
25. Cobbett, see note 2 above.

第二章

1. LL vol. I p. 31.
2. See, for instance, V.H.H. Green, *A History of Oxford University*, 1974, and Christopher Wordsworth, *Social Life in the English University*, 1871.
3. Joseph Warton, *Companion to the Guide*, 1760.
4. C.L. Shadwell, *Registrum Orielense*, 1893.
5. Joseph Warton(ed.), *Works of Vergilius Maro*, 1763. See also Edmund Gosse, 'Two Pioneers of Romanticism', in *Proceedings of the British Academy*, 1915, for a critical assessment of the Warton brothers' influence.
6. Warton, see note 3 above.
7. 18 July 1744, JM.
8. 8 Oct. 1744, JM.
9. 6 June 1751, JM.
10. 17 July 1749, JM.
11. 30 Aug. 1750, JM.
12. H. Chapone, *Posthumous Works* (with a 'Life drawn up by her own Family'), 1807.
13. Account Book, 1747, Oriel College Library.
14. LL vol. I p. 49.
15. 27 Oct. 1746, and 21 Aug. 1747, JM.
16. GW to John White, 9 and 16 April 1746, 102, 103, HL.
17. GW to Thomas White, 24 June 1776, LL vol. I p.321.
18. R. Butcher to (GW?), 17 HL.
19. LL vol I p. 45.
20. John White to Butcher, 18 Aug. 1746, 211 HL.

21. 1 Aug. 1746, JM.

22. 30 Aug. 1750, JM.

23. 同上。

24. Version in Selborne, ed. Frank Buckland, 1880.

第三章

1. David Standing, The Wakes Garden: A Short Guide, Selborne, 1985.

2. 11 April 1750, JM.

3. The Guardian, No. 173, 29 Sept. 1713.

4. A facsimile exists, edited by John Clegg and published by the Scolar Press in 1975. A full transcription is to be published by Century-Hutchinson in 1986.

5. Philip Miller, *The Gardener's Dictionary*, 3rd edition, 1737.

6. *Gentleman's Magazine*, June 1783, also in LL vol. I p. 50.

7. Account Book 1758, GWM.

8. John Harvey, Early Gardening Catalogues, 1972.

9. 29 Jan. 1752, GWM.

10. 28 March 1752, JM.

11. Account Books, 1752-53, TB vol II.

12. 27 Jan. 1753, JM.

13. Account Book, 1752, TB vol. II p. 323.

14. 4 Aug. 1753, JM.

15. 4 Nov. 1751, JM.

16. 26 Mar. 1754, et al. JM.

17. 23 April 1756 and 4 Oct. 1754, JM.

18. John White to GW, 10 Jan. 1759, LL vol. I p. 110.

19. 222, HL. 有一首奇怪的诗——《古今隐居之所的差别》——流传至今,据推测是约翰于1758年在直布罗陀写的。这一年,怀特一家在垂林上建起一座简陋的亭子,取名"隐士屋",这首诗的主题是嘲讽这类屋子的原始功能是如何被削弱的。虽然我们很难直接从诗中看出,在塞耳彭发生了什么,导致约翰被家人放逐。但是如果恰当地解读这首诗,其中的一些片段的确显示出,约翰对于自己被放逐感到十分痛苦,经受了苦难:

一些年前，当一个人想要
从琐事中抽身，
向一切俗事、荒唐事、忧虑告别，
全身心投入斋戒和祷告，
他会回归山野，找到或挖掘一个洞窟，
在里面凿出桌子、床和自己的坟墓。
除了水，什么也不喝，除了植物的根，什么也不吃……

但现在不同以往，
我们的隐士无法靠根和水为生。
当他们想要建一座小屋，
会挑选一块最舒适的地方，
在里头堆满勃艮第红葡萄酒、波尔多红葡萄酒以及白葡萄酒，
还有舌头、火腿和鸡肉，他们的胃被填满了，
但他们可曾有一刻想到过祈祷？
他们完全被享乐占据。
每个隐士都在排练夸赞一些可爱之人，
为他们写十四行诗和诗节……

但任何人或许都会猜测个中原因——
那么告诉我，朋友，
你会选择像古代的隐士那样生活，还是像现代的？
我想你会回答：为什么要像现代这样呢？

20. LL vol. I p.94.
21. 19 March 1757, JM.
22. 13 July 1758, JM.
23. Andrew Clark, The Colleges of Oxford, 1891.
24. 29 Nov. 1758, JM.
25. Quoted in 'Gilbert White's Fellowship', in *Selborne Magazine*, vol. 25, 1914.
26. LL vol. I pp. 98-108, vol. II pp. 43-8.

27. Survey and Terrier of Selborne Lands, 1793, CP 3/18, MCA.

第四章

1. 2 Nov. 1758, GK.

2. 13 April 1759, GK.

3. 13 Jan. 1761, JM.

4. 24 Jan. 1761, GK.

5. Horace Walpole, *Anecdotes of Painting in England*, ed. J. Dallaway, 1828.

6. 21 May 1761, GK.

7. Letter XLVI to Barrington, NHS.

8. 同上。

9. See A. E. C. Kennedy, Steven Hales, DD, FRS, 1929.

10. GW to Marsham, 25 Feb. 1791, *LL* vol. II p.230.

11. 对动物权利和福利态度变化的讨论，完整的讨论，请参见 Keith Thomas, *Man and the Natural World*, 1983, 第 4 章"对牲畜的同情"。

12. 9 Oct. 1762, JM.

13. See *LL* vol. I pp. 129−38.

14. 吉尔伯特·怀特给凯瑟琳娜·巴蒂, 88 HL。笔记手稿中包含 15 个吻，用十字架或小匕首代表。

15. 28 July, 1763, GK.

16. LL vol. I p. 135.

17. LL vol. I p. 136.

18. 3 Oct. 1763, JM.

19. 同上。

20. 7 Dec. 1763, JM.

21. 6 Jan. 1764, JM.

22. TB vol. I p. 501.

23. 24 June, 1765, JM.

24. 'Sir' John Hill, *The British Herbal*, 1755; John Ray, *Synopsis Methodica Stirpium Britannicarum,* 3rd edition, ed. J.J. Dillenius, 1724; William Hudson, *Flora Anglica*, 1762(the first English flora to use Linnaean names).

25. Gilbert White, *Flora Selborniensis*, 1766. 塞耳彭学会于 1911 年出版了复制本。

26. 25 April 1766, JM.

27. 20 Oct. 1767, GK.

第五章

1. 13 Oct. 1767, JM.
2. 同上。
3. 同上。
4. GW to John White, 29 March 1774, LL vol. I p.245
5. 10 Aug. 1767, TP.
6. Thomas Pennant, *The Literary Life*, by Himself, 1793.
7. 同上。彭南特也是为报纸撰稿的好手，他还是《每日晚报》(*General Evening Post*) 上一篇非同寻常，甚至有些淫秽的文章的作者，文中描写年轻女士中流行穿乡村风连衣裙，之后又流行穿男装：

> 多萝西小姐……打了个大大的哈欠，将手臂挥过头顶，向前伸长腿，告知我们，换装时间到了；我想，她接着从紧身皮短裤里掏出怀表，告诉我们，两点半了，然后像个官员那样把表放回去……我的外甥女（或侄女）伊丽莎白为这种新的方式辩护说，怀表的运动有很大改变，因为放在了新的地方。这是当然，因为它放弃了温带地区，到了热带地区。

8. Thomas Pennant, *A Tour of Scotland*, 1769.
9. Robert Plot, *The Natural History of Oxfordshire*, 1677. 1670 年，一种预先设置问题的印刷表格传播开来，这本书中也包含了。
10. W.P. Jones, 'The Vogue of Natural History in England, 1750–1770', in *Annals of Science*, 1937.
11. Letter X to Pennant, NHS.
12. Preface to NJ.
13. Benjamin Stillingfleet, *Miscellaneous tracts, including The Calendar of Flora*, 1755.
14. 最初是 12 May, 1770, TP，但后来出版时是 Letter XXVIII(March 1770) to

Pennant, NHS。信里接着回忆起驼鹿活着时的样子：

> 这个可怜的家伙一开始有只雌性同伴，但在前一年的春天死了。同一个花园中还有一只年轻的牡鹿，或者马鹿，原本是希望能和驼鹿繁殖后代；但是，对这类多情的动物而言，高度不同一定阻碍了它们之间的交往。

15. 30 March 1768, TP.
16. GW to Joseph Banks, 21 April 1786, TB vol. II p.241.
17. 2 June 1768. JM.
18. 26 July 1768, JM.
19. 28 Feb. 1769, TP.
20. Ronald Blythe, 'An Inherited Perspective', in *From the Headlands*, 1982.
21. 8 Oct. 1768, TP.
22. 28 Feb. 1769, TP. Published as Letter XXIII to Pennant, NHS.
23. 2 Jan. 1769,TP.
24. Letter XXII to Pennant, 2 July 1769, NHS.
25. Letter XXXI to Pennant, 14 Sept. 1770, NHS.
26. Letter XXV to Pennant, 30 Aug. 1769, NHS.
27. 10 Aug. 1769, NJ.
28. 1 Sept. 1769, TP.
29. Daines Barrington, *Miscellanies*, 1781.
30. 同上。
31. Charles Lamb, 'The Old Benchers of the Inner Temple', in *London Magazine*, 1821.
32. Letter IV to Barrington, 19 Feb. 1770, NHS.
33. Letter V to Barrington, 12 April 1770, NHS.
34. 12 Jan. 1771, TP.
35. 28 Nov. 1768, TP.
36. 同上。
37. 12 May 1770, TP.
38. GW to John White, 1769-1772, 108-121 HL. 还可以见 Paul Foster 对通信的讨论，'The Gibraltar Correspondence of Gilbert White', in *Notes and Queries*, 1985, ns vol. 32 nos 2-4（其中也有信件抄本）。

39. GW to John White, 6 Nov. 1770, 114 HL.

40. 12 Jan. 1771, TP.

41. 22 Sept. 1771, NJ.

42. GW to John White, 25 Jan. 1771, 115 HL.

43. 19 July 1771, TP.

44. 26 Dec. 1773, JM.

45. 27 Dec. 1770, JM.

46. 11 July 1772, NJ.

47. 22 Aug. 1772, NJ.

48. 2–15 Nov. 1771, NJ.

49. John White to GW, 1 Aug. 1772, 217 HL.

50. 10 Jan 1773, JM.

51. Selborne Parish Register 1773, 3M M 66 PR 4–14; HRO.

52. GW to John White, 2 Aug. 1773, LL vol. I p. 218.

53. GW to John White, 11 Sept. 1773, LL vol. I p. 222.

54. GW to John White, 1 Oct. 1773, LL vol. I p. 227.

55. GW to John White, 2 Nov. 1773, LL vol. I p. 231.

56. Letter XVII to Barrington, NHS.

57. 同上。

第六章

1. GW to John White, 2 Nov. 1773, LL vol. I p.233.

2. Gilbert White, 'An Account of the House-Martin, or Martlet', in *Philosophical Transactions of the Royal Society*, vol. LXIV, 1775.

3. 15 Feb. 1774, JM.

4. Gilbert White, 'An Account of the House-Swallow, Swift, and Sand-Martin', in *Philosophical Transactions*, vol. LXV, 1775.

5. Preface to Letter XVI to Barrington, NHS.

6. Letter XVI to Barrington, NHS.

7. Letter XVIII to Barrington, NHS.

8. GW to John White, 12 Jan. 1774, LL vol. I p.238.

9. Letter XXI to Barrington, NHS.
10. GW to John White, 15 July 1774, LL vol. I p.258.
11. Letter XXI to Barrington, NHS.
12. Daines Barrington, *Miscellanies*, 1781.
13. Letter XL to Pennant, NHS.
14. GW to John White, 29 March 1774, LL vol. I p.244.
15. GW to John White, 29 April 1774, LL vol. I p.250.
16. GW to John White, 15 July 1774, LL vol. I p.258.
17. E.M. Nicholson, introduction to *Selborne*, 1929.
18. 14 Jan. 1774, NJ.
19. 15 Feb. 1774, JM.
20. 'Jack' White to Samuel Barker, 6 April 1774, LL vol. I p.247.
21. Letter XLV to Barrington, NHS.
22. 15 Feb. 1774, JM.
23. GW to John White, 18 June 1774, LL vol. I p.255.
24. John White to GW ［Aug］1774, LL vol. I p.263.
25. 查尔斯·克拉克（Charles Clark）的私人通信。这里的案例是唐纳森诉贝克特［Donaldson v. Beckett（4 Burr. 2408）］，1774年呈给上议院，该案件的判决推翻了1709年的著作权法案《安妮女王法》第19章（8. Anne chapter 19），或者说"合并"了旧有的著作权普通法。这是基于以下前提假设：任何文学作品的作者和他（她）的代理人永远享有印刷、出版的独占权。而1709年颁布的法令将这种永久独占权缩短至14年，如果第一个14年过后，作者还活着，最多再展续14年。
26. GW to John White, 9 March 1775, LL vol. I p. 279.
27. 她的畅销书是 *Letters on the Improvement of the Mind*, 1772.
28. GW to Anne Barker, 26 Nov. 1774, LL vol. I p. 273.
29. 17 Nov. 1774, JM.
30. 18 March 1775, NJ.
31. 8 July 1775, JM.
32. GW to John White, 12 Aug. 1775, LL vol. I p. 288.
33. 同上，p.289。
34. Rotha Clay, *Samuel Hieronymus Grimm*, 1941.

35. 见 GWM 里的摘录册。

36. GW to John White, 30 Jan. 1776. LL vol. I p. 299.

37. GW to John White, 9 Aug. 1776, LL vol. I p. 326.

38. GW to John White, 2 Nov. 1776, LL vol. II p. 4.

39. GW to John White, 11 Sept. 1777, LL vol. II p. 16.

40. GW to John White, 31 Oct. 1777, LL vol. II p. 18.

41. 同上，p. 18。

42. 1913 年，这一介绍由 W.H. Mullens 编辑成一本小册子，由塞耳彭学会出版。

43. Anthony Rye, *Gilbert White and his Selborne*, 1970.

44. 14 Jan. 1776, NJ.

45. Letter LXII to Barrington, NHS.

46. 26 March 1776, JM.

47. 16 July 1776, JM.

48. GW to Sam Barker, 1 Nov. 1776, LL vol. II p. 3.

49. GW to John White, 9 Aug. 1776, LL vol. I p. 326.

50. 30 Nov. 1777, JM.

第七章

1. 12 Oct. 1776, NJ.

2. 16 Oct. 1776, NJ.

3. GW to John White, 2 Nov. 1776, LL vol. II p. 6.

4. 19 Aug. 1777, JM.

5. 4 Nov. 1777, NJ.

6. Letter XLII to Barrington, NHS.

7. GW to Sam Barker, 6 May 1790, LL vol. II P. 216.

8. GW to Molly White, 19 Oct. 1778, LL vol. II p. 31.

9. GW to Molly White, 17 April 1779, LL vol. II p. 34.

10. GW to Molly White, 31 Mar. 1780, LL vol. II p. 38.

11. 24 April 1780, DB（部分收入《塞耳彭博物志》致巴林顿的第 50 封信中）。

12. 27 May 1780, NJ.

13. 28 Mar. 1782, NJ.

14. 来自蒂莫西的信，LL vol. II. p. 125。有一本关于蒂莫西的有趣的书——并且，在关于怀特的各种书中，意外地成为最具有洞察力的一本——Sylvia Townsend Warner 写作，书名是 *The Portrait of a Tortoise*，1946 年出版，1981 年再版。
15. GW to Barbara White, 30 Sept. 1780, 93 HL.
16. GW to Molly White, 30 Sept. 1780, LL vol. II p.55.
17. GW to Molly White, 13 Nov. 1781, LL vol. II p.75.
18. Molly White to Thomas Holt White 24 Aug. 1779, 241 HL.
19. Court Books, V59, V60, MCA.
20. Selborne Parish Registers (1780) 32 M 66 PR 4-11, HRO. 在塞耳彭的教堂里，唱诗席之上常常悬挂着用当地紫杉树枝制成的朴实无华的十字架。
21. See Harry Hopkins, *The Long Affray: The Poaching Wars in Britain*, 1985.
22. 24 April 1780, DB (published partially as Letter XLIX, NHS).
23. 同上。
24. Letter LV to Barrington, NHS. 当圣马丁鸟不回自己的鸟巢栖息时，它们去了哪儿，关于这一点，流行着各种看法。英国鸟类学基金会（British Trust for Ornithology）的克里斯·米德（Chris Mead）认为，所有的证据都表明，圣马丁鸟就像雨燕一样，是在飞行中休息，冬天也不例外。在夏天时，没人在晚上看到过它们聚集在一起；尽管在这个国家有 10 万只圣马丁鸟，但是只有一只是从在非洲越冬的鸟群中回来的，如果它们习惯有规律地回到地面，这个数字也太低了。我确定，怀特会喜欢"空中停留"（aerial torpidity）这个想法的。
25. 24-31 Aug. 1781, NJ.
26. 5 June 1782, NJ.
27. 11 May 1782, NJ.
28. GW to Sam Barker, 3 Nov. 1774. LL vol. I p. 269.
29. John Arthos, *The Language of Natural Description in Eighteenth Century Poetry*, 1949. See also Joseph Warton's 1763 edition of Virgil and John Aikin, *An Essay on the Application of Natural History of Poetry*, 1777.
30. GW to Churton, 4 jan. 1783, LL vol. II p. 89.
31. 2 June 1782, JM.
32. 13 Feb. 1779, JM.
33. 2 June 1782, JM.

34. Henry White's journals, extracts in 'Notes on the Parishes of Fyfield', ed. R. Clutterbuck, n.d.
35. Letter LXV to Barrington, NHS.
36. GW to Molly White, 13 Feb. 1784, LL vol. II p. 113.
37. 'On the dark, still, etc.', TB, vol. I p.504.
38. GW to Molly White, 19 April 1784, LL vol. II p.120.
39. GW to Molly White, 17 June 1784, GWM.
40. 6 June 1784, NJ.
41. 1 Sept. 1784, NJ.
42. 16 Oct. 1784, NJ.
43. GW to Anne Barker, 19 Oct. 1784, LL vol. II p. 134.
44. Richard Jefferies, preface to *Round About a Great Estate*, 1880.
45. GW to Anne Barker, 19 Oct. 1784, LL vol. II p. 136.
46. Selborne Parish Registers（from 1784）, 32 M66 PR series, HRO.
47. GW to Sam Barker, 17 April 1786, LL vol. II p. 157.
48. Selborne Highway Accounts (from 1774) 32 M 66 PSI, HRO.
49. Henry White, see note 34 above.
50. 1 Feb. 1785, NJ.
51. Richard Jefferies, introduction to Selborne, 1887.
52. Letter XXVII to Barrington, NHS.
53. Molly White to GW, 13 Feb. 1783, GWM.
54. Georgiana White, Memorandum Book, 1813, 67 HL.
55. 12 Dec. 1789, NJ.
56. George Sturt, *Lucy Bettesworth*, 1913.
57. Virginia Woolf, 'White's Selborne', in *The Captain's Death Bed*, 1950. See also chapter 3 of W.J. Keith, *The Rural Tradition*, 1974.
58. GW to Molly White, 26 Nov. 1787, LL vol. II p. 172.
59. GW to Molly White, 13 March 1788, LL vol. II p. 181.
60. GW to Sam Barker, 8 Jan. 1788, LL vol. II p. 177.
61. 19 Mar 1788, NJ.
62. GW to Benjamin White, jnr, Feb. ［1788］, LL vol. II p. 177.
63. GW to Churton, 4 Aug, 1788, LL vol. II p. 185.

64. 5 Nov. 1788, NJ.
65. 'To Myself Commencing Author', AS p. 189.
66. 15 Dec. 1788, JM.
67. Henry White's Journal, 1788. Bodleian Library: Misc English Mss. C 154.
68. LL vol. II p. 194.
69. GW to Molly White, 14 Sep. 1791, 149 HL.
70. Montagu to GW, 27 June 1789, LL vol. II p. 203.
71. Marsham to GW, 24 July 1790, TB vol. II p. 246.
72. GW to Marsham, 13 Aug 1790, TB vol. II p. 249.
73. GW to Marsham, 18 Jan. 1791, TB vol. II p. 258.
74. 7 Sept. 1791 NJ.
75. GW to Marsham, 19 Dec. 1791, TB vol. II p. 272.
76. Marsham to GW, 12 Feb. 1792, TB vol. II p. 276.
77. GW to Marsham, 13 Aug. 1790, TB vol. II p. 251.
78. See also: Arthur Young, *The Example of France: A Warning to Britain*, 1793.
79. GW to Marsham, 2 Jan. 1793, TB vol. II p. 297.
80. GW to Benjamin White, 19 Feb. 1793, LL vol. II p. 261.
81. Parish Register, 1789 32 M 66 PR, HRO.
82. James White to GW, 12 Feb. 1793, LL vol. II p. 259.
83. GW to Marsham, 20 March 1792, LL vol. II p. 242.
84. 27 Aug 1792, NJ.
85. 29 May 1793, NJ.
86. GW to Marsham, 15 June 1793, TB vol. II p. 301.
87. LL vol. II p. 271.

尾声

1. LL vol. II p. 272.
2. Edward Martin, *A Bibliography of Gilbert White*, 1934.
3. See J.L. and B. Hammond, *The Village Labourer*, 1911, and E. J. Hobsbawm and G. Rude, *Captain Swing*, 1969.

译名对照表

阿尔克灵顿　Alkrington
阿夫顿·内韦尔　Ufton Nervet
阿瑟·扬　Arthur Young
阿什顿·利弗　Ashton Lever
埃德蒙·布伦登　Edmund Blunden
埃德蒙·怀特　Edmund White
埃蒂夫人　Mrs Etty
艾恩古坟　Iron Barrow
艾恩山　Iron Hill
艾伦先生　Mr Allen
艾萨克·沃顿　Izaak Walton
爱德华·边沁　Edward Bentham
爱德华·布莱斯　Edward Blyth
爱德华·吉本　Edward Gibbon
爱德华·马丁　Edward Martin
爱德华·托马斯　Edward Thomas
安东尼·赖伊　Anthony Rye
安多弗　Andovor
安妮（南妮）·约尔登　Anne(Nanny) Yalden
安妮·巴蒂　Anne Battie
安妮·怀特　Anne White
安妮·霍尔特　Anne Holt
安妮·马林森　Anne Mallinson
奥登　W. H. Auden
奥尔顿　Alton
奥尔斯福德　Alresford
巴蒂博士　Dr Battie
巴尼特　Barnet
巴兹尔凯恩　Basil Cane
芭芭拉·弗里曼　Barbara Freeman
鲍勃·卡特　Bob Carter
贝辛斯托克　Basingstoke
本杰明　Benjamin
本杰明·斯蒂林弗利特　Benjamin Stillingfleet
彼得·韦尔斯　Peter Wells
彼得斯菲尔德　Petersfield
毕晓普斯·沃尔瑟姆　Bishops Waltham
宾湖　Bins
伯福德　Burford

译名对照表　　　　　　　　　　　　　　247

勃鲁盖尔　Brueghel
博比　Burbey
博斯塔尔　Bostal
博特利　Botley
不列颠群岛植物学学会　Botanical Society of the British Isles
布彻先生　Mr. Butcher
布拉德利　Bradley
布拉姆肖特　Bramshott
布莱克本　Blackburn
布兰卡德　Blanchard
布里斯托博士　Dr Bristow
布伦海姆　Blenheim
查尔斯·怀特　Charles White
查尔斯·克拉克　Charles Clark
查尔斯·兰姆　Charles Lamb
查理斯·温哥华　Charles Vancouver
垂林　Hanger
达夫妮　Daphne
达特姆尔　Dartmoor
大卫·埃利斯顿·艾伦　David Elliston Allen
大卫·斯坦丁　David Standing
戴恩斯·巴林顿　Daines Barrington
戴维德·斯蒂芬斯　Dafydd Stephens
丹·惠勒　Dan Wheeler
德国水苏　base horehound, downy woundwort, *Stachys fuchsii*, *Stachys germanica*
德勒姆　Derham
德利　Durley
迪恩　Dene

迪克　Dick
蒂莫西　Timothy
蒂姆·特纳　Tim Turner
颠茄　deadly nightshade
东阿灵顿　East Allington
东安格利亚　East Anglian
东蒂斯特德　East Tisted
东哈丁　East Harting
东沃尔德姆　East Worldham
短莱斯　Short Lythe
多顿　Dorton
多罗西娅　Dorothea
多兹沃思　Dodsworth
法灵顿　Farringdon
法纳姆　Farnham
法依菲尔德　Fyfield
范妮·伯尼　Fanny Burney
菲利普·奥斯瓦尔德　Philip Oswald
菲利普·米勒　Philip Miller
菲利普·锡德尼爵士　Sir Philip Sidney
费拉德尔菲亚·巴蒂　Philadelphia Battie
蜂鹰　honey buzzard
弗吉尼亚·伍尔夫　Virginia Woolf
弗兰汉斯池塘　Frensham Pond
弗兰切斯卡·格林诺克　Francesca Greenoak
弗朗西斯　Francis
弗林特郡　Flintshire
福利池塘　Foley ponds
高林　High Wood
格雷夫森德　Gravesend

格雷特姆 Greatham	杰里米·边沁 Jeremy Bentham
格里格绿地 Griggs Green	杰思·罗朗沃思 Jethro Longworth
古德伍德 Goodwood	九亩巷 nine-acre-lane
古迪·汉普顿 Goody Hampton	卡朋山 Mount Carburn
哈丁 Harting	凯瑟琳娜·巴蒂 Catharine Battie
哈哈 Haha	坎普顿 Compton
哈克伍德 Hackwood	柯勒律治 Coleridge
哈丽奥特·巴克 Harriot Barker	科博尔德先生 Mr. Cobbold
哈特利 Harteley	科茨沃尔德 Cotswolds
海德 Miss Hyde	科格斯 Cogges
海甘蓝 sea-kale	科里登 Corydon
贺拉斯·沃波尔 Horace Walpole	科林 Collin
赫克斯巷 Huckers Lane	克兰里卡德勋爵 Lord Clanricarde
赫拉克勒斯 Hercules	克里斯·米德 Chris Mead
赫奇 Hecky	克里斯托弗·斯马特 Christopher Smart
赫斯特 Hester	
黑种草 love-in-a-mist	克罗姆霍尔 Cromhal
亨利·伍兹 Henry Woods	库克船长 Captain Cook
胡瓜鱼 smelt	拉比 Larby
幻日 mock suns	拉尔夫·丘顿 Ralph Churton
黄喉蜂虎 *Merops apiaster*	拉什利·霍尔特·怀特 Rashleigh Holt White
惠塔姆山 Wheatham hill	
惠特韦尔 Whitwell	拉斯伯恩广场 Rathbone Place
霍顿图书馆 Houghton Library	莱斯 Lythe
霍克利 Hawkley	兰贝斯宫 Lambeth Palace
霍利伯恩 Holybourne	篱雀 hedge sparrow
霍斯特德 Hawsted	理查德·巴特勒 Richard Butler
基蒂 Kitty	理查德·布拉德利 Richard Bradley
吉尔福德 Guildford	理查德·杰弗里斯 Richard Jefferies
吉尔平 Gilpin	理查德·梅比 Richard Mabey
舰长之舞 Captain Swing	理查德·诺思 Richard North
杰克·拉奇 Jack Rudge	理查德·钱德勒 Richard Chandler

译名对照表   249

理查德·斯金纳 Richard Skinner	梅德斯通 Maidstone
理查德·西蒙 Richard Simon	梅森 Mason
丽贝卡·勒金 Rebekah Luckin	米德赫斯特 Midhurst
丽贝卡·斯努克 Rebecca Snooke	米恩斯托克 Meonstoke
丽贝卡·伍兹 Rebecca Woods	米特福德 Mitford
利弗休姆信托基金 Leverhulme Trust	米西 Missy
蓼属 Persicaria	明斯特·洛维尔 Minster Lovel
林顿 Lyndon	莫德林学院档案馆 Magdalen College Archives
林顿霍尔 Lyndon Hall	
灵默 Ringmer	莫顿·平克尼 Moreton Pinkney
刘易斯 Lewes	南哈姆斯 South Hams
卢纳尔迪 Lunardi	南朗伯斯区 South Lambeth
露池 dew pond	南唐斯丘陵 South Downs
罗宾·麦金托什 Robin McIntosh	南温布尔 South Warnborough
罗伯特·贝里曼 Robert Berriman	内赫布里底群岛 Inner Hebrides
罗伯特·马香 Robert Marsham	内森·韦尔斯 Nathan Wells
罗伯特·普洛特 Robert Plot	牛津大学图书馆 the Bodleian Library, Oxford
罗曼先生 Mr Roman	
罗纳德·布莱思 Ronald Blythe	纽顿 Newton
罗奇福德 Rochford	纽顿瓦朗斯 Newton Valence
罗奇河 River Roach	纽黑文 Newhaven
罗泽尔 de Rozier	诺顿园 Nortonyard
马尔伯勒公爵夫人莎拉 Sarah Duchess of Marlborough	诺尔山 Noar Hill
	欧夜鹰 fern-owl, nightjar
马克斯尼·科尔森 Max Nicholson	帕里-琼斯夫人 Mrs Parry-Jones
马提亚尔 Martial	普兰普顿平原 Plumpton-plain
马辛厄姆 H.J. Massingham	普雷斯科特小姐 Miss Prescott
玛格丽特·卡文迪什 Margarete Cavendish	奇尔格洛维 Chilgrove
	千屈菜 purple loosestrife
玛丽·艾萨克 Mary Isaac	乔·沃顿 Jo Warton
玛丽·博比 Mary Burbey	乔尔德顿 cholderton
迈克尔·洛特 Michael Lort	乔治·肯普 George Kemp

乔治·蒙塔古　George Montagu
乔治·斯特尔特　George Sturt
乔治亚娜　Georgiana
切尔西药用植物园　Chelsea Physic Garden
琼·查特菲尔德　June Chatfield
仁慈街　Gracious street
萨里　Surrey
萨利　Sally
萨姆森·怀特　Samson White
萨姆森·纽伯里　Samson Newbery
塞缪尔·理查森　Samuel Richardson
塞缪尔·约翰逊　Samuel Johnson
塞西尔·埃姆登　Cecil Emden
桑德拉·拉斐尔　Sandra Raphael
莎蓬　Chapone
山姆·巴克　Sam Barker
舍尼　Thorney
什鲁斯伯里　Shrewsbury
圣凯瑟琳学院　St Catherines College
圣詹姆斯公园　St Jamess Park
史蒂芬·黑尔斯　Steven Hales
丝克伍溪谷　Silkwood Vale
斯金纳先生　Mr. Skinner
斯凯岛　Skye
斯科波利　Scopoli
斯科特夫人　Dame Scot
斯坦盖特溪　Stangate Creek
斯特拉顿　Stratton
斯特雷特利　Streatley
斯特雷文　Strephon
斯特里特姆　Streatham

斯陀园　Stowe
斯瓦雷顿　Swarraton
斯温上尉　Captain Swing
索兰德博士　Dr. Solander
塔拉·海涅曼　Tara Heinemann
坦普尔农场　Temple Farm
汤姆·曼德　Tom Mander
汤姆·沃顿　Tom Warton
汤姆金斯　Tomkyns
汤姆逊　Thomson
汤森博士　Dr. Townson
唐宁　Downing
特丁顿　Teddington
托登汉姆　Todenham
托马斯·艾迪生　Thomas Addison
托马斯·巴克　Thomas Barker
托马斯·贝纳姆　Thomas Benham
托马斯·格雷　Thomas Gray
托马斯·霍尔　Thomas Hoar
托马斯·马尔索　Thomas Mulso
托马斯·特赖恩　Thomas Tryon
托特沃斯　Tortworth
威德纳图书馆　Melanie Wisner Library
威尔坦纳　Will Tanner
威尔弗里德·纳普　Wilfrid Knap
威尔金斯　Wilkins
威尔特郡　Wiltshire
威廉·布莱克　William Blake
威廉·德赖弗　William Driver
威廉·德勒姆　William Derham
威廉·赫德森　William Hudson
威廉·考珀　William Cowper

译名对照表

威廉·柯蒂斯　William Curtis
威廉·柯林斯　William Collins
威廉·科贝特　William Cobbett
威廉·肯特　William Kent
威廉·威克姆　Wykeham
威廉·韦恩弗利特　William Waynflete
威廉·谢菲尔德　William Sheffield
威廉森公司　Williamson & co
威特尼　Witney
韦布博士　Dr Webb
韦弗利　Waverley
韦弗丘陵　Weavers down
维路格比　Willughby
温切斯特　Winchester
沃恩福德　Warnford
沃尔德汉姆　Worldham
沃尔默皇家猎场　Woolmer Forest
沃尔特霍奇斯　Walter Hodges
威克斯　Wakes
沃灵福德　Wallingford
伍德豪斯农场　Woodhouse farm
西迪恩　West Dean
西米恩·斯图尔特爵士　Sir Simeon Stuart
夏尔丹·马斯格雷夫　Chardin Musgrave
橡林湖　Oakhanger
新学院巷　New College Lane
亚伯拉罕　Abraham
亚历山大·贝耶　Alexander Berger
亚历山大·蒲柏　Alexander Pope
亚瑟·扬　Arthur Young
耶罗尼米斯·格里姆　Hieronymus Grimm
伊恩·莱尔　Ian Lyle
伊恩·汤姆森　Ian Thomson
伊卡洛斯　Icarus
伊丽莎白·巴克　Elizabeth Barker
伊利岛　Isle of Ely
伊乒　Iping
伊莎贝拉·福布斯　Isabella Forbes
隐士屋　Hermitage
英国皇家外科学院　Royal College of Surgeons
英国鸟类学信托基金会　British Trust for Ornithology
约翰·阿索斯　John Arthos
约翰·艾金　John Aikin
约翰·巴勒斯　John Burroughs
约翰·班扬　John Bunyan
约翰·贝里曼　John Berriman
约翰·布雷克赫斯特　John Breckhurst
约翰·费希尔　John Fisher
约翰·卡彭特　John Carpenter
约翰·康斯特布尔　John Constable
约翰·莱特富特　John Lightfoot
约翰·雷　John Ray
约翰·马尔索　John Mulso
约翰·尼尔　John Neal
约翰·斯克罗普　John Scrope
约翰·希尔　John Hill
约瑟夫·班克斯　Joseph Banks
詹姆斯·费希尔　James Fisher
詹姆斯·赫顿　James Hutton
詹姆斯·拉塞尔·洛威尔　J. R. Lowell

詹姆斯·米迪　James Mudie　　　珍妮·怀特　Jenny White
詹姆斯·奈特　James Knight　　　珍妮·克罗克　Jenny Croke
詹姆斯·汤姆森　James Thomson　　紫草科植物　comfrey

图书在版编目（CIP）数据

吉尔伯特·怀特传：《塞耳彭博物志》背后的故事 /（英）理查德·梅比著；余梦婷译. —北京：商务印书馆，2021
（自然文库）
ISBN 978-7-100-18921-7

Ⅰ. ①吉⋯　Ⅱ. ①理⋯　②余⋯　Ⅲ. ①吉尔伯特·怀特（White, Gilbert 1720-1793）—传记　Ⅳ. ① K835.616.15

中国版本图书馆 CIP 数据核字（2020）第 150565 号

权利保留，侵权必究。

自然文库
吉尔伯特·怀特传
《塞耳彭博物志》背后的故事
〔英〕理查德·梅比　著
余梦婷　译

商务印书馆出版
（北京王府井大街36号　邮政编码100710）
商务印书馆发行
北京新华印刷有限公司印刷
ISBN 978 - 7 - 100 - 18921 - 7

2021年7月第1版　　　开本 710×1000　1/16
2021年7月北京第1次印刷　印张 17¼

定价：68.00元